Elise Nathalie Ngo Bakonde

La représentation du «rêve de l'ailleurs» par la voix féminine

migration et féminisme

dans les œuvres de Maryse Condé, Aminata Sow Fall, Gisèle Pineau, Calixthe Beyala et Fatou Diome

- Diese Veröffentlichung lag dem Promotionsausschuss Dr. phil. der Universität Bremen als Dissertation vor.
- Gutachterin: Prof. Dr. Gisela Febel
- Gutachterin: Dr. Natascha Ueckmann
- Das Kolloquium fand am 17. Februar 2011 statt.

Elise Nathalie Ngo Bakonde

La représentation du «rêve de l'ailleurs» par la voix féminine

migration et féminisme

dans les œuvres de Maryse Condé, Aminata Sow Fall, Gisèle Pineau, Calixthe Beyala et Fatou Diome

ibidem-Verlag
Stuttgart

Bibliografische Information der Deutschen Nationalbibliothek
Die Deutsche Nationalbibliothek verzeichnet diese Publikation in der Deutschen Nationalbibliografie; detaillierte bibliografische Daten sind im Internet über http://dnb.d-nb.de abrufbar.

Bibliographic information published by the Deutsche Nationalbibliothek
Die Deutsche Nationalbibliothek lists this publication in the Deutsche Nationalbibliografie; detailed bibliographic data are available in the Internet at http://dnb.d-nb.de.

Gedruckt auf alterungsbeständigem, säurefreien Papier
Printed on acid-free paper

ISBN-13: 978-3-8382-0284-6

© *ibidem*-Verlag
Stuttgart 2011

Alle Rechte vorbehalten

Das Werk einschließlich aller seiner Teile ist urheberrechtlich geschützt. Jede Verwertung außerhalb der engen Grenzen des Urheberrechtsgesetzes ist ohne Zustimmung des Verlages unzulässig und strafbar. Dies gilt insbesondere für Vervielfältigungen, Übersetzungen, Mikroverfilmungen und elektronische Speicherformen sowie die Einspeicherung und Verarbeitung in elektronischen Systemen.

All rights reserved. No part of this publication may be reproduced, stored in or introduced into a retrieval system, or transmitted, in any form, or by any means (electronic, mechanical, photocopying, recording or otherwise) without the prior written permission of the publisher. Any person who does any unauthorized act in relation to this publication may be liable to criminal prosecution and civil claims for damages.

Printed in Germany

A mon père Pierre Bakoude
A ma mère Elise Aline Ngo Mbock

Table des matières

Remerciements..11

Introduction...13

1. Réflexions théoriques sur le phénomène migratoire...................19
1.1 Les facteurs de l'émigration africaine et antillaise vers la France
1.1.1 Le facteur colonial et néocolonial
1.1.2 Le facteur économique..21

1.2 Immigration et identité...24
1.2.1 L'image de l'immigré(e) africain(e) et antillais(e) dans la société française
1.2.2 L'immigré(e) face à la question de son identité..................28

1.3 Littérature et immigration..34
1.3.1 Le thème de l'immigration dans la littérature d'expression française
1.3.2 Débat littéraire sur la question migratoire......................36

2. Féminisme noir, féminisme africain? Les femmes de lettres de la diaspora africaine et d'Afrique face à la question du féminisme................45
2.1 La question du féminisme au sein de la diaspora africaine............47
2.2 Les femmes africaines et la question du féminisme...................52

3. Le rêve de l'ailleurs: les facteurs de l'émigration dans les textes de Fatou Diome, Maryse Condé, Aminata Sow Fall et Calixthe Beyala.......61
3.1 Le facteur néocolonial dans *Le ventre de l'Atlantique*
3.2 Le facteur du *Push-Pull-modell* chez Maryse Condé, Aminata Sow Fall, Calixthe Beyala et Fatou Diome.......................................62
3.3 Le facteur du *migrant-stock-variable* chez Calixthe Beyala et Fatou Diome..73

4.	La représentation de l'immigré(e) dans sa terre d'accueil............77	
4.1	Le thème du racisme dans *L'exil selon Julia*, *La Préférence nationale* et *Amours sauvages*	
4.2	L'image de l'immigré(e) dans les romans parisiens de Calixthe Beyala....................94	
4.3	La représentation de l'immigré(e) dans les textes de Maryse Condé..................111	
4.4	La représentation de l'immigré(e) dans *Douceurs du bercail*............116	
4.5	La véritable condition de l'immigré(e) dans *Le ventre de l'Atlantique* et *Amours sauvages*: clivage entre illusion et réalité................119	
4.6	Le vécu de l'exil par Julia et Gisèle dans *L'exil selon Julia* de Gisèle Pineau..................124	
4.7	L'image de l'immigré(e) dans *L'âme prêtée aux oiseaux*, *Chair Piment* et *Fleur de Barbarie*................132	
4.8	La réussite sociale de l'immigré(e) dans sa terre d'accueil............138	
5.	L'immigré(e) et la question identitaire................145	
5.1	La question de l'identité dans les textes de Maryse Condé	
5.2	Le problème identitaire dans les romans de Gisèle Pineau............151	
5.2.1	L'identité culturelle dans *L'exil selon Julia*: de l'aliénation culturelle à la création d'une identité hybride	
5.2.2	La quête identitaire de Josette dans *Fleur de Barbarie*..............154	
5.3	La question identitaire dans *Le petit prince de Belleville* et *Maman a un amant*..................156	
5.4	La question de l'identité dans *Assèze l'Africaine*: l'antagonisme entre Assèze et Sorraya..................160	
5.5	L'identité culturelle dans *Les Honneurs perdus*................164	
5.6	Création d'un espace interstitiel: le concept de «Third Space» dans *Amours sauvages*..................169	

6.	La signification du pays natal chez le personnage immigré	...171
6.1	La valorisation de la terre d'origine dans *Douceurs du bercail*	
6.2	La relation de l'immigré(e) avec son pays natal dans *Les derniers rois mages* et *Desirada*	...173
6.3	La thématique du pays natal dans les textes de Gisèle Pineau	...175
6.3.1	La perception du retour aux Antilles dans *L'exil selon Julia*	
6.3.2	Représentation et signification du retour de l'immigré(e) au pays natal dans *L'âme prêtée aux oiseaux*, *Chair Piment* et *Fleur de Barbarie*	...177
7.	La question du féminisme dans les textes de Maryse Condé, Aminata Sow Fall, Fatou Diome, Calixthe Beyala et Gisèle Pineau	...183
7.1	Le *womanism* dans les textes de Maryse Condé	
7.2.	Le *Stiwanism* et le *Nego-feminism* dans *Douceurs du bercail* et *Le ventre de l'Atlantique*	...186
7.3	La féminitude dans les romans parisiens de Calixthe Beyala	...189
7.4	L'écriture de Gisèle Pineau: une écriture féministe	...195
8.	Autobiographie et autofiction	...201
8.1	*L'exil selon Julia*: autobiographie ou autofiction?	
8.2	La question de l'autobiographie chez Fatou Diome	...202
8.2.1	*La préférence nationale*: œuvre autobiographique?	
8.2.2	*Le ventre de l'Atlantique* : œuvre autofictionnelle?	...203
9.	Le rêve de l'ailleurs: migration et féminisme dans les œuvres de Maryse Condé, Aminata Sow Fall, Gisèle Pineau, Calixthe Beyala et Fatou Diome	...205
9.1	Ecrivaines antillaises et écrivaines africaines : disparités et analogies	
9.1.1	Disparités entre les écrivaines antillaises et les écrivaines africaines	

9.1.2 Analogies entre les écrivaines antillaises et les écrivaines africaines......206
9.2 Similitudes et antagonismes entre les écrivaines de la génération coloniale et les enfants de la *postcolonie*..207
9.2.1 Similitudes entre les écrivaines de la génération coloniale et les romancières de la génération postcoloniale
9.2.2 Antagonismes entre les écrivaines de la génération coloniale et les romancières de la génération postcoloniale...................................210
9.3 La représentation du rêve de l'ailleurs par la voix féminine: la portée de l'écriture...211

Bibliographie...215

Remerciements

L'engouement que j'ai développé pour la littérature d'expression française pendant mes études de lettres à l'université de Brême en Allemagne m'a motivée à entamer et à venir à bout du présent travail de recherche. Cependant l'apport de personnes qui n'ont cessé de me soutenir dans cette entreprise a été déterminant pour la réalisation de ce projet. Pour cette raison, j'aimerais remercier toutes les personnes qui de près ou de loin m'ont soutenue et encadrée dans mon travail.

Mes remerciements vont premièrement à l'endroit de mon encadreur le Pr. Gisela Febel qui a cru en moi et n'a cessé de me motiver et de me prodiguer de sages conseils afin que je puisse achever cette étude. Sa critique constructive a été fructueuse pour l'évolution de ce travail. Je tiens aussi à remercier particulièrement le Dr. Natascha Ueckmann qui m'a été d'une aide remarquable grâce à son appréciation critique des premiers développements de mes recherches. Au même titre, j'aimerais exprimer ma gratitude au Pr. Suzanne Gehrmann de la *Humboldt Universität zu Berlin* pour sa disponibilité et ses remarques critiques. En outre je dis merci au Dr. Karen Struve pour ses conseils pratiques dans l'organisation de mes travaux de recherche.

Pour son soutien permanent tout au long de la réalisation de ce projet et ses suggestions très pertinentes dans l'élaboration de ce travail, je tiens à remercier infiniment mon époux le Dr. Bertin Nyemb. Je remercie également mes parents Pierre Bakoude et Elise Aline Ngo Mbock qui n'ont cessé de m'encourager et de m'encadrer pendant toute la durée de ce travail.

J'adresse aussi un merci particulier à la *Zentrale Forschungsförderung der Universität Bremen* dont l'aide financière m'a assuré une certaine sécurité, me permettant ainsi de réaliser ce travail de recherche rapidement et sans souci. Ma gratitude va aussi à l'endroit de *International Office* de l'université de Brême. Cette institution m'a offert un cadre de travail agréable favorisant des échanges scientifiques avec d'autres étudiants en doctorat au sein du programme de recherche dénommé *Stibet*. De même l'aide financière qui m'a été accordée dans le cadre dudit programme a contribué à l'achèvement rapide de cette étude.

Par ailleurs, j'aimerais aussi remercier mes ami(e)s Hans-Ulrich Fischer, Annegret Merke, Maike Kaluscha et Frosoulla Pisiara pour leur soutien moral et leur assistance permanente tout au long de la réalisation de ce projet.

A toutes ces personnes, je dis du fond du cœur merci.

Introduction

L'émigration, l'immigration, l'exil, la rencontre des cultures sont des thèmes récurrents dans la littérature contemporaine non seulement d'expression française mais également dans celle d'autres espaces linguistiques. Le nomadisme qui caractérise les écrivains de notre ère justifie l'image cosmopolite de la littérature de nos jours. Avec le phénomène de la mondialisation et l'avènement des moyens de transport de plus en plus rapides, la mobilité des Hommes s'est radicalement accrue faisant de la terre un village planétaire. Si on observe un grand mouvement de personnes à travers le monde, les raisons qui justifient ces déplacements varient en fonction de l'origine des voyageurs, de la tranche d'âge dans laquelle ils se situent et englobent les chercheurs qui voyagent pour des raisons scientifiques, les hommes ou femmes d'affaires qui sont à la conquête de nouveaux marchés, les étudiants à la quête du savoir à travers les universités du monde, les réfugiés politiques interdits de séjour dans leurs pays d'origine aussi bien que les populations démunies des pays du Sud à la recherche d'une vie meilleure dans les sociétés occidentales.

Dans l'espace francophone, la relation qu'entretient la France avec ses anciens territoires coloniaux est au centre du débat sur le problème migratoire. Cette question qui alimente les controverses dans le domaine politique occupe également une place primordiale dans les sciences sociales et est amplement problématisée dans la littérature aussi bien par les auteurs africains que par ceux issus des territoires français d'outre-mer. Qu'il s'agisse des écrivains ou des écrivaines, le thème des migrations et de l'exil gagne de plus en plus d'importance dans la littérature d'expression française et dans l'optique d'apporter une contribution à la recherche faite dans ce domaine, nous entreprenons dans cette étude de traiter ce thème uniquement dans les textes d'auteurs francophones féminins. Dans ce travail, il est question d'analyser la manière par laquelle la voix féminine francophone aborde la question migratoire. Le rêve de l'ailleurs qui émane de la volonté de quitter le lieu d'origine tout comme la question de *gender* dans la littérature d'expression française sont par conséquent les thèmes prépondérants de ce modeste travail de recherche.

Partant du constat que les recherches et critiques littéraires ne font pas de distinction entre les textes écrits par les hommes et ceux écrits par les femmes sur le thème de l'immigration, nous voulons combler ce déficit en orientant notre recherche vers une piste nouvelle à savoir celle de la particularité des textes de femmes en ce qui concerne la représentation du thème de l'immigration dans la littérature. Dans son ouvrage intitulé *L'immigration dans le roman francophone contemporain*, Christiane Albert aborde avec brio la représentation du thème de l'immigration dans la littérature d'expression française.[1] Elle présente l'évolution chronologique du thème de l'immigration dans la littérature et les différentes approches abordées par les auteurs francophones pour thématiser la figure de l'immigré de la période coloniale à la période postcoloniale.[2] Cependant Albert analyse aussi bien les textes d'auteurs masculins que féminins et compte tenu de son corpus assez vaste, elle n'analyse véritablement aucun texte de façon détaillée mais se contente d'aborder les œuvres qu'elle analyse de manière superficielle, ce qui donne une empreinte générale à son travail. Quant à Odile Cazenave, son ouvrage *Afrique sur Seine* est une analyse de l'évolution et de la particularité de la littérature des auteurs issus de l'immigration en France.[3] Dans son ouvrage, Cazenave limite son corpus aux seuls auteurs d'origine africaine et même si elle consacre une grande partie de son analyse aux auteurs féminins comme Calixthe Beyala, l'étude des textes d'auteurs masculins est également une partie non négligeable de son ouvrage. Par contre Pierrette Hezberger-Fofana se consacre uniquement aux textes écrits par les femmes dans son livre *Littérature féminine francophone d'Afrique noire,* mais elle ne se focalise pas sur le thème de l'immigration qui passe en filigrane dans son analyse.[4] Et si la question du féminisme occupe une place primordiale dans son ouvrage, Hezberger-Fofana se limite à une analyse des écrivaines africaines uniquement.

A l'inverse des textes précités, le présent travail de recherche se veut innovateur dans le choix de la thématique qui porte une double approche : migration et féminisme. Migration car dans ce travail nous comptons aborder aussi bien le thème de l'émigration que celui de l'immigration du fait que le rêve de l'ailleurs est une problématique certes abordée dans la littérature depuis plusieurs décennies mais qui reste d'actualité et qui gagne de plus en plus de notoriété dans le contexte postcolo-

---

[1] Cf. Albert, Christiane (2005): L'immigration dans le roman francophone contemporain. Paris. Editions Karthala.

[2] Nous reviendrons plus amplement sur l'ouvrage de Christiane Albert et la figure de l'immigré au point 1.3.1du premier chapitre de notre travail.

[3] Cf. Cazenave, Odile (2003): Afrique sur seine. Une nouvelle génération de romanciers africains à Paris. Paris. L'Harmattan.

[4] Cf. Herzberger-Fofana, Pierrette (2000): Littérature féminine francophone d'Afrique noire. Suivi d'un dictionnaire des romancières. Paris. L'Harmattan.

nial actuel. Féminisme parce que cette étude entend creuser en profondeur la représentation faite par la voix féminine francophone du thème de l'immigration. De ce fait nous nous attribuons la tâche d'analyser les thèmes de l'émigration et de l'immigration dans la littérature d'expression française dans les textes écrits par les femmes uniquement afin de faire ressortir l'aspect de *gender* qui apparaît dans la thématique choisie pour notre recherche.

Dans le but d'avoir un champ de recherche assez vaste et de mener une étude comparative sur l'élaboration du sujet immigration et féminisme, nous entendons inclure les écrivaines africaines et antillaises dans cette étude. Nous faisons ici le rapprochement entre l'Afrique francophone subsaharienne et les Antilles françaises car ce sont deux régions du monde qui présentent des similitudes sur le point de vue historique. Premièrement l'Afrique et les Antilles sont liées à cause de l'histoire de la traite des Nègres et de l'esclavage car les esclaves noirs en provenance des côtes africaines ont été vendus aux Antilles aux maîtres esclavagistes. Deuxièmement l'Afrique francophone et les Antilles françaises ont connu la colonisation de la même puissance coloniale en occurrence la France. En raison de ce passé commun, il nous apparaît convenable de juxtaposer les sociétés africaines francophones d'Afrique subsaharienne à celles des Antilles françaises pour dégager l'évolution littéraire qui apparaît dans ces deux espaces géographiques.

A cet effet, cette étude porte sur l'analyse des thèmes de l'émigration, de l'immigration et du féminisme dans les textes des Guadeloupéennes Maryse Condé et Gisèle Pineau, des Sénégalaises Aminata Sow Fall et Fatou Diome ainsi que de la Camerounaise Calixthe Beyala. Nous sommes sans ignorer que cette liste est loin d'être exhaustive pour traiter de la question migratoire abordée par la voix féminine dans la littérature d'expression française, néanmoins les textes des écrivaines susmentionnées sont suffisamment riches pour nous fournir un corpus solide servant de base à notre analyse et nous espérons apporter notre modeste contribution sur la question migratoire au terme de cette étude.

De ce fait, le but fondamental de ce travail de recherche est de trouver des éléments de réponse aux questions suivantes: comment est décrit le phénomène migratoire dans les textes de Condé, Sow Fall, Pineau, Beyala et Diome? Comment est-ce que les femmes africaines et antillaises décrivent l'émigration et l'immigration des populations en provenance de leurs pays d'origine vers la France en particulier et vers l'Occident en général? Quelle est la particularité sur le plan thématique et esthétique des textes de Condé et Pineau toutes deux romancières antillaises par rapport aux écrivaines africaines que sont Sow Fall, Beyala et Diome? Comment est reflétée la position féministe des écrivaines guadeloupéennes et africaines dans leurs romans? Par ailleurs la question autobiographique et autofictionnelle étant non négligeable dans le procédé d'écriture chez les écrivaines choisies, il importe de s'interroger sur la différence entre l'autobiographie et l'autofiction et de faire le rapprochement entre ces deux notions et les textes à analyser.

Pour traiter la problématique précédemment énoncée, nous entendons faire un choix minutieux des romans parus entre 1990 et 2010 des romancières précitées. Cette délimitation du corpus se justifie par l'approche méthodique abordée dans notre recherche notamment celle du *close reading* qui favorise une limitation des textes à analyser afin de mieux procéder à une étude détaillée des œuvres. De ce fait chez Maryse Condé, nous allons analyser *Les derniers rois mages* (1992), *Desirada* (1997) et *Les belles ténébreuses* (2008). L'interprétation de l'œuvre d'Aminata Sow Fall va s'attarder uniquement sur son roman *Douceurs du bercail* (1998). Parmi les textes de Gisèle Pineau, seront analysés *L'exil selon Julia* (1996), *L'âme prêtée aux oiseaux* (1998), *Chair Piment* (2002) ainsi que *Fleur de Barbarie* (2005).Outre les romans bellevillois de Calixthe Beyala: *Le petit prince de Belleville* (1992) et *Maman a un amant* (1993), nous allons aussi étudier trois autres de ses romans parisiens notamment *Assèze l'Africaine* (1994), *Les honneurs perdus* (1996) et *Amours sauvages* (1999). Quant à Fatou Diome, nous allons mettre l'accent sur ses œuvres premières qui sont *La préférence nationale* (2001) et *Le ventre de l'Atlantique* (2003).

En ce qui concerne la structure de cette étude, celle-ci est divisée en neuf chapitres dont le premier est consacré à l'approche théorique de notre analyse. Dans cette partie, sont abordées de manière générale, les questions relatives aux facteurs de l'émigration et à l'identité de l'immigré(e) dans sa terre d'accueil. En outre, le chapitre présente le débat littéraire actuel sur le thème de l'immigration avec l'introduction des termes tels que *migritude, migrance* ou encore *postcolonie* qui alimentent cette discussion. Au chapitre deux, nous revenons sur la conception du féminisme en Afrique et dans la diaspora africaine, l'accent étant mis sur les concepts comme *womanisn* et *stiwanism* ou encore *nego-feminism* proposés par les écrivaines noires comme alternatives au féminisme classique occidental. Avec le chapitre trois, nous entrons dans l'étude des textes à travers l'analyse du facteur (néo)colonial de l'émigration ainsi que celui du *push* et de *pull* dans les œuvres précitées. Notre objectif étant d'une part d'établir le lien entre la partie théorique de notre travail et les romans à analyser et d'autre part d'appliquer les concepts présentés en théorie aux textes des différentes romancières. Au chapitre quatre, l'analyse faite de l'image de l'immigré(e) dans sa société d'accueil nous permet d'aborder les questions de banlieues, de ghettos, d'intégration et d'adaptation de l'immigré(e) dans sa terre d'accueil. Dans ce chapitre, nous dressons minutieusement le tableau de la situation des immigré(e)s en terre d'accueil en présentant le misérabilisme, le communautarisme et la ghettoïsation du personnage immigré qui ressortent dans les textes choisis. Par ailleurs, nous traitons également la question du racisme dont est victime l'immigré(e) dans le pays hôte sans omettre de présenter l'exception que constituent les quelques figures d'immigrés ayant atteint une certaine ascension sociale en terre d'exil. Dans le cinquième chapitre de notre travail, nous abordons la question de l'identité dans les textes en faisant ressortir les caractéristiques identitaires des personnages immigrés que sont l'acculturation, l'aliénation, le déracinement et l'hybridité. Le chapitre six quant à lui est consacré à la question du pays natal et de la relation de l'immigré(e) avec celui-ci. Ici nous analysons la conception et la signification du retour au pays natal ou pays d'origine chez le personnage immigré. Au septième chapitre, l'accent est mis sur la question du féminisme dans les textes ainsi que sur les caractéristiques du *womanism,* du *stiwanism,* du *negofeminism* et de la féminitude chez les personnages féminins dans les textes de Condé, Sow Fall, Pineau, Beyala et Diome. Dans le chapitre huit, l'apport de l'autobiographie et de l'autofiction est relevé dans les différents textes de même que les similitudes entre la vie de l'auteur et celle des différents protagonistes. Parlant du neuvième chapitre, celui-ci sert de conclusion à ce travail et nous y évaluons les résultats des différentes recherches à travers un rapprochement entre les textes des différentes écrivaines. A ce niveau, nous procédons à une classification générationnelle des romancières en fonction de la date de naissance et par rapport à l'influence de la colonisation. Dans la première génération que nous qualifions ici de génération coloniale, se trouvent Maryse Condé, Aminata Sow Fall et Gisèle Pineau toutes les trois nées pendant la période coloniale précisément en 1937 pour la première, en 1941 pour la deuxième et en 1956 pour la troisième. La deuxième génération appelée ici génération postcoloniale comprend les «enfants de la postcolonie»[5] c'est-à-dire les

---

[5] Cette expression est empruntée à Abdourahman Waberi qui l'a développée dans son article intitulé Les enfants de la postcolonie: Esquisse d'une nouvelle génération d'écrivains francophones

écrivaines nées après les indépendances notamment Calixthe Beyala née en 1961 et Fatou Diome née en 1968. Au moyen de cette catégorisation, notre intention est de procéder à une comparaison des textes des romancières sur le plan stylistique et thématique avec pour but de faire ressortir les similitudes et les antagonismes qui en découlent. Par ailleurs dans ce chapitre comparatif, nous entendons également faire une autre comparaison entre les romancières, celle se référant à l'espace géographique des écrivaines. Ainsi une comparaison sera faite entre l'écriture des écrivaines antillaises et celles des écrivaines africaines avant que ne soit dégagée la fonction de l'écriture à travers l'expression de la voix féminine.

---

d'Afrique noire, in: Notre Librairie. Revue des littératures du Sud, Nr.135. Septembre-Décembre 1998.

1. Réflexions théoriques sur le phénomène migratoire

1.1 Les facteurs de l'émigration africaine et antillaise vers la France

La question de l'immigration a beaucoup défrayé la chronique ces dernières décennies en France. Cependant le phénomène migratoire n'est pas une réalité nouvelle dans la société française car déjà depuis plusieurs siècles, elle y a été confrontée avec l'arrivée des populations en provenance de différents pays européens. La période de l'entre-deux-guerres a vu s'accroître le nombre des populations étrangères et pendant les *trente glorieuses,* on a observé un flux migratoire important non seulement des immigrés en provenance de l'Europe de l'Est et du Sud mais aussi des anciennes colonies françaises d'Afrique et des territoires d'outre-mer. Ces populations africaines et antillaises qui arrivent massivement en France dans les années soixante et soixante-dix viennent combler la demande en main-d'œuvre de la société française qui a été vidée de ses hommes valeureux pendant la guerre. En sus, l'économie du pays étant à son apogée, aucun *français de souche* ne veut faire les métiers jugés dégradants. Il en résulte un manque des ouvriers dans plusieurs secteurs que les immigrés viennent pallier.

Les immigrés noirs qui arrivent d'Afrique et des Antilles diffèrent des autres immigrés d'origine européenne que la France a connus jusque-là dans la mesure où ils ont une couleur de peau différente et sont issus d'espaces culturels et religieux différents. L'écart entre les Français et les nouveaux immigrés conduit fréquemment à des problèmes d'intégration et d'adaptation qui concernent non seulement la première mais aussi la deuxième et troisième génération d'immigrés. Cette question qui constitue l'une des principales composantes de ce travail sera analysée dans la deuxième partie de ce chapitre après un bref aperçu sur les facteurs de l'émigration africaine et antillaise en France.

1.1.1 Le facteur colonial et néocolonial

L'histoire coloniale qui lie la France aux peuples africains et antillais joue un rôle important en ce qui concerne l'émigration des populations issues de ces zones géographiques vers l'Occident. Durant la période coloniale, le colonisé a été imprégné des pensées et du mode de vie français si bien que s'est développée dans son imaginaire une image paradisiaque de la Métropole. Chez l'Africain colonisé, la France et plus particulièrement la ville de Paris représentent le symbole de l'impérialisme qui est associé à la réussite et à la suprématie de l'homme blanc.

> L'admiration de l'Africain colonisé pour la capitale métropolitaine commence bien avant son arrivée dans la ville Lumière. En Afrique déjà, le colonisé commence à associer à Paris toute une histoire politique et culturelle dont il se sent exclu. Il en résulte que le colonisé commence à vivre sa séparation d'avec la Métropole comme un exil bien qu'il vive chez lui et avec les siens, et c'est dans l'univers chimérique qu'on lui a fait miroiter dans les livres que le projet du séjour parisien prend naissance.[6]

Aedín Ní Loingsigh explique la relation qui existe entre la France et l'Africain. Ce dernier étant originaire d'un (ancien) territoire colonial français et présentent les caractéristiques d'un être assimilé, s'identifie plus aux valeurs françaises qu'à celles de son pays d'origine. Le terme «capitale métropolitaine» employé dans ce contexte témoigne non seulement de la dépendance que ressent l'Africain envers la France mais aussi de l'aliénation culturelle qui émane de cette situation. Il induit que la France est la *mère patrie* de l'Africain (néo)colonisé[7] et que ce dernier lui voue un profond attachement. En s'identifiant ainsi à l'ancienne puissance coloniale, l'Africain se distancie de son pays d'origine et ressent sa présence dans sa terre natale comme un exil. Sans réellement connaître la France (puisqu'il tient les informations sur la Métropole des médias et des livres des colons à travers l'école française), il idéalise ce pays et développe d'une part un profond attachement pour la France qui lui est pourtant étrangère et d'autre part une fascination particulière pour la ville de Paris. Par opposition à l'exil physique qui implique le déplacement des populations, l'Africain (néo) colonisé développe un exil intérieur encore appelé exil psychique déclenché par

---

[6] Aedín Ní Loingsigh (2001): L'exil dans les littératures africaines d'expression française: esquisses d'un thème, in: www.arts.uwa.edu.au/MotsPluriels/MP1701anl.html.

[7] Dans son article, Aedín Ní Loingsigh présente uniquement la situation de l'Africain colonisé qui éprouve une grande fascination pour la ville de Paris étant donné qu'elle analyse la relation qui lie celui-ci à la France dans un contexte colonial. Cependant, nous tenons à souligner que même dans le contexte postcolonial l'Africain(e) éprouve la même fascination pour la ville de Paris. L'admiration des puissances coloniales qui naît chez les peuples colonisés pendant la colonisation se développe également après les indépendances et la volonté de quitter le pays d'origine qui en découle s'accroît chez « l'ex-colonisé ».

l'idéologie (post) coloniale comme le révèle cette autre affirmation d'Aedín Ní Loingsigh:

> La séduction exercée par la propagande coloniale est telle que le séjour à Paris se présente souvent comme un véritable rite de passage. Celui qui réussit à faire le voyage en France - que ce soit pour des raisons professionnelles ou pour son éducation - jouit alors d'un prestige que l'on peut comparer à celui d'un pèlerin qui rentre d'un lieu saint.[8]

La comparaison du séjour parisien avec la visite d'un lieu saint montre d'une part le désir profond de l'Africain (néo)colonisé d'effectuer ce voyage et témoigne d'autre part du sentiment de culpabilité qu'il développe en restant dans sa terre natale. Il conçoit le voyage pour la France comme une obligation, un devoir moral vis-à-vis de sa société et pour acquérir l'estime que lui procure ce déplacement, l'Africain armé d'illusions n'hésite pas à entreprendre ce voyage quelquefois aventureux.

L'approche d'Aedín Ní Loingsigh est semblable à celle de Franz Fanon qui analyse la relation qui lie l'Antillais à la ville de Paris. Dans son livre *Peau noire masques blancs*, Fanon compare la situation de l'Antillais ayant effectué un voyage en Métropole à celle de celui qui n'a jamais été en France.[9] Tout comme l'Africain, l'Antillais a aussi développé une idéalisation de la France et aux Antilles aussi le séjour parisien est très valorisé et accorde un grand prestige à ceux qui réussissent à effectuer le voyage vers l'hexagone. Cependant aux Antilles, outre l'histoire coloniale qui a créée la fascination de Paris chez les colonisés, l'esclavage a développé chez les Antillais un complexe d'infériorité à l'égard des anciens maîtres esclavagistes et seul le voyage à Paris procure aux descendants d'esclaves le sentiment de posséder une valeur comparable à celle de l'homme blanc auquel ils ont été longtemps assujettis.

1.1.2 Le facteur économique

Dans son article intitulé *A theory of migration,*[10] Everett S. Lee analyse le thème de l'immigration et développe une approche qui résume les facteurs de l'émigration en

---

[8] Aedín Ní Loingsigh: Op.Cit.
[9] Cf. Fanon, Frantz (1952): Peau noire Masques blancs. Paris. Editions du Seuil., p. 15.
[10] Cf. Lee, Everett S. (1966): A theory of migration, in: Demography, Vol.3, No 1.

quatre points principaux. A côté des facteurs personnels[11] et de ceux qu'il dénomme «intervening obstacles»,[12] les facteurs liés à l'aversion du lieu d'origine et à l'attractivité du lieu d'émigration sont déterminants dans la prise de décision d'émigrer.[13] Cette approche est redéfinie par les sciences sociales à travers le *Push-Pull-Modell* dont la sociologue Annette Treibel explique la portée. Tandis que *push* se rapporte à l'expulsion, *pull* renvoie à l'attraction. Selon cette théorie, le lieu d'origine exerce une aversion envers le candidat à l'émigration car la situation de l'emploi et même politique y est incertaine et sans espoir. Cependant, il éprouve une attirance pour le lieu où il veut immigrer puisque dans son imaginaire, celui-ci offre un marché du travail prometteur[14] et une vie plus sûre. Notons par ailleurs que cette approche souligne le facteur économique de l'immigration qui a depuis des siècles accompagné les mouvements de population à travers la planète. Pendant la période des grandes découvertes à partir du 15ᵉ siècle ou pendant les progrès scientifiques et techniques (18ᵉ et 19ᵉ siècles), la recherche d'une vie meilleure a à maintes reprises déclenché plusieurs mouvements migratoires de part le monde. De nos jours, à l'heure de la mondialisation, l'écart qui se creuse entre les pays du Nord et ceux du Sud poussent de plus en plus les populations des pays pauvres à fuir la misère de leurs sociétés d'origine dans l'espoir de faire fortune en Occident. Dans son ouvrage consacré à la relation qu'entretient l'Occident avec le reste du monde, l'historienne et journaliste Sophie Bessis revient sur la fonction dominatrice que s'est accaparé l'Occident dans l'ordre économique mondial. Dans les premières pages de son livre, Bessis retrace l'historique de la construction de la domination occidentale avant de présenter les manifestations de cette suprématie au fil des siècles sur les différents

---

[11] Selon Lee, les facteurs personnels se rapportent directement aux événements qui caractérisent la vie d'un individu. A titre d'exemple, on peut citer le passage d'une étape de la vie (adolescence) à une autre (l'âge adulte). Ces facteurs peuvent aussi se rapporter à des faits précis comme la promotion sociale ou changement de la situation familiale (mariage, divorce). Cf. Lee, Everett : Ibid., p.51.

[12] Les facteurs qu'il qualifie par l'appellation «intervening obstacles» sont ceux liés aux difficultés qu'une personne voulant émigrer peut rencontrer dans la réalisation de son projet de s'établir à étranger. Entre autre exemple, Lee cite la distance entre le lieu d'origine et la destination comme obstacle le plus important. Cf. Lee: Op.Cit., p.50.

[13] Cf. Lee, Everett S.: Op.Cit.,p.50.

[14] Cf. Treibel, Annette (2003): Migration in modernen Gesellschaften. Soziale Folgen von Einwanderung, Gastarbeit und Flucht. München: Juventa Verlag Weinheim. 3.Auflage., p.40.

peuples de la planète. L'historienne met l'accent sur le découpage de la terre en pays du Nord et pays du Sud et s'étale sur l'importance et la signification de cette topographie sur les plans politique et économique à l'échelle planétaire.[15] A la lecture de l'analyse de Sophie Bessis, il en ressort indubitablement que les nombreuses migrations des populations du Sud vers le Nord proviennent en partie de cette hégémonie qu'exerce l'Occident sur le reste du monde depuis plusieurs siècles. Ainsi d'après Claude-Valentin Marie, la principale raison de l'émigration massive des Antillais vers la France est l'espoir d'une vie meilleure en Métropole.[16] Cette émigration qui se développe au début des années soixante est causée par la dégradation de la situation économique aux Antilles marquée par le chômage des jeunes qui vont chercher du travail dans l'hexagone étant donné qu'aux Antilles, « 'aller en France'[17] est sans conteste synonyme de promotion».[18]

Outre, les facteurs de *push* et de *pull*, Treibel évoque également le *migrant-stock-variable* comme autre point de l'émigration liée au facteur économique et constate que « […]die persönlichen Beziehungen und 'Informationskanäle' zwischen denen, die bereits gewandert sind und denen, die u.U. wandern wollen, entscheidend zum Wanderungsentschluß beitragen.»[19] Ici les informations que le candidat à l'émigration reçoit d'une personne ayant immigré concourent à idéaliser le lieu de destination et développent une nostalgie de voyage chez le candidat au départ.[20]

---

[15] Cf. Bessis, Sophie (2001): L'Occident et les autres. Histoire d'une suprématie. Paris. La Découverte.

[16] Cf. Marie, Claude-Valentin (1999): Les Antillais de l'hexagone, in: Dewitte, Philippe (Ed): Immigration et intégration. L'état des savoirs. Paris. La découverte., p. 99.

[17] Cette expression se trouve entre guillemets dans le texte de Claude-Valentin Marie.

[18] Marie, Claude-Valentin: Ibid.

[19] Treibel, Annette: Op.Cit., p.40.

[20] Ibid. Ici apparaît l'idée de contraste entre l'illusion et la réalité qui sera développée dans l'analyse du roman *Le Ventre de l'Atlantique* de Fatou Diome au chapitre quatre de ce travail puisque les informations erronées que reçoit l'aspirant à l'émigration créent un grand fossé entre le réel et l'irréel dans son imaginaire.

1.2 Immigration et identité
1.2.1 L'image de l'immigré(e) africain(e) et antillais(e) dans la société française

La crise des banlieues de l'automne 2005 a relancé le débat sur l'intégration des jeunes issus de l'immigration en France. A travers des actes de vandalisme, ces français, descendants d'immigrés voulaient briser le silence de leurs parents enfermés dans la ghettoïsation et le communautarisme depuis des décennies. Ils protestaient aussi contre le chômage en masse, les discriminations et le racisme dont ils sont victimes. Si leurs méthodes de revendication ont eu une appréciation négative auprès de la population, leurs revendications n'étaient pas sans fondement car comme le constate Jeanne-Marie Clerc, «Français par le sol, francophone par la langue, il [l'immigré] se trouve pourtant objet de toutes les exclusions.»[21] Le caractère contradictoire de la politique d'intégration de la France est relevé dans cette citation car tandis que les textes officiels prônent les valeurs républicaines d'égalité et de fraternité de tous les citoyens, faisant fi des différences liées à l'origine des populations, à la couleur de la peau et à l'appartenance religieuse et voulant ainsi donner de la France l'image d'une nation au modèle d'intégration réussi, la réalité sociale du pays montre une France multiculturelle et même pluriculturelle où vivent des communautés différentes les unes en marge des autres. Pour souligner les contrastes que présente la France en matière d'immigrés, Jeanne-Marie Clerc précise:

> La coupe du monde, Zidane, la France «black-blanc-beur», c'est-à-dire le triomphe de l'intégration accomplie. Quatre ans plus tard, la victoire du candidat d'extrême droite au premier tour de l'élection présidentielle, c'est-à-dire celle du racisme pur et dur [..] les émeutes des banlieues en 2005.[22]

Clerc évoque deux points contraires qui se rapportent à la situation des immigrés en France. Tandis que l'expression «black-blanc-beur» connote la visibilité des immigrés dans la société française et se réfère à la cohabitation des Noirs, des Blancs ainsi que des Arabes (principalement originaires des pays du Maghreb) dans le territoire français, l'allusion faite à la victoire du candidat de l'extrême droite aux élections

---

[21] Clerc, Jeanne-Marie (2006): Flammes de l'immigration dans les banlieues françaises ou l'impossible dialogue des cultures francophones, in:www.lianes.org/Flammes-de-l-immigration-dans-les-banlieues-francaises-ou-l-impossible-dialogue-des-cultures-francophones_a111.html.
[22] Cf. Clerc, Jeanne-Marie: Op.Cit.

présidentielles représente l'exclusion et le rejet des immigrés par la France. Clerc note subséquemment l'échec d'intégration des jeunes issus de l'immigration dans la société française. Cette position est partagée par Marie-Hélène Koffi-Tessio selon qui la ghettoïsation et le communautarisme qui existent dans les cités constituent un frein pour l'intégration des immigrés et font d'eux des citoyens de deuxième classe.[23] Cette marginalisation de la population immigrée est également relevée par Gisela Febel qui associe les banlieues et ghettos dans lesquels résident les populations immigrées à des hétérotopies[24] et définie celles-ci comme « Gegengesellschaft, » (Febel, 190) ou des « Orte in Orte » (Febel, 189) c'est-à-dire des lieux renfermées sur eux-mêmes à l'intérieur de la société française. En rapportant le concept d'*hétérotopie* à la littérature francophone contemporaine, Gisela Febel emprunte ce terme à Michel Foucault qui le définit comme des utopies ayant un lieu précis et réel.[25] Selon Foucault, les hétérotopies sont des lieux ou des espaces construits à l'intérieur d'une société, qui pourtant évoluent contrairement à l'ordre social de celle-ci et malgré l'exclusion que manifeste cette société à l'égard de ces *espaces parenthèses*.[26] En rapport avec l'image du personnage immigré en terre d'accueil, le communautarisme qui le caractérise, témoin de son manque d'insertion dans la société française prouve que l'espace dans lequel il vit est une hétérotopie.

Etant donné que «les politiques d'intégration à la française ont lamentablement échouée»,[27] Calixthe Beyala propose le système des discriminations positives et s'appuie sur le modèle américain d'*affirmative action*[28] comme exemple pour subs-

---

[23] Cf. Koffi-Tessio, Marie Hélène (2006): Mixités françaises ou un autre visage pour l'identité, in: www.lianes.org/mixites-francaises-ou-un-autre-visage-pour-l-identite-francaise_a76.html.

[24] Cf. Febel, Gisela (2009): *Non-lieux* und Heterotopien im französischen Gegenwartsroman und – film, in : Müller/ Stemmler(Hrsg): Raum-Bewegung-Passage. Narr Verlag. Tübingen., pp. 183-194.

[25] Cf. Foucault, Michel (2005) : Die Heterotopien. Der utopische Körper. Frankfurt a.M.Suhrkamp., p.39.

[26] Cf. Foucault, Michel: Op.Cit. Nous avons écrit cette expression en italique pour souligner l'aspect contradictoire qui existe entre les hétérotopies et les sociétés dans les quelles elles se développent.

[27] Beyala, Calixthe (2000): Lettre d'une Afro-française à ses compatriotes. Editions Mango., p.25.

[28] L'affirmative action est le nom donné au système américain des discriminations positives qui entend favoriser les Afro-américains et les «native americans » dans plusieurs secteurs de la vie publique en leur facilitant par exemple l'accès à l'éducation et à certains emplois, le but étant de

tituer la politique d'intégration française d'universalisme.[29] Même si Beyala vante les mérites du modèle américain d'intégration, nous ne pouvons omettre de mentionner les limites de celui-ci car malgré son entrée en vigueur aux États-Unis dans les années soixante, les inégalités entre les Blancs et les Noirs restent criardes. Certes *l'affirmative action* a permis l'ascension sociale de plusieurs Afro-américains, mais l'image socioculturelle de l'Amérique est loin de l'exemple parfait de l'intégration réussie et de l'égalité entre les races. De plus l'histoire des Etats-Unis étant différente de celle de la France, il serait erroné de copier le modèle américain pour l'appliquer dans la société française. Les Afro-américains ne sont pas des immigrés aux Etats-Unis mais au même titre que les Blancs, ils ont contribué à peupler l'Amérique après la décimation des Indiens. Certes leur arrivée sur le territoire américain est liée aux conditions difficiles de la traite négrière et de l'esclavage mais dès sa création, ils ont façonné l'image actuelle de la société américaine et de ce fait, nous accentuons le caractère synchrone qui a caractérisé le peuplement de l'Amérique par les Blancs et les Noirs. Pour le cas de la France, le Noir est un immigré car il arrive dans le territoire français et trouve une communauté blanche qui y est établie depuis des siècles. Les structures sociales sont déjà définies et gênant par sa présence, il est relégué au bas de l'échelle sociale.

Dans un article paru dans le magazine *Jeune Afrique*, Calixthe Beyala analyse l'image du Noir en général et de l'Africain en particulier dans la société française et souligne la représentation non proportionnelle de la communauté noire dans les médias français par rapport à son importance dans la population. Selon Beyala, la présence des Noirs dans les médias est très fréquemment liée à des événements négatifs comme les catastrophes naturelles et la famine en Afrique si bien que la force médiatique cultive une image dégradante du Noir et lui impose une identité différente de l'identité française en occurrence celle de l'affamé, du pauvre, de l'être inférieur et pousse le peuple français à se distancier de lui bien que vivant dans le même espace social.[30]

---

rétablir une répartition proportionnelle des différents peuples de la société américaine à travers les différentes couches sociales et de réduire les inégalités sociales entre Blancs et Noirs.

[29] Cf. Calixthe Beyala: Op.Cit., p. 28.

[30] Cf. Laroui, Fouad (1999): Polémique. La croisade de Calixthe Beyala, in: Jeune Afrique No 1999-du 4 au 10 Mai., p. 90. Dans cet article, Calixthe Beyala critique la représentation que la France se fait d'elle-même, une représentation qu'elle qualifie de fausse car celle-ci renferme l'immigré dans des clichés à connotation péjorative. Selon Beyala, «on ne les [les Noirs] voit que

Dans le même ordre d'idées, Frantz Fanon parle de négrophobie et compare l'attitude du négrophobe à celle de l'antisémite.[31]
Selon l'analyse d'Albert Memmi, c'est cette image propagée du Noir qui justifie la discrimination exercée envers lui sous forme de racisme. Dans son ouvrage *L'homme dominé*, il écrit:

> On n'entend guère parler de racisme anti-américain ou anti-anglais ou même anti-allemand. Ce sont là des hommes historiquement forts, soutenus par des nations puissantes; or, le raciste ne s'adresse, pour exercer son triomphe qu'à des hommes déjà battus par l'histoire. Des chaînons faibles de l'humanité.[32]

Memmi analyse le lien qui existe entre domination et discrimination. Selon lui, la discrimination est une conséquence de la domination et s'applique pour «ceux qui n'ont inventé ni la poudre ni la boussole ceux qui n'ont jamais su dompter la vapeur ni l'électricité ceux qui n'ont exploré ni les mers ni le ciel.»[33] Il note également le lien entre racisme et oppression et présente le premier comme le symbole et le résumé du second.[34] En sus, il précise que le racisme est un *bain culturel* (Cf. Memmi, 199) c'est à dire une réalité ancrée dans la culture de chaque peuple qui se croit supérieur à un autre qu'il assujettit.[35] «Voilà pourquoi l'étranger est une proie de choix

---

quand tout va mal: voitures brûlées, émeutes dans les banlieues, ou alors la famine et guerre civile, et ce sont les images abîmées de l'Afrique. Tout cela englobe chaque homme noir qui passe dans la rue, assimilé, fût-ce inconsciemment au voleur, au pillard, ou au misérable qui tend la sébile. Sa femme, dans le meilleur des cas traîne une ribambelle d'enfants derrière elle. Rien sur les autres Africains, ceux qui travaillent, qui créent, qui réfléchissent. Dans les téléfilms, les quelques rares rôles qu'ils tiennent se réduisent à des apparitions furtives, quand la situation l'exige. Or nous vivons dans une société d'images. C'est donc l'image qu'il faut changer.» Pour plus de détails sur l'image du Noir dans les médias français, voire Beyala, Calixthte: *Lettre d'une Afro-française à ses compatriotes.* Op.cit. Dans l'étude du récit *L'exil selon Julia* de Gisèle Pineau, nous reviendrons sur la question du Noir dans les medias français.

[31] Cf. Fanon, Frantz: Op.Cit., pp.24-27. Fanon présente les stéréotypes du *nègre* dans la société française. Déjà à travers la manière avec laquelle les Blancs s'adressent à lui, le *nègre* est socialement rabaissé. On transmet à travers les médias et dans la société une idée du Noir comme étant un homme inférieur et le terme négrophobie signale ici la haine du noir.

[32] Memmi, Albert (1968): L'homme dominé: le noir-le colonisé-le prolétaire-le juif-la femme-le domestique. Paris. Gallimard., p. 201.

[33] Césaire, Aimé (1983): Cahier d'un retour au pays natal. Paris. Présence Africaine 1983., p. 46.

[34] Cf. Memmi: Ibid., p.8.

[35] Ibid.

pour le raciste, un escabeau propice, inespéré pour le pied de ce vainqueur dérisoire. *D'où la parenté évidente, si rapprochée, entre le racisme et la xénophobie.»*[36]

1.2.2 L'immigré(e) face à la question de son identité

Le sociologue français Jean-Claude Kaufman définit l'identité comme: «un phénomène précis et spécifique, qu'il faut délimiter, et situer exactement dans l'immense fabrique multiforme de l'individu.»[37] On retient de cette définition que l'identité est présentée comme une composante de l'Homme qui permet de le définir. Cette idée est contestée par Calixthe Beyala selon qui: «une identité n'est pas figée» mais plutôt « recyclable ».[38] Selon la romancière franco-camerounaise, la couleur de la peau ne devrait pas être un facteur pour déterminer l'origine d'un individu et lui attribuer une identité stéréotypée. Dans une interview accordée à Dominique Mataillet, Beyala déclare qu'il est absurde de rattacher un peuple à une entité géographique précise sous prétexte qu'il en est l'héritier naturel. Du fait que les gens se déplacent de plus en plus de nos jours, l'identité de l'individu est l'assemblage d'une pluralité d'identités et celle-ci ne peut pas se définir en fonction de la race.[39] Calixthe Beyala précise également dans le même entretien qu'on est Africain parce qu'on a une culture africaine et que l'Afrique n'est pas seulement noire mais qu'elle est aussi blanche, arabe et faite d'une multitude de cultures.[40] La romancière exprime clairement sa pensée qui est favorable au mélange de cultures et des races. L'Homme

---

[36] Memmi, Albert: Op.Cit., p.201.

[37] Kaufmann, Jean-Claude (2004): L'invention de soi. Une théorie de l'identité. Paris. Armand Colins Sejer., p. 50. Pour compléter cette définition, Kaufmann écrit à la page 151 du même ouvrage : « L'identité est l'histoire de soi que chacun se raconte.» En d'autres termes, c'est chaque individu qui façonne sa propre identité en fonction des expériences vécues. Cette seconde définition vient infirmer celle énoncée plus haut dans le texte et présente les limites de celle-ci car nous sommes d'avis que l'identité n'est pas une réalité non modifiable de la personne humaine mais est perpétuellement appelée à être modifiée au fur et à mesure que l'individu connaît des changements de quelque nature que ce soit dans son existence.

[38] Mataillet, Dominique (2005): Calixthe Beyala.-« Ce n'est pas parce qu'on est noir qu'on peut faire n'importe quoi », in: Jeune Afrique L'intelligent. No. 2327-2328-Du 14 au 27 Août., p.114-115.

[39] Ibid.

[40] Ibid., p.116.

n'est plus défini en fonction d'une seule culture précise dont il émane mais son identité est la résultante d'un mélange interculturel qui englobe des apports hétérogènes de plusieurs sociétés distinctes.

Quant à Julia Kristeva, elle note le rapport entre le déséquilibre identitaire de l'immigré et les difficultés d'intégration auxquelles il fait face en France. Etant confronté à l'intolérance des autochtones qui dévalorisent tout mode de vie différent du mode de vie français et considèrent l'attachement à des valeurs autres que françaises comme un manquement impardonnable au «goût universel, c'est-à-dire français», (Kristeva, 1988, p.58) l'immigré est face à deux alternatives. Premièrement (même quand il est légalement et administrativement reconnu) il change son identité pour être accepté dans la société française et renonce aux valeurs qui l'ont défini afin d'épouser les valeurs françaises et d'être assimilable. Deuxièmement face à des difficultés d'adaptation, il décide de rester lui-même et se replie dans son isolement, humilié et offensé, convaincu de son impossibilité à devenir un Français.[41] Cette analyse de Kristeva nous propose une *Fremdbeschreibung* qui fait ressortir une critique de la société française puisque celle-ci n'est pas ouverte à un dialogue interculturel. Cette pensée laisse clairement conclure que Kristeva condamne la thèse selon laquelle ne peut appartenir à la société française que celui qui s'y assimile et non celui qui y apporte un élément culturel nouveau. La critique de l'idée du «goût universel» est également exercée par Homi Bhabha lorsqu'il présente le concept de *cultural difference* pour caractériser la tendance qu'ont les sociétés occidentales à vouloir exercer une suprématie culturelle sur les sociétés moins développées.[42] D'après Bhabha, il existe une différence remarquable entre le notion de *cultural diversity* et celle de *cultural difference* car tandis que la première renvoie à l'idée d'une coexistence de plusieurs cultures dans une société donnée (généralement une société occidentale) et dont l'une est présentée comme culture de référence et par conséquent dominante, la

---

[41] Cf. Kristeva, Julia (1998): Etrangers à nous-même. Paris. Fayard., p. 58. La citation suivante est tirée du même ouvrage et élucide clairement la thèse ici développée par son auteur : « Nulle part on n'est plus étranger qu'en France. N'ayant ni la tolérance des protestants anglo-saxons, ni l'insouciance poreuse des latins du sud, ni la curiosité rejetante autant qu'assimilatrice des Allemands ou des slaves, les Français opposent à l'étranger un tissu social compact et un orgueil national imbattable. Quels que soient les efforts - à la fois considérables et efficaces - de l'Etat et des diverses institutions pour accueillir l'étranger, celui se heurte en France plus qu'ailleurs à un écran.».

[42] Cf. Bhabha, Homi K.(1994): The location of culture. London. Routlege., pp.50-51.

seconde implique le fait que dans une société où il existe plusieurs cultures, celles-ci sont appréciées séparément, chacune avec ses particularités et ses différences. Bhabha clarifie sa position dans un entretien avec Jonathan Rutherford lorsqu'il précise: «A transparent norm is constituted, a norm given by the host society or dominant culture, which says that ' these other cultures are fine, but we must be able to locate them within our grid.' This is what I mean by a *creation* of cultural diversity a *containment* of cultural difference.»[43] Dans la suite de l'entretien, Bhabha énonce clairement que «with the notion of cultural difference, I try to plane myself in that position of liminality, in that productive space of the construction of culture as difference, in the spirit of alterity or otherness.»[44] La notion de *cultural difference* que Bhabha prône ici se rapproche de son concept d'hybridité (*cultural hybridity*) qu'il définit en rapport avec l'expression 'third space'.[45] Selon le chercheur, toute culture se trouve perpétuellement dans un processus d'hybridité du fait qu'il n'y a pas de culture originale inchangeable.[46] C'est cette approche qu'il dénomme *cultural translation* et définit comme suit: «Cultural translation denies the essentialism of prior given original or originary culture, then we see that all forms of culture are continually in a process of hybridity »[47] Et de ce fait, l'hybridité culturelle implique l'avènement d'un « 'third space' which enables other positions to emerge »[48] pour reprendre les propos de Bhabha. La notion de 'Third Space' dont il est question ici fait référence à la création d'un nouvel espace culturel qui diffère des espaces préexistants et se caractérise par l'émergence de structures nouvelles donc le but est de permettre la mouvance des cultures disparates dans un contexte d'hybridité et de différences culturelles. Ainsi pour résumer la pensée de Homi Bhabha, Karin Ikas et Gerhard Wagner paraphrasent l'explication donnée à la notion de «Third Space» en ces termes.

> Largely, Bhabha conceives the encounter of two social groups with different cultural traditions and potentials of power as a special kind of negociation or translation that

---

[43] Bhabha, Homi (1990): « The third space ». Interview with Homi Bhabha, in: Rutherford, Jonathan(ed): Identity. Community-culture-Difference. London: Lawrence &Wishart., p.208.
[44] Bhabha, Homi: «The third space», Interview with Homi Bhabha: Ibid., p.209.
[45] Cf. Bhabha: The Location of culture. Op.Cit.
[46] Cf. Bhabha: «The third Space». Op.Cit., p.211.
[47] Cf. Bhabha: «The third Space». Op.Cit., p.211.
[48] Ibid.

takes place in a Third Space of enunciation. This negociation is not only, expected to produce a dissemination of both groups from their origins. It is also supposed to bring about a common identity, one that is new in its hybridity; it is thus neither the one nor the other.[49]

On retient de ces propos que le concept de «Third space» se réfère à un espace interstitiel où deux cultures différentes négocient la création d'une identité hybride, qui ne se réfère aucunement à l'une ou à l'autre culture mais plutôt à un mélange de celles-ci.

Etant donné que l'immigration entraîne la fin de l'homogénéité culturelle, Fanon précise dans *Peau noire masques blancs* que pour le cas typique de l'immigré antillais le contact de ce dernier avec la France métropolitaine influence sa conception de sa propre identité:

> Mais c'est que l'Antillais ne se pense pas Noir; il se pense Antillais. Le nègre vit en Afrique. Subjectivement, intellectuellement, l'Antillais se comporte comme un Blanc. Or c'est un nègre. Cela, il s'en apercevra une fois en Europe, et quand on parlera de nègres il saura qu'il s'agit de lui aussi bien que du Sénégalais.[50]

En France, l'immigré antillais apprend à se redéfinir. Il se débarrasse des clichés et stéréotypes associés au *nègre* car il réalise enfin que c'est lui le *Nègre*. Le *nègre* n'est plus seulement l'Africain qui vient d'Afrique noire mais c'est toute personne de couleur de peau noire. Aux Antilles, l'Antillais s'est forgé une identité exprimée dans la première phrase de l'essai *Eloge de la créolité* (1990) à travers l'affirmation suivante: «Ni Européens, ni Africains, ni Asiatiques, nous nous proclamons Créoles.»[51] Dans cette déclaration, émanant de Bernabé, Chamoiseau et Confiant, on note la négation de l'Antillais à s'identifier à une identité précise. S'ils valorisent la «négritude césairienne» dans leur ouvrage et la définissent comme «le baptême, l'acte primal de notre dignité restituée» (Bernabé/ Chamoiseau/Confiant, 18), les auteurs de cet ouvrage créent une identité nouvelle, différente de celle de la négritude et la présentent en ces termes: « Nous nous déclarons créoles. Nous déclarons que la créolité est le ciment de notre culture et qu'elle doit régir les fondations de

---

[49] Ikas, Karin/Wagner, Gerhard (Eds) 2009: Communicating in the Third Space. New York. Routledge 2009., p.2.
[50] Fanon. Frantz: Op.Cit., p.120-121.
[51] Bernabé, Jean/ Chamoiseau, Patrick/ Confiant, Raphaël (1990): Eloge de la créolité/ In praise of creolness. Paris. Gallimard., p.13.

notre antillanité.»[52] Dans la suite de leur essai, Bernabé, Chamoiseau et Confiant apportent une explication à leur perception de la créolité en relevant que «la créolité est l'agrégat interactionnel ou transactionnel des éléments culturels caraïbes, européens, africains, asiatiques et levantins, que le joug de l'histoire a réunis sur le même sol.»[53] En outre ils précisent: «la créolité est donc le fait d'appartenir à une entité humaine originale qui à terme se dégage de ces processus. Il existe donc une créolité antillaise, une créolité guyanaise, une créolité brésilienne, une créolité africaine, une créolité asiatique et une créolité polynésienne, assez semblables entre elles mais issues de la matrice du même maelström historique.»[54] Faisant une analyse de la créolité telle que présentée ici par les signataires de l'essai *Eloge de la créolité*, Debra L. Anderson relève une similitude entre cette créolité et l'Antillanité d'Edouard Glissant qui, elle, se rapporte au *vécu antillais*, à la réalité de la vie aux Antilles[55]. Selon Anderson, le rapprochement entre les deux notions s'opère de la manière suivante: «And like Antillanité, créolité involves an ongoing search for identité with at its center the *questionnement* of reality and suppressed histories.»[56] De ce fait les deux concepts sont similaires dans la mesure où ils évoluent tous dans la quête d'une identité (antillaise) basée sur une réalité qui emprunte son existence à une histoire et un passé distillés. De plus, en faisant référence aux auteurs de la créolité, Anderson écrit: « And the authors- like the Négritude poets- seem to function by a process of *detour* and *retour*. Once given «insight» into the nature of créolité in general, in a world view, the authors return to their own specific creolité antillaise which, in my [Debra L. Anderson] opinion, is Antillanité.»[57] Que ce soit la créolité ou l'antillanité, les deux notions tentent difficilement de donner une définition précise de ce qu'est l'identité des populations des Antilles. Si la thèse d'Anderson s'appuyant sur la synonymie entre créolité et Antillanité peut être réfutée, il reste incontestable que les deux termes conçoivent l'identité antillaise différente de l'identité africaine. Par conséquent, en quittant son pays natal pour la France, l'Antillais qui se sait différent de l'Africain est amenée à remodeler son identité face aux dures réalités de

---

[52] Ibid., p.26.
[53] Ibid.
[54] Ibid., p.31.
[55] Cf. Debra L. Anderson (1995): Decolonizing the text. Glissatian readings in the Carribeans and African-American literatures. New York. Peter Lang, p.28.
[56] Ibid., p.51.
[57] Debra L. Anderson Op.Cit., p.52.

l'immigration. Bien que français de part son statut juridique, il est exclu de la société française blanche à laquelle il s'est longtemps identifié et est une victime du racisme. En France, *le français de souche* ne fait pas la différence entre l'Antillais français et l'Africain non français car pour lui, ils sont tous des immigrés noirs. Etant donné que cette nouvelle définition de l'identité est liée à l'immigration des populations, Marc Augé constate que dans le monde contemporain, « [...] la surmodernité est productrice de non-lieux, c'est-à-dire d'espaces qui ne sont pas eux-mêmes des lieux anthropologiques [...] »[58] Dans son ouvrage intitulé *Non-lieux. Introduction à une anthropologie de la surmodernité*, Augé définit le concept de non-lieux par opposition à celui de lieu et précise : « Si un lieu peut se définir comme identitaire, relationnel et historique, un espace qui ne peut se définir ni comme identitaire, ni comme relationnel, ni comme historique définira un non-lieu.»[59] A ce titre, l'anthropologue cite les points de transit à l'instar des aéroports ou des gares, les moyens de transport comme les avions et les trains ou encore les habitations provisoires (chambres d'hôtel, clubs de vacances, camps de réfugiés, bidonvilles promis à la casse) comme étant des exemples de non-lieux[60]. Dans le cadre des populations immigrées, les cités de banlieues et autres espaces marginaux qu'elles habitent peuvent être assimilés à ces non-lieux dont parle Marc Augé. De ce fait, Gisela Febel établie un lien entre la notion de *non-lieux* de Marc Augé et celle d'*hétérotopie* de Michel Foucault dans la littérature francophone contemporaine car selon elle, «Diese Nicht-Orte bieten sich zugleich an für die Neubesetzung als Heterotopien, subversive Andersorte-eine Neubesetzung, die heute vornehmlich von marginalisierten Gruppen, Migrationsbevölkerung und kreolisierten Menschen vorgenommen wird[...]»[61] De cette analyse, il ressort que l'expérience migratoire rend difficile la définition de l'identité de l'immigré puisque les réalités auxquelles il est confronté en terre d'exil conduisent à une reconstruction identitaire.

---

[58] Augé, Marc (1992): Non-Lieux. Introduction à une anthropologie de la surmodernité. Paris. Seuil., p.100.
[59] Ibid.
[60] Ibid.
[61] Febel, Gisela : Op.Cit., p. 191-192.

1.3 Littérature et immigration

1.3.1 Le thème de l'immigration dans la littérature d'expression française

Dans son étude portant sur l'histoire de la littérature africaine d'expression française, Abdourahman Waberi distingue quatre grandes générations d'écrivains francophones. La première génération est celle des pionniers (1910-1930), la deuxième est marquée par la négritude et s'étale de 1930 à 1960. La troisième qui se caractérise par la décolonisation et le désenchantement postcolonial va de 1970 à 1990 et enfin la quatrième génération qui commence à partir des années 1990 est dénommée *enfants de la postcolonie*.[62] Parmi ces différentes catégories, Waberi met particulièrement l'accent sur la quatrième génération dont les auteurs sont à plusieurs égards confrontés à la question migratoire soit parce qu'ils sont eux-mêmes des immigrés, soit parce qu'ils écrivent sur le thème de l'immigration africaine en France. A cet effet il emploie aussi l'expression *génération transcontinentale* pour les qualifier. La caractéristique des écrivains de la postcolonie se situe dans le fait qu'ils/elles sont tous né(e)s après la vague des indépendances des pays africains francophones en 1960. Certes le thème de l'immigration joue un rôle prépondérant chez les auteurs africains vivant en France mais l'on peut constater avec Christiane Albert que déjà chez leurs aînés des générations précédentes il était aussi présent. Dans son ouvrage *L'immigration dans le roman francophone contemporain,* Albert retrace l'historique et l'évolution chronologique du thème de l'immigration dans la littérature francophone et relève trois périodes pendant lesquelles la représentation littéraire de l'immigration est thématisée. La première période s'étale de la colonisation jusqu'aux années soixante. Durant cette période, la problématique de l'immigration est

---

[62] Cf. Waberi, Abdourahman A. (1998): Les enfants de la postcolonie: Op.Cit. Tandis que Waberi procède à une catégorisation de la littérature africaine d'expression française en fonction des générations, Jacques Chevrier fait une distinction entre les différentes formes de roman qui se sont développées dans «la littérature nègre». On peut citer entre autre le roman de la contestation, le roman historique, le roman d'angoisse et le roman du désenchantement. Pour plus de détails, lire Jacques Chevrier (1984): La littérature nègre. Paris. Armand Colin. La version revue et corrigée est parue en 2003 aux mêmes éditions.

amorcée par des romans qui mettent en scène des travailleurs immigrés ou par des autobiographies des intellectuels étudiant en France.[63]

La deuxième période va des indépendances aux années quatre-vingt et ici on remarque «une sorte de fléchissement du thème». (Albert, 27) En d'autres termes, on observe «une éclipse du thème de l'immigration» (Albert, 35) accompagnée de la disparition de la figure du jeune étudiant noir en France. Les écrivains de cette époque se consacrent à d'autres sujets tels que la dictature, la mauvaise gérance des jeunes Etats indépendants d'Afrique et l'influence du néocolonialisme.

Néanmoins, depuis les années quatre-vingt jusqu'à nos jours, le thème de l'immigration resurgit dans la littérature d'expression française en général et africaine en particulier. Cette fois, il gagne une grande ampleur sur la scène littéraire et on note également l'émergence d'une nouvelle figure en occurrence celle de l'exilé politique puisque les régimes autoritaires en Afrique conduisent à l'exil des intellectuels du continent africain vers la France.[64]

> Aussi à partir des années 1990, un nombre croissant d'écrivains d'origine africaine, vivant pour la plupart à Paris, prirent pour sujet l'immigration et son cortège de désillusions et de difficultés matérielles et psychologiques au point de faire de ce thème un des plus traités par la littérature africaine contemporaine.[65]

Cette affirmation de Christiane Albert rejoint la thèse de Waberi qui présente le thème de l'immigration comme une caractéristique de la littérature africaine des années quatre-vingt-dix en France.[66] Le même constat est fait par Gisela Febel, Karen Struve et Natascha Ueckmann dans l'ouvrage intitulé *Ecritures transculturelles* quand celles-ci font une analyse de la littérature contemporaine et constatent que les

---

[63] Albert, Christiane (2005): Op.Cit., pp. 26-27. Parmi les romans qui thématisent le travailleur immigré on peut citer l'œuvre de Sembène Ousmane Le docker noir (1956) et en ce qui concerne l'autobiographie de l'intellectuel, Un nègre à Paris (1959) de Bernard Dadié ainsi que L'aventure ambiguë (1961) de Cheikh Hamidou Kane en constituent des exemples.

[64] Cf. Albert, Christiane: Op. Cit., p.27.

[65] Ibid., p. 76.

[66] Outre la France qui est évoquée ici dans le texte, le paysage littéraire au Québec a également été fortement influencé par la présence des écrivains issus de l'immigration. Nous reviendrons sur la situation littéraire au Québec dans le point suivant consacré au débat littéraire sur la question de l'immigration.

écrivains: «[…]versuchen vielmehr Phänomene zu beschreiben, die durch Migration, Einwanderung oder exil entstanden sind.»[67]

1.3.2 Débat littéraire sur la question migratoire

Le terme «littérature de l'immigration» a longtemps alimenté les controverses dans le monde littéraire. Depuis que le thème de l'immigration s'est établi dans la littérature et que la visibilité des auteurs issus de l'immigration est de plus en plus grande dans les littératures occidentales, de nombreux critiques s'affrontent sur la désignation appropriée pour déterminer cette vague montante de la littérature contemporaine.[68]

Le critique allemand Ottmar Ette évite d'employer le mot *Migrantenliteratur* qui est l'équivalent allemand de littérature de l'immigration et utilise en revanche des expressions telles que *Literaturen der Heimatlosigkeit* ou encore *Literaturen ohne festen Wohnsitz*.[69] Sur ce, il justifie son choix comme suit: «Die Literaturen der Welt haben an Seßhaftigkeit verloren und in zunehmenden Maße nomadisierende, unausgesetzt in Bewegung befindliche Denk-, Schreib- und Wahrnehmungsmuster in sich aufgenommen ».[70] Ottmar Ette constate dans cette citation que les littératures du monde ont perdu leur sédentarité; elles ont à cet égard acquis plus de nomadisme et

---

[67] Febel, Gisela/ Struve, Karen/ Ueckmann, Natascha (2007): Écritures transculturelles- Écritures de troubles, in : Febel, Gisela/Struve, Karen/ Ueckmann, Natascha (Hrg): Ecritures transculturelles. Kulturelle Differenz und Geschlechterdifferenz im französischsprachigen Gegenwartsroman. Tübingen. Günter Narr., pp. 25-26.

[68] En France les discussions des critiques et des écrivains sur le mot francophone a conduit en 2007 à la publication d'un manifeste intitulé « Pour une littérature-monde en français ». Selon les signataires de ce manifeste, la littérature écrite en français ne devrait plus être définie entre le centre et la périphérie car elle ne se conçoit pas par rapport à la France mais elle est désormais partout aux quatre coins du monde. De ce fait, ils critiquent le mot francophonie et proposent la désignation de « littérature-monde en français ». A la suite du manifeste, notons également la parution de l'ouvrage du même nom qui résume une fois de plus la position des signataires du manifeste.

[69] Cf.Ette,Ottmar(2005): ZwischenWeltenSchreiben: Literaturen ohne festen Wohnsitz.(Überlebenswissen II).Berlin. Kulturverlag Kodmos., p.38. Nous nous essayons à traduire les termes employés par Ottmar Ette et proposons «Littératures apatrides» pour *Literaturen der Heimatlosigkeit* et «Littératures sans domicile fixe» pour *Literaturen ohne festen Wohnsitz*.

[70] Ibid.

sont en perpétuel mouvement. Cette approche remet en cause la définition classique de la littérature dans le sens où celle-ci se rapporte à une nation ou un pays donné. Dans la même optique, il précise: «Die Literaturen der Welt aber können weder als eine Stimme von Nationalliteraturen noch als eine allein von homogenisierenden Prozessen geprägte Weltliteratur gedacht werden.»[71] Ette affirme sans équivoque que la nouvelle image littéraire du monde ne se rapporte ni au concept gœthéen de *Weltliteratur* ni au concept de littératures nationales et met particulièrement l'accent sur la différence entre sa notion de *Literatur ohne festen Wohnsitz* et celle de *Migrationsliteratur* ou *Exilliteratur.*[72] La notion de littérature sans domicile fixe qui traduit la pensée de *ZwischenWeltenSchreiben* se rapporte d'une part à la mobilité des auteurs qui sont en perpétuel déplacement et d'autre part au contenu des textes qui évoquent les contacts entre les cultures, les langues et les régions du monde entier car comme le relève Ottmar Ette dans son ouvrage «Ganz nebenbei wird hier signalisiert, daß europäische Literatur längst nicht mehr die *chasse gardée*, die Sache allein der Europäer ist.»[73] L'approche du chercheur allemand est confirmée par celle de Waberi qui comme le premier relève que de nos jours les cultures non européennes ont influencé «les formes et pratiques artistiques parties des foyers intellectuels du monde occidental.»[74] Si comme le dit Waberi, «les grands centres culturels des anciennes colonies n'ont plus le monopole de la créativité et du dynamisme artistiques»[75], c'est parce que «l'ici et l'ailleurs sont des notions de plus en plus liées, très difficile à démêler à l'heure de la mondialisation, y compris dans l'espace de la

---

[71] Ibid.,p.31.
[72] Ibid., p. 14.
[73] Ette, Ottmar: Op.Cit., p.39. Ottmar Ette rappelle à la page 39 de l'ouvrage susmentionné (note 29) que l'écrivain espagnol Juan Goytisolo avait signalé il y a quelques années que: «[…] bald schon ein signifikanter Teil der deutschen Literatur von Türken, der französischen Literatur von Schriftstellern aus der Karibik oder dem Maghreb, der englischen Literatur von Indern und Pakistani verfasst werde.» Notre traduction: «bientôt une grande partie de la littérature allemande sera écrite par les Turcs, la littérature française par les Antillais et les Maghrébins et la littérature anglaise par les Indiens et les Pakistanais.» Cette affirmation qui entendait prédire l'avenir de la littérature occidentale a été vérifiée car elle correspond à la réalité observée dans le domaine littéraire à travers les différents pays européens.
[74] Waberi, Abdourahman: Op.Cit.
[75] Ibid.

fiction.»[76] La même opinion est partagée par le chercheur Achille Mbembe quand il déclare:

> Il n'y a pas d'identité française ou de lieux français de mémoire qui n'englobent simultanément l'ailleurs et l'ici. En d'autres termes, l'ailleurs est constitutif de l'ici et vice versa. Il n'y a plus de « dedans » qui serait coupé d'un « dehors », un passé qui serait coupé du présent. Il y a toujours, celui de la rencontre avec l'Autre, qui se dédouble constamment et qui consiste, non dans la scission, mais dans la contraction, l'enroulement et la jonction. Voilà, en tout cas, une géographie et une carte du sujet qui permettraient de poser d'une autre manière les questions brûlantes de la banlieue, de la nation, de la citoyenneté, voire de l'immigration.[77]

Le tableau littéraire français (et même des autres pays occidentaux) tel que présenté par les différents critiques fait apparaître sa mixité découlant de l'apport d'éléments culturels et littéraires provenant hors de l'hexagone. Si la quasi-totalité des critiques est unanime sur le fait que les mouvements des populations ont depuis des décennies transformé la scène littéraire occidentale, les approches diffèrent encore en ce qui concerne la dénomination de la nouvelle image littéraire de l'Occident.

Abdourahman Waberi emploie l'expression «roman de l'émigration en terre de France» pour qualifier la forme d'écriture pratiquée pas ses enfants de la postcolonie.[78] Cependant Christiane Albert qualifie l'expression« littérature de l'émigration » de problématique et de contradictoire dans la mesure où cette appellation ne se rattache pas à l'immigration mais plutôt à l'émigration. Le rattachement à l'immigration implique l'établissement des immigrés dans le pays d'accueil qu'est la France et par conséquent leur rapprochement à la littérature nationale française alors que le rattachement à l'émigration conduit au maintien du lien avec le pays natal et les littératures nationales africaines; lien qu'en réalité les textes concernés par cette appellation ne présentent pas.[79]

A la notion de «littérature de l'émigration», Albert préfère celle d'«écritures métisses » qui selon elle décrit mieux la créolisation, l'hybridité et le croisement de

---

[76] Ibid.

[77] Eurozine-Qu'est-ce que la pensée post-coloniale? Entretien avec Achille Mbembe. Propos recueillis par Olivier Mongin, Nathalie Lempereur et Jean-Louis Schlegel, in : www.eurozine.com/articles/2008.01-mbembe-fr.html.

[78] Cf. Waberi:Op.Cit.

[79] Cf. Albert, Christiane: Op.Cit., p.37.

langues et de cultures dans les littératures issues de l'immigration en France.[80] Dans son analyse, elle se réfère au concept d'«écriture décentrée» développée par Michel Laronde[81]. Selon ce dernier, une écriture décentrée est celle qui produit un texte avec des décalages linguistiques et idéologiques en fonction d'une langue et d'une culture dominante. En plus ces textes sont produits par des écrivains étrangers à la culture dans laquelle ils produisent.[82] Dans cette définition de Laronde, on note premièrement l'idée de mixité et de mélange, autant sur le plan linguistique que sur le plan thématique. De ce fait, sur le plan linguistique, « l'écriture décentrée » est celle qui se caractérise par un métissage et une créolisation de la langue employée dans le texte par exemple à travers l'emploi des mots du parler guadeloupéen, martiniquais, haïtien ou des langues africaines dans le récit écrit en Français. A titre d'exemple, on peut citer ici l'écrivain ivoirien Amadou Kourouma dont les textes se caractérisent par l'emploi de la langue malinké dans les récits écrits en français. Sur le plan thématique, «l'écriture décentrée » est celle qui aborde des thèmes relatifs à des réalités d'espaces géographiques différents (Afrique, Antilles, Asie) et les développe dans l'espace littéraire français. Il s'agit d'introduire dans la littérature française, des thèmes venus d'ailleurs et inconnus du monde littéraire en France. Deuxièmement, « l'écriture décentrée » se caractérise par le fait que les écrivains qui pratiquent cette mixité linguistique et thématique dans leurs textes sont originaires d'un espace géographique non français, qu'il soit francophone ou non. Cette notion d' « écriture décentrée » se rapproche de la notion d'«écriture interstitielle» d'Hédi Bouraoui qui se réfère à toute forme d'expression littéraire qui travaille dans les interstices de plusieurs cultures afin de relever la pluralité civilisationnelle des peuples et d'anéantir l'hégémonie de toute culture nationale unique.[83] Chez Bouraoui, son concept d' «écriture interstitielle» ne prône pas seulement la mixité linguistique et thématique des textes issus d'auteurs ayant un background étranger à la société dans laquelle ils écrivent, mais la notion d' «écriture interstitielle» sous-entend également une mixité culturelle dans la production de textes littéraires. On retrouve ici l'idée de « Third space » développée par Homi Bhabha dans son ouvrage *The Location of*

---

[80] Ibid., p.72.
[81] Cf. Laronde, Michel (1996): L'Ecriture décentrée. La langue de l'autre dans le roman contemporain. Paris. L'Harmattan.
[82] Cf. Laronde, Michel: Op. Cit., p.8.
[83] Cf. Bouraoui, Hédi: Ecriture interstitielle in: www.hedibouraoui.com/lhomme.php.

Culture[84] manifestée à travers la création d'un espace interstitiel où doit se produire la littérature d'auteurs issus de l'immigration pour mettre un terme à la domination culturelle qu'exerce sur eux la culture de la société d'accueil.

Hormis Laronde et Bouraoui, le critique français Jacques Chevrier apporte une nouvelle dimension au débat littéraire sur la question migratoire avec l'introduction du terme «migritude» qui d'après lui renvoie à la fois à la thématique de l'immigration présente dans les récits africains contemporains et au statut d'expatriés de la plupart des écrivains qui ont délaissé les villes africaines au profit de Paris[85]. C'est ce qu'il exprime à travers cette citation:

> La migritude est un néologisme que j'ai créé pour mieux traduire la thématique des œuvres africaines centrées sur la situation et la vie d'exilé, les problèmes d'immigration, de retour au pays natal. Tout cela définit une configuration provisoire et conforte l'idée d'une bonne santé de la littérature africaine.[86]

En outre, Chevrier développe les caractéristiques de la migritude et les résume en quatre points. Premièrement, les écrivains de la migritude ne sont «ni nègre ni immigré à intégrer»,[87] ils se trouvent dans un nouvel espace identitaire dénommé Afrique(s)-sur-Seine, à équidistance entre l'africanité et la francité. Deuxièmement, ces auteurs sont également considérés comme les enfants de la postcolonie[88] d'après la qualification de Waberi et bien qu'originaires d'Afrique, ils possèdent le passeport français et vivent en France. Troisième point, les écrivains de la migritude emploient un discours décalé et décentré car ils sont en position d'expatrié par rapport à l'Afrique qu'ils ont quittée. Ils manifestent la volonté de s'intégrer en France et excluent la possibilité d'un retour en Afrique contrairement aux écrivains des années cinquante et soixante évoqués plus haut par Christiane Albert, qui étaient en France pour un temps limité. Ici, Chevrier met l'accent sur la signification de l'exil chez les auteurs des romans de formations (d'après la classification faite dans son ouvrage

---

[84] Cf. le point 1.2.2 du premier chapitre de notre travail.
[85] Cf. Chevrier, Jacques (2004): Afrique(s)-sur-Seine: autour de la notion de migritude", in: Notre Librairie. Revue des littératures du Sud. Nr. 155-156 Juillet-Décembre., p. 13.
[86] Cette citation émane des propos de Jacques Chevrier tirés d'une interview du magazine grioo, in: www.grioo.com/info8085.html.
[87] Chevrier, Jacques: Afrique (s)-sur-Seine: Ibid
[88] Cf. le point 1.3.1 du chapitre un notre travail.

La littérature nègre) tels que Cheikh Hamidou Kane ou Bernard Dadié. Dans ces romans, le héros envisage toujours une possibilité de retour en Afrique contrairement aux héros des romans de la migritude pour qui la possibilité de retour en Afrique n'existe pas. Quatrième et dernier point, les écrivains de la migritude expriment «une commune volonté de s'inscrire dans une culture métisse »[89] et dans leurs œuvres «la coloration générale est au misérabilisme aussi bien dans l'évocation de l'Afrique (…) que dans la description de la terre d'accueil.»[90]

En dehors de Chevrier, d'autres critiques littéraires ont contribué au débat sur la question de la littérature d'expression française issue de l'immigration à l'instar d'Emile Ollivier et Jean-Claude Charles tous deux écrivains haïtiens évoluant dans le milieu littéraire québécois.

Lors d'une rencontre des écrivains au Québec, Emile Ollivier revient sur le mot migrance dont il explique la portée:

> J'ai forgé le mot migrance pour indiquer que la migration est une douleur, une souffrance (la perte des racines, d'une certaine «naturalité») et, en même temps, une posture de distance, un lieu de vigilance. Je vois très bien les pertes que cette situation inflige: le bain utérin, la langue maternelle, le sol, l'éclatement de l'identité, mais dans le même temps il y a une contrepartie à cette violence et à cette brutalité, celle d'une individualité polyphonique, celle de naître à un univers décloisonné qui est irisation, rhizome, foisonnement, bourgeonnement de vie et de liberté.[91]

D'après Emile Ollivier, «migrer à n'en pas douter est une tragédie mais c'est aussi un salut.»[92] De ce fait, le migrant doit concilier ces deux volets car «l'on se trompe soi-même si l'on en oublie un.»[93] De surcroît, l'écrivain et critique haïtien mentionne que pour toute société d'accueil, l'immigration est un apport positif car primo « […] aujourd'hui on sait que sans étrangers, sans immigrés, sans traduction, toute langue nationale se fige, se nombrilise et entre en léthargie »[94]. Secundo le mi-

---

[89] Chevrier, Jacques: Afrique(s)-sur- Seine: Op.Cit, p.14.
[90] Ibid., p.15.
[91] Ollivier, Emile: «Et me voilà otage et protagoniste », in : Boutures. Vol1, No 2. Février 2000. pp. 22-26. Cet article correspond à la première parution des actes de la 26ᵉ rencontre québécoise internationale des écrivains : « Ecritures, identité et cultures », les Ecrits No, 95, cette rencontre s'est tenue en Avril 1999.
[92] Ollivier, Emile: Op.Cit
[93] Ibid.
[94] Ibid.

grant « est à *la fois protagoniste et otage.* »⁹⁵ Protagoniste parce qu'il est contraint de s'ouvrir dans la communauté d'accueil s'il veut y jouir des droits civiques et otage car il a perdu toute attache avec son lieu d'origine et est à la recherche d'une terre d'accueil.⁹⁶ Bien que fondée, cette opinion d'Emile Ollivier présente des limites car même si l'immigré(e) a la possibilité et même en quelque sorte le devoir de s'intégrer dans la société d'accueil, cette intégration n'est pas obligatoire même pour les immigrés naturalisés dans le pays d'accueil. L'échec de la politique d'intégration (tel que nous l'avons présenté au point 1.2) qui se manifeste par le communautarisme et la ghettoïsation sont des preuves que l'immigré ne peut être perçu comme un *protagoniste*, une personne vouée à l'intégration comme le souligne Emile Ollivier.
En outre les déclarations d'Edward Saïd sur les questions de l'exil et de l'immigration contribuent à infirmer la position d'Emille Ollivier car selon Saïd,

> Exile is strangely compelling to think about but terrible to experience. It is the unheable rift forced between a human being and a native place, between the self and its true home: its essential sadness can never be surmounted.[...] The achievements of exile are permanently undetermined by the loss of something left behind for ever.⁹⁷

Contrairement à Ollivier qui présente l'exil simultanément comme une perte et un salut et invite l'immigré(e) à concilier ces deux atouts pour s'attribuer une nouvelle identité dans sa société d'accueil, Edward Saïd relève le fait que l'exil est une expérience douloureuse pour la personne qui quitte son lieu natal et que cette douleur est insurmontable dans la mesure où l'exil crée une rupture entre l'immigrant(e) et ses origines. Même lorsque l'immigré(e) essaie de s'accommoder dans son nouvel environnement, la blessure de l'exil est si profonde qu'elle anéantit toute tentative d'adaptation car « exile is life led outside habitual order. It is nomadic, decentered, contrapunctual; but no sooner does one get accustomed to it than its unsettling force erupts anew. »⁹⁸ Ainsi Saïd présente l'exil comme une expérience pénible de l'individu.

---

⁹⁵ Ibid.
⁹⁶ Ibid.
⁹⁷ Saïd, Edward : Reflections on exile(1990), in: Fergusson, Russel/ Gever, Martha/ Trinh T. Minh-ha/ West, Cornel(eds): Out there. Marginalization and contemporary cultures. New York/ London., p. 357.
⁹⁸ Saïd, Edward: Op.Cit., p.366.

Dans le but de se distancier des concepts employés dans la littérature issue de l'immigration, l'écrivain et journaliste haïtien Jean-Claude Charles présente le mot-valise enracinerrance dont il est le fondateur : «le concept d'enracinerrance est délibérément oxymorique: il tient compte à la fois de la racine et de l'errance; il dit à la fois la mémoire des origines et les réalités nouvelles de la migration; il marque un enracinement dans l'errance.»[99] Avec le concept d'enracinerrance, Jean-Claude Charles s'inscrit dans une nouvelle réalité liée à la littérature issue de l'immigration et réfute toutes les approches avancées par d'autres critiques et écrivains en précisant:

> Pour ma part, je suis un enracinerrant. Aucun autre terme dont j'aurais pu disposer ne me convient. Je ne suis pas un «écrivain migrant», même si je suis en perpétuelle migration […]
> Je ne suis pas un «écrivain cosmopolite», un «écrivain citoyen du monde», tout ça est trop vaste, le cosmos c'est grand, le poids du monde trop lourd pour mes épaules, je ne suis pas un «écrivain sans frontières» ça fait trop humanitaire, même si l'humanitaire ne me répugne pas, mais c'est un autre métier, je ne suis pas un «écrivain transnational» même si la notion des écritures transnationales a quelque validité, ça sent trop la mondialisation à tout-va. Une «biographie de l'exil» supposerait que je me sente exilé quelque part. Ou alors exilé partout, nulle part chez moi? Cette dernière hypothèse est moins improbable. Je connais mal ce qu'Edouard Glissant et Patrick Chamoiseau appellent le Tout-monde, je me promets de creuser la question.[100]

Le terme «enracinnerrance» de Jean-Claude Charles s'oppose à l'expression «écriture migrante» développée par Robert Berrouët-Oriol au Québec dans les années quatre-vingt.[101] Par ailleurs, Charles refuse l'appellation d'«écrivain sans frontières » et se distancie de ce fait des concepts de *Heimatlosigkeit* et de *Literatur ohne festen Wohnsitz* de Ottmar Ette qui en sont des synonymes. De même il ne se s'identifie pas à l'expression «écrivain transnational» et s'oppose ainsi à Abdourahman Waberi qui a employé ce terme pour qualifier les auteurs de la littérature issue de l'immigration en France. Tout en poursuivant son argumentation, Jean-Claude Charles note que « la notion de l'enracinerrance s'inscrit dans la logique d'une idée

---

[99] Charles, Jean-Claude: L'enracinnerance, in: Boutures. Vol1.No.4.Mars-Août2001., pp.37-41.
[100] Charles, Jean-Claude: Op.Cit.
[101] Berrouët-Oriol, Robert: (1986/87): L'effet exil, in: Vice versa. No. 17., pp. 20-21.

simple: 'laisser circuler le monde entier![...] En tant que créateur, je revendique le droit de n'exercer aucune police de l'identité '.»[102]

L'émergence de nouvelles expressions et notions dont le but est d'alimenter le débat littéraire sur la question migratoire montre que celui-ci est loin de s'achever et compte tenu de l'influence très changeante de l'immigration dans le paysage littéraire occidental, ce dernier est perpétuellement amené à se redéfinir.

---

[102] Charles, Jean-Claude: Ibid.

2. Féminisme noir, Féminisme africain : les femmes de la diaspora[103] africaine et d'Afrique face à la question du féminisme

> *[...] notre lutte à nous, Négresses, ne se situe pas toujours au même niveau que celle des femmes européennes. Nos revendications primordiales ne sont pas les mêmes.[104]*
>
> Awa Thiam

Lorsque des voix s'élèvent en Europe et en Amérique du Nord pour revendiquer la cause des femmes dans le courant du siècle dernier, celles-ci entendent attirer l'attention sur la condition servile et marginale de la femme dans la société. A travers le féminisme, la femme marginalisée s'octroie une voix pour parler de sa condition, revendiquer ses droits, exprimer ses désirs. Dans les années soixante-dix, alors que la question du féminisme a marqué les sociétés occidentales avec les mouvements de libération de la femme, il s'est développé à partir des années quatre vingt un rejet du « féminisme classique »[105] par les femmes africaines et les femmes de la diaspora africaine.

Selon Susan Arndt, le refus des femmes de lettres d'Afrique de s'identifier au féminisme provient du fait que celui-ci a une mauvaise connotation sur le continent africain car comme elle le précise :

> Tatsächlich wird der Feminismus immer wieder mit dem Radikalfeminismus und dieser mit Männerhaß, Penisneid, der Ablehnung afrikanischer Traditionen, dem grundsätzlichen Verneinen von Mutterschaft und Ehe, dem Favorisieren lesbischer Liebe und dem Bestreben gleichgesetzt, die Geschlechterverhältnisse in ihr Gegenteil zu verkehren.[106]

Les femmes africaines refusent d'être taxées de féministes parce qu'en Afrique, le féminisme est associé à la haine des hommes, au rejet des us et coutumes africains,

---

[103] Nous regroupons sous l'appellation de diaspora africaine les écrivaines et critiques noires d'Amérique du Nord et des Antilles.
[104] Thiam, Awa (1978): La parole aux négresses. Paris. Editions Denoel/Gonthier., p. 153.
[105] Nous appelons ici "féminisme classique" le féminisme européen et le féminisme des femmes blanches d'Amérique du Nord.
[106] Arndt, Susan (2000): Feminismus im Wiederstreit: Afrikanischer Feminismus in Gesellschaft und Literatur. Münster. UNRAST-Verlag., p.21.

au refus de la maternité et à l'approbation du lesbianisme. De ce fait, le féminisme étant tâché d'une empreinte séparatiste entre l'homme et la femme en Afrique, «[…] ist die Mehrzahl der afrikanischen Autorinnen, die in ihren literarischen Texten die Situation von Frauen kritisch beleuchten, unentschieden darüber, ob sie Feministinnen sind oder nicht[…]»[107]

Certes, l'empreinte négative que porte le féminisme en Afrique justifie le refus des femmes africaines d'être taxées de féministes mais Pierrette Herzberger-Fofana relève qu'en dehors de cette raison, « leur rejet [les Africaines] s'explique également par la crainte d'être taxées de mimétisme occidental[…] »[108] Les écrivaines africaines ne veulent pas reprendre les mêmes revendications que les femmes féministes d'Europe mais tiennent à faire leurs propres doléances et tout comme leurs consœurs de la diaspora africaine en Amérique du Nord et aux Antilles, elles remettent en question l'homogénéité du féminisme tout comme une version monolithique de celui-ci.[109] Les écrivaines africaines et de la diaspora africaine notent les lacunes du féminisme occidental et son incapacité à représenter la cause des femmes du monde entier. Selon les critiques, le féminisme occidental classique n'est pas représentatif pour la cause des femmes noires d'Amérique de Nord, ni pour celle des femmes antillaises encore moins pour celle des Africaines. De ce fait, les écrivaines africaines et de la diaspora africaine plaident pour une pluralité des féminismes et cherchent à redéfinir le féminisme occidental tenant compte des différences entre les femmes à travers le monde. Cette volonté de recréer le féminisme qui s'est développée au sein des écrivaines africaines et de la diaspora africaine a entraîné la création de plusieurs concepts et notions qui non seulement tentent de donner une nouvelle définition au féminisme mais aussi de présenter des aspects nouveaux dans la prise en compte des revendications féminines.

---

[107] Arndt, Susan: Op.Cit., p.16.
[108] Herzberger-Fofana, Pierrette(1993): Op.Cit., p.347.
[109] Nnaemeka, Obioma: «Autres» féministes: Quand la femme africaine repousse les limites de la pensée et de l'action féministes, in : Africulture : Féminisme(s) en Afrique et dans la diaspora. No 74-75. Paris. L'Harmattan 2009., p.15.

2.1 La question du féminisme au sein de la diaspora africaine

L'écrivaine afro-américaine Alice Walker s'étale sur la question du féminisme aux Etats-Unis et fait une distinction entre la situation des femmes blanches et celle des femmes noires. Dans son ouvrage *In search of our Mothers' Gardens,* elle définit le mot *womanist* comme suit: «A black feminist or feminist of color.»[110] Walker met la couleur de la peau en exergue pour thématiser le féminisme. Cette catégorisation renvoie à la différence entre Blanc et Noir dans la société américaine. En définissant le féminisme noir américain, Alice Walker ne condamne pas totalement la notion de «féminisme classique » mais entreprend de le spécifier et de l'adapter aux femmes de couleur de peau noire et de ce fait elle précise «womanist is to feminist as purple to lavender».[111] En d'autres termes, Alice Walker veut donner une couleur au féminisme à travers le mot *womanist* car selon elle, le féminisme tel que prôné par les femmes blanches ne correspond pas aux réalités des femmes noires. Selon Susan Arndt, *le womanism* d'Alice Walker diffère du féminisme en ceci que le premier ne se limite pas uniquement à la question sur la discrimination sexuelle entre hommes et femmes, mais il va plus loin et tient également compte de la discrimination raciale.[112] La caractéristique du *womanism* se situe au niveau de l'aspect racial qu'il englobe dans sa définition et la dénomination de *féminisme noir* qu'il porte. Du fait que les femmes noires et les femmes blanches d'Amérique du Nord ont une histoire différente, le *womanism* entend regrouper les problèmes des femmes noires sous une étiquette différente de celle des femmes blanches. Avec le *womanism* les revendications ne se situent pas uniquement au niveau des différences sexuelles entres hommes et femmes mais la douloureuse histoire liée à l'esclavage et à la discrimination raciale qui constitue le passé des Afro-américaines est également prise en compte dans le mouvement walkerien.

Hormis l'aspect racial qui diffère le *womanism* d'Alice Walker du féminisme occidental, la particularité d'une *womanist* par opposition à la féministe ressort également dans la définition suivante:

---

[110] Walker, Alice (1984): In search of our mothers' Gardens: womanist Prose. London. Women's Press. Cette définition est tirée des notes du préambule de l'ouvrage à la page xi.

[111] Cf. Walker, Alice (1984):Op.Cit.

[112] Arndt, Susan : Op.Cit., p.30-31.

> A woman who loves other women, sexually and/or nonsexually. Appreciates and prefers women's culture, women's emotional flexibility (values tears as natural counterbalance of laugter), and women's strength. Sometimes loves individual men, sexually and /or nonsexually. Committed to survival and wholeness of entire people, male and female. Not a separatist, except periodically, for health.[113]

A travers cette précision de sa conception du *womanism*, Walker englobe des aspects supplémentaires dans son idéologie *womanist*. C'est ainsi que le *womanism* se veut être une idéologie qui favorise aussi bien l'hétérosexualité que le lesbianisme. En outre, la *womanist* est une femme qui apprécie l'émotivité féminine et qui ne se contente pas uniquement de s'engager pour la cause des femmes mais également pour celle de l'humanité toute entière c'est-à-dire pour la situation des femmes et des hommes.

D'après l'interprétation de Susan Arndt, le *womanism* présente un aspect séparatiste dans la mesure où il exclut les femmes blanches de sa définition et n'englobe que les femmes noires uniquement.[114] Dans son ouvrage *Feminismus im Widerstreit*, Arndt écrit: « Weil sie[Alice Walker] weiße Frauen ausgrenzt, widerspricht sie im Prinzip ihrer Behauptung, Womanistinnen seien keine Separatistinnen. »[115] La critique qu'exerce Arndt envers le concept développé par Walker provient du fait qu'avec le concept de *womanism*, l'attention est uniquement portée sur les femmes noires, le terme excluant lui-même les femmes blanches alors qu'avec le mot féminisme, ce sont les femmes de la diaspora africaine elles-mêmes qui s'excluent du mouvement pour créer leurs propres idéologies.

A l'inverse de Susan Arndt, Maria Anagnostopoulou-Hielscher présente plutôt le *womanism* walkerien comme: «un concept […] qui se veut universaliste en s'intéressant plutôt au bien-être des hommes et des femmes comme un ensemble au lieu de les séparer […]»[116] Par opposition au féminisme occidental, le *womanism* d'Alice Walker se présente en somme comme une idéologie revendicatrice qui tient compte du bien-être de tous les Hommes sans négliger la question raciale entre Blancs et Noirs.

---

[113] Walker, Alice: Ibid., p.xi.
[114] Cf.Walker, Alice : Op.Cit.
[115] Ibid.
[116] Anagnostopoulou-Hielscher, Maria: Parcours identitaires de la femme antillaise: un entretien avec Maryse Condé, in: Etudes francophones 1999.Bd.14(2)., p. 70.

Toujours dans l'espace nord-américain, l'Afro-américaine Clenora Hudson-Weems s'exprime par rapport au féminisme et conclut que cette notion est une création raciste des femmes blanches puisque les femmes noires ont totalement été exclues dès le lancement du mouvement[117]. De ce fait elle crée l'expression *Africana womanism* qu'elle présente comme « an ideology created and designed for all women of African descent.»[118] Selon Hudson-Weems, *l'Africana womanism* est une idéologie qui entend défendre la situation des femmes ayant une ascendance africaine et se veut être un rejet total du féminisme. L'opposition absolue entre *l'Africana womanism* et le féminisme résulte du fait que le premier n'accorde pas une priorité à la question sur la discrimination sexuelle entre hommes et femmes pourtant si chère au féminisme mais se focalise prioritairement sur le combat concernant les préjugés raciaux qui touchent les *Africana* c'est-à dire les personnes ayant une descendance africaine. En outre *l'Africana womanism* refuse toute compétence au féminisme à représenter les intérêts des femmes africaines ou des femmes de la diaspora africaine. Dans la même lancée, *l'Africana womanism* considère toute femme *africana (*ayant une ascendance africaine) qui s'allie au mouvement féministe occidental de traitresse.[119] Contrairement à Alice Walker qui ne rejette pas catégoriquement le féminisme, Hudson-Weems déteste cette notion avec laquelle elle ne veut pas avoir à faire. La haine de Hudson-Weems pour le féminisme provient du fait que celle-ci présente le féminisme comme « a term conceptualized and adopted by white women, [et qui] involves an agenda that was designed to meet the needs and demands of that particular group.»[120]Par conséquent Hudson-Weems précise: « To begin with, the true history of feminism, its origins and its participants, reveals its blatant racist background, thereby establishing its incompatibility with Africana women.»[121]De ce fait la distanciation de Hudson-Weems par rapport au féminisme occidental provient du fait que celui-ci est incompatible avec les femmes noires et celle-ci se distancie aussi du *womanism* d'Alice Walker auquel elle reproche de se rapprocher du féminisme occidental tout comme le féminisme noir et le féminisme africain que Hudson-Weems re-

---

[117] Nnaemeka, Obioma (1995): Feminism, Rebellious Women, and cultural boundaries. Reading Flora Nwapa and her compatriots, in: Research in African Literatures 26.2., p.82.
[118] Hudson-Weems, Clenora (1995): Africana Womanism.Reclaiming ourselves. Troy. Bedford Publishers., p. 24.
[119] Cf. Hudson-Weems, Clenora: Op.Cit., p. 26.
[120] Ibid., p.21.
[121] Ibid., p.20.

pousse comme le souligne cette citation: « Neither an outgrowth nor an addendum to feminism, *Africana Womanism* is not Black feminism, African feminism, or walker's womanism »[122] Dans son ouvrage *Africana Womanism : Reclaiming Ourselves*, Hudson-Weems clame la particularité, la spécificité et la singularité de son *Africana womanism* et le présente comme suit:

> Africana Womanism[...] is grounded in African culture, and therefore, it necessarily focuses on the unique experiences, struggles, needs and desires of Africana women. It critically addresses the dynamics on the conflict between the mainstream feminist, the Black feminist, the African feminist, and the Africana womanist. The conclusion is that *Africana Womanism* and its agenda are unique and separate from both White feminism and Black feminism, and moreover, to the extend of naming in particular, *Africana Womanism* differs from African feminism.[123]

Puisque la notion d'*Africana womanism* ne se rapproche d'aucune autre notion alternative au féminisme, Clenora Hudson-Weems explique de manière détaillée la portée de son *Africana womanism*. Au chapitre quatre de son ouvrage *Africana womanism*, la critique afro-américaine présente dix-huit qualités essentielles qui caractérisent l'*Africana womanist*.

Tout d'abord, l'*Africana womanist* doit s'autoproclamer comme étant une *Africana womanist* et comme faisant partie du mouvement *Africana womanism* car d'après Hudson-Weems, « In African cosmology, naming-*nommo*-is very important.[...]The Africana woman, in realizing and properly accessing herself and her movement, must properly *name* herself and her movement-African womanist and Africana Womanism. »[124] En écrivant le mot «name» en italiques, Hudson-Weems tient à préciser l'importance de l'autoproclamation pour *l'Africana womanist* puisqu'elle précise que c'est le premier pas à faire pour embrasser l'idéologie *Africana womanism*.[125]

Ensuite, l'*Africana womanist* doit définir sa propre réalité c'est-à-dire « The Africana womanist [also] present herself as au *self-definer* ; she alone defines her reality[...]The Africana womanist defines her own reality, with no particular allegiance

---

[122] Ibid.,p.42.
[123] Ibid., p.24.
[124] Hudson-Weems : Op.Cit., p.55.
[125] Ibid.

to existing ideals. Cultural identity supersedes self-definition for the true Africana womanist.»[126]

En outre, «The Africana womanist is family-centered, as she is more concerned with her entire family rather than with just herself and her sisters.»[127] La troisième qualité de l'*Africana womanist* est de ce fait son attachement pour la famille et non pour sa propre personne par opposition à l'individualisme qui caractérise le féminisme occidental selon Hudson-Weems.[128]

Comme quatrième atout, l'*Africana womanist* mène son combat avec les hommes noirs pour la libération du peuple *Africana*. A ce niveau, on note l'idée du combat commun des femmes et hommes noirs présente chez Alice Walker et qui est également reprise par beaucoup de femmes africaines comme nous allons le voir dans la deuxième partie de ce chapitre.

De sus, une autre caractéristique de l'*Africana womanist* est ce que Clenora Hudsom-Weems appelle « flexible role-playing »[129] Elle se réfère ici au fait qu'en raison de l'esclavage, dans la communauté afro-américaine, les hommes et les femmes n'ont pas connu une répartition arrêtée des rôles comme c'est le cas dans le système patriacal où la femme est destinée au foyer et l'homme doit survenir aux besoins de la famille. Les esclaves n'étant pas maîtres de leurs destins, ils ont plutôt évolué dans les communautés qui reconnaissent les mêmes rôles aux femmes et aux hommes d'où l'idée de flexibilité dans la répartition des rôles domestiques et hors du cadre familial.[130]

Autre point propre à l'*Africana womanist* est « genuine sisterwood »[131] qui se réfère au sentiment d'appartenance commune des femmes faisant partie du mouvement *Africana womanism*. Cette appartenance est marquée par l'entraide mutuelle entre les femmes, le sentiment d'être responsable les unes des autres et le partage des expériences communes et individuelles.[132]

Par ailleurs, l'*Africana womanist* se caractérise également par la force psychologique et physique dont elle fait preuve en raison de l'esclavage qu'elle a enduré et celle-ci

---

[126] Ibid., pp.57-58.
[127] Ibid.
[128] Ibid.
[129] Ibid., 63.
[130] Cf.Hudson-Weems: Op.Cit., p.63-65.
[131] Ibid., 65,
[132] Ibid.

est à la quête de ce que Hudson-Weems appelle «positive male companionship »[133] en d'autres termes une relation saine avec les hommes.
Parmi les revendications de l'*Africana womanist*, figure la volonté d'être respectée et reconnue pour ce qu'elle est (et non d'après des idéaux établis par une société dominatrice) en vue d'atteindre une certaine estime de soi qui lui permettra d'être en bon termes avec les autres. En plus l'*Africana womanist* réclame la volonté de concilier la vie domestique, la vie familiale et la vie professionnelle.[134]
L'*Africana womanist* valorise la spiritualité et croit en l'existence d'une force surnaturelle qui transcende la conception rationnelle. Elle manifeste également du respect envers les aînés car c'est une composante de la culture africaine. [135]
Cependant l'*Africana womanist* ne revendique pas un espace hors du cadre familial comme le font les féministes occidentales pour mûrir des projets individualistes. Par contre elle se veut ambitieuse pour garantir le bien-être de sa famille et maternelle car la maternité occupe une place sacrée dans la culture *africana*. [136]
Cette explication minutieuse que fait Clenora Hudson-Weems de son concept d'*Africana womanism* est analysée par Susan Arndt qui note l'imprécision de cette notion car selon Arndt, si Hudson-Weems parle du combat de l'*africana womanist*, «Wofür sie [l'africana womanist] sich aber einsetzt, wird nicht deutlich gemacht.»[137]
Ce constat relève les limites de l'*Africana womanism* et justifie la volonté des écrivaines noires de proposer d'autres concepts alternatifs au féminisme occidental.

2.2 Les femmes africaines et la question du féminisme

Lorsque Awa Thiam publie son ouvrage *La parole aux négresses* à la fin des années soixante dix, elle jette les bases de ce qui deviendra plus tard un grand débat littéraire sur la question du féminisme en Afrique. Avec Mariama Bâ[138] et Aminata Sow

---

[133] Ibid., p.66.
[134] Ibid., p.69.
[135] Ibid., p.69-70.
[136] Ibid., p.71-72.
[137] Arndt, Susan: Op.Cit., p.40.
[138] En citant Mariama Bâ, nous faisons référence à son premier roman *Une si longue lettre* paru en 1979 et qui est toujours considéré comme texte précurseur de la prise de parole des femmes dans la littérature francophone en Afrique au Sud du sahara.

Fall, elles sont alors les pionnières de l'élan du féminisme en Afrique francophone subsaharienne. Pour thématiser la question de la situation de la femme en rapport avec la pensée féministe, Awa Thiam écrit:

> Les problèmes dont souffrent les femmes noires sont multiples. Qu'elles soient originaires des Antilles, d'Amérique ou d'Afrique, ces femmes noires ont des problèmes bien différents de ceux de leurs sœurs blanches ou jaunes bien que tous les problèmes féminins, au fond, se recoupent. Elles ont en commun leur condition d'êtres exploités et opprimés par le même système phallocratique, « noir », « blanc » ou « jaune ».[139]

Ici la sénégalaise présente le facteur historique comme étant déterminant pour définir le féminisme en Afrique et rattache la situation de la femme africaine à celle des femmes noires en Amérique et aux Antilles. Selon Thiam, c'est l'histoire commune des femmes à travers le monde entier qui permet de les catégoriser et par conséquent elle précise:

> La condition de la Négro-Africaine rappelle celle de sa sœur afro-américaine. Opprimée en tant que femme par l'homme (domination patriarcale), et en tant que force productive (domination capitaliste), la Négro-Africaine doit aussi faire face à la mainmise coloniale ou néo-coloniale sur son pays: nouvelle oppression, la troisième qu'elle subit.[140]

Awa Thiam résume la situation de la femme noire (qui englobe ici celle d'Afrique et d'Amérique) à une oppression qui se manifeste sous trois aspects distincts qu'elle élucide comme suit:

> Là où l'Européenne se plaint d'être doublement opprimée, la Négresse l'est triplement. Oppression de par son sexe, de par sa classe et de par sa race. Sexisme- Racisme- Existence des classes sociales (capitalisme, colonialisme ou néo-colonialisme). Trois fléaux de la société. Le mouvement féminin négro-africain pour aboutir doit se fixer pour tâche l'enrayement de ces trois fléaux de la société.[141]

Tout comme Awa Thiam, la nigériane Chikwenye Okonjo Ogunyemi reconnaît des aspects communs à la situation des femmes noires à travers le monde et donne de la

---

[139] Thiam. Awa: Op.Cit., p. 73.
[140] Ibid., p. 160.
[141] Cf.Thiam. Awa: Op.Cit., p.160.

légitimité au féminisme noir d'Alice Walker qui porte l'étiquette de *Womanism*. Seulement Ogunyemi précise que la thèse de Walker connaît des limites dans la mesure où elle ignore les particularités africaines en mettant toutes les femmes noires dans la même situation[142] d'où la nécessité selon Ogunyemi de définir le *womanism* africain. Dans son livre intitulé *Africa Wo/Man Palava*, elle précise: «Since feminism and African-American womanisn overlook African peculiarities, there is a need to define African womanism.»[143] Après avoir reconnu la défaillance des femmes blanches et des Afro-américaines en ce qui concerne la prise en compte de la situation des femmes africaines dans les différents mouvements pour les droits des femmes, Ogunyemi propose une conception africaine du *womanism* pour faire référence à la particularité de la femme africaine à propos de la question féminine. Selon la Nigériane, l'*african womanism*

> [...]is necessitated by African women's inclusive, mother-centered ideology, with its focus on caring-familial, communal, national, and international. Not only is sexism a problem, other oppressive sites include totalitarianism, militarism, ethnicism, (post)colonialism, poverty, racism, and religious fundamentalism.[144]

L'*african womanism* de Chikwenye Ogunyemi diffère du *womanism* d'Alice Walker en ceci qu'il réfute certains points du *womanism* afro-américain tels que l'approbation du lesbianisme, et approuve cependant l'idée très appréciée en Afrique sur la maternité de la femme. En outre la conception africaine du *womanism* ne se limite pas à problématiser la situation des femmes en rapport avec la question des différences sexuelles, mais l'*african womanism* tient également compte des autres mesures oppressives telles que les régimes politiques dictatoriaux, le (néo)colonialisme, la question ethnique en Afrique, le fondamentalisme religieux qui empêchent l'épanouissement de la femme dans les sociétés africaines et contribuent à son asservissement.

Tout comme chez Chikwenye Ogunyemi, la question de la maternité constitue l'un des points principaux de la *féminitude* développée par Calixthe Beyala car d'après la

---

[142] Cf.Ogunyemi, Chikwenye Okonjo(1996): Africa Wo/Man Palava. The Nigerian Novel by women. Chicago. London. The university of Chicago Press., p. 114.
[143] Ibid.
[144] Ibid.

romancière franco-camerounaise, même si la *féminitude* ne renie pas totalement la maternité, elle entend définir la femme en dehors du rôle de mère comme le fait le système phallocratique. De ce fait, la *féminitude* renvoie à la conception de la femme non pas seulement en tant que «femme-mère», femme et maternité mais d'abord à la femme en tant qu'un être humain libre à qui s'ajoutent antérieurement ce que Beyala appelle «les prérogatives de femmes».[145] Dans son essai *Lettre d'une Africaine à ses sœurs occidentales*, Beyala explique l'essence de sa pensée:

> [...] mon indépendance [...] m'amena, dans les années 80, vers la définition de ma féminitude - très proche du féminisme mais divergente dans la mesure où elle ne prône pas l'égalité entre l'homme et la femme. Il fallait un autre mot pour définir cette femme nouvelle qui veut les trois pouvoirs: carrière, maternité et vie affective.[146]

La franco-camerounaise fait ressortir ici le clivage entre la femme-objet et la femme-sujet. La première étant enfermée dans un système phallocratique et machiste qui entrave son évolution et la condamne à un rôle de procréation en tant que source de fécondité tandis que la seconde est la femme indépendante qui peut jouir de ses droits et s'affirmer comme une personne à part entière. La *féminitude* de Beyala est par conséquent la valorisation de la femme en tant qu'être humain et non en tant que mère.

En développant le concept de *féminitude*, Beyala veut se distancier du féminisme occidental car d'après la romancière, le féminisme à l'européenne est trop masculin. Il tue le féminin des femmes européennes pour les hisser au même diapason que les hommes.[147] Par contre, *la féminitude* reconnaît le féminin des femmes puisque Beyala ne renie pas la maternité, mais tient à préciser que celle-ci n'est pas la seule composante de la femme puisque cette dernière peut également se définir par d'autres valeurs telles que le travail. C'est pourquoi la *féminitude* tient compte de la maternité et de la vie professionnelle dans sa conception de la femme. Il s'agit de ce fait de donner une valeur à la femme en dehors du cadre familial.

---

[145] Matateyu, Emmanuel: Calixthe Beyala: entre le terroir et l'exil, in: the French review. Bd.69.4. 1996., p.611-612.
[146] Beyala, Calixthe (1995): Lettre d'une Africaine à ses sœurs occidentales. Paris. Spengler., pp. 20-21.
[147] Matateyu, Emmanuel: Op.Cit., p.612.

Dans la même lancée, la nigériane Molara Ogundipe-Leslie prône la valorisation de la femme et son intégration dans le processus social en Afrique. Dans son ouvrage intitulé *Re-creating ourselves*, Molara Ogundipe-Leslie emploie l'acronyme stiwa qu'elle définit comme «Social Transformation Including Women in Africa.»[148] A partir de ce sigle, la nigériane crée le mot *stiwanism* et l'adjectif *stiwanist* pour nommer ce qu'elle appelle «Feminism in an African Context».[149] Dans son argumentation, Ogundipe-Leslie commence par montrer les failles et les limites du féminisme occidental. Selon son analyse le mot féminisme a une connotation hégémonique en Afrique et présente une menace non seulement envers les hommes mais plusieurs femmes refusent d'être taxées de féministes bien que combattant pour la cause de la gent féminine. Ainsi le néologisme *stiwanism* entend lever les ambiguïtés du féminisme en créant une forme nouvelle de défense des droits de la femme en Afrique et en évitant de copier le féminisme euro-américain. Ogundipe-Leslie veut entamer un nouveau combat pour les femmes qui évolue en marge du combat occidental et non sur ses traces.«Be a 'Stiwanist.'»[150] Tel est l'appel que Molara Ogundipe-Leslie lance aux femmes africaines dans son ouvrage. A travers ces paroles, elle exhorte la gent féminine africaine à participer au mouvement STIWA qui est « the inclusion of African women in the contemporary social and political transformation of Africa.»[151] et plaide de ce fait pour la participation de la femme dans les changements en Afrique aussi bien sur le plan politique que social.

Quant à l'autre négérianne Obioma Nnaemeka, elle définit le féminisme africain comme étant un féminisme de négociation. Selon Nnaemeka, « African feminism (or feminism as I have seen it practiced in Africa) challenges through negotiations and compromise. It knows when, where, and how to go around patriacal land mines. In others words, it know when, where, and how to negociate with or negociate around patriarchy in differents contexts.»[152] Cette affirmation d'Obioma Nnaemeka est une définition du féminisme tel qu'il est pratiqué en Afrique. A l'inverse du *stiwanism* de

---

[148] Ogundipe-Leslie,Molara (1994): Re-creating ourselves: African Women and critical transformations. Trenton New Jersey. Africa World Press Inc., p.229.

[149] Stiwanism: Feminism in an African context, ainsi est intitulé le chapitre qui est consacré au féminisme dans l'ouvrage de Molara Ogundipe-Leslie mentionné ci-dessus.

[150] Ogundipe-Leslie, Molara: Ibid., pp.229-230.

[151] Ibid., p.230.

[152] Nnaemeka, Obioma: Nego-feminism : theorizing, practicing, and pruning Africa's way, in: Signs: Journal of Women in culture and Society. Vol 29.2. Winter 2004., p.378.

Molara-Ogundipe-Leslie ou de la *féminitude* de Calixthe Beyala qui se veulent être des notions qui définissent le féminisme africain par opposition au féminisme occidental, le terme de *nego-feminism* qu'introduit Obioma Nnaemeka dans la discussion sur le féminisme en Afrique se veut plutôt être une expression qui entend résumer la pratique du féminisme en Afrique. C'est fort du constat qu'elle observe dans les différentes sociétés africaines en ce qui concerne la pratique du féminisme que Nnaemeka développe son concept de *nego-feminism* et le définit comme suit:

> First, *nego-feminism* is the feminism of negotiation; second, nego-feminism stands for "no ego" feminism. In the foundation of share values in many African cultures are the principles of negotiation, give and take, compromise, and balance. Here negociation has the double meaning of "give and take/exchange" and "cope with successfully/go around."[153]

Selon Nnaemeka, le *nego-feminism* signifie « féminisme de négociation et féminisme « sans ego » »[154] et comme le précise la nigériane, celui-ci « est basé sur la réalité africaine. Il est fondé sur des impératifs culturels et s'adapte à la constante instabilité des contextes locaux et globaux.»[155] Selon Obioma Nnaemeka, le *nego-feminism* dont il est question ici sous-entend l'idée de négociation avec le patriarcat car comme elle le relève dans sa définition, le *nego-feminism* « consiste à savoir quand, où et comment contourner les mines du patriarcat. En d'autres termes, il repose sur une habileté à négocier avec, et autour de la patriarchie, en divers contextes.»[156] D'après la nigériane,

> Au contraire du féminisme radical, le féminisme africain ne souscrit pas à l'idée que la transformation sociale ne pourrait avoir lieu que par le remplacement d'une structure par une autre. Plus proche du féminisme libéral sur cette question, il part du postulat que l'on peut améliorer une structure sociale existante en la modifiant. Il ne rejette ni ne dénonce, la maternité. Il ne repousse pas non plus l'approche maternelle comme étant non féministe. Le féminisme africain procède par la négociation et le compromis.[157]

---

[153] Nnaemeka, Obioma: Nego-feminism theorizimg, practicing, and pruning Africa's way: Op.Cit.
[154] Nnaemeka, Obioma : « Autres » féminismes: Quand la femme africaine repousse les limites de la pensée et de l'action féministe. Op.Cit., p. 18.
[155] Ibid.
[156] Ibid.
[157] Ibid., p.17.

Contrairement au *stiwanism* de Molara Ogundipe-Leslie qui sous-entend la participation des femmes dans le processus de transformation en Afrique, le *nego-feminism* d'Obioma Nnaemeka englobe la participation des hommes dans les projets initiés par les femmes ou qui portent sur la gent féminine car comme elle le note dans son article, le *nego-feminism* n'est pas une idéologie d'exclusion qui s'occupent de la situation de la gent féminine indépendamment de la gent masculine, il est plutôt orienté vers l'inclusion des hommes dans les revendications féministes et c'est à cet effet que Nnaemeka parle de «gender inclusiveness» dans le définition de son *nego-feminism*.

Les définitions apportés du *stiwanism, nego-feminism, womanism* et de la *féminitude* nous amène à constater que malgré les différences que peuvent présenter les concepts alternatifs développés par les femmes de lettres africaines et de la diaspora africaine, celles-ci poursuivent deux objectifs à savoir proclamer l'hétérogénéité du féminisme en présentant l'altruisme du féminisme noir d'une part et redéfinir la dichotomie homme-femme d'autre part. Selon Susan Arndt, « der afrikanischer Feminismus strebt also letztlich an, was oftmals als Komplementarität bezeichnet wird [...]»[158] Cette idée de complémentarité est reprise par Pierrette Herzberger-Fofana quand elle note:

> On assiste ces dernières années à un mouvement qui se dessine en Afrique sous le nom de «féminisme africain» ou conscience de femme noire « womanism » pour les pays anglophones et où le concept de complémentarité intervient. Cette école de pensée ne rejette pas les acquis occidentaux. Elle s'inspire des cultures africaines où elle puise son inspiration. Mais elle donne la primauté de partenariat entre homme et femme. La lutte pour l'émancipation de la femme devient une lutte commune et non une confrontation. Elle n'est jamais dirigée contre l'homme, mais elle se fait avec l'homme.[159]

Si Herzberger-Fofana résume brillamment les différentes idéologies exprimées par les concepts présentés ci-dessus, elle omet de relever les nuances qui différencient le féminisme noir ou afro-américain du féminisme classique occidental et pêche en ceci qu'elle ne relève aucune distanciation des femmes de lettre africaines et de la diaspora africaine par rapport au féminisme européen et nord américain blanc. Contrairement à Herzberger-Fofana, Arndt présente explicitement cette distanciation des écri-

---

[158] Arndt, Susan: Feminismus im Wiederstreit: Op.Cit., p.60.
[159] Herzberger-Fofana, Pierrette: Op.Cit., p. 348.

vaines africaines et afro-américaines quand elle fait une synthèse des concepts africains et afro-américains dans son ouvrage *Feminismus im Widerstreit* :

> Ganz allgemein kann gesagt werden, daß das Hauptanliegen der Alternativkonzepte darin besteht, eine autonome Antibewegung Schwarzer bzw.afrikanischer Frauen (und Männer) zum Weißen Feminismus zu begründen, der die Geschlechterverhältnisse im Kontext andere Formen von Unterdrückung und Ausgrenzung kritisiert. Im Detail ergeben sich jedoch mehr oder weniger deutliche Unterschiede. So gehen die afrikanischen Konzepte beispielsweise weit über den >race<-Klasse-Geschlecht Ansatz der Afroamerikanerinnen hinaus.[160]

Notons qu'Arndt relève ici la volonté des femmes afro-américaines et africaines de créer un mouvement féminin noir opposé au féminisme blanc et lié aux problèmes autres que ceux uniquement basés sur la discrimination sexuelle. S'il ne plane aucun doute sur la pluralité des idéologies qui entendent redéfinir le féminisme, il reste pourtant certain que tous les concepts alternatifs au féminisme ont un point commun à savoir rompre avec le mouvement de libération des femmes qui émanent de l'idéologie féministe occidentale.

---

[160] Arndt, Susan: Op.Cit., p. 50.

3. Le rêve de l'ailleurs: les facteurs de l'émigration dans les textes de Fatou Diome, Maryse Condé, Aminata Sow Fall et Calixthe Beyala

3.1 Le facteur néocolonial dans *Le ventre de l'Atlantique*

Dans le roman *Le ventre de l'Atlantique* de Fatou Diome, les causes de l'émigration liées au néocolonialisme justifient la détermination des jeunes à vouloir quitter le pays natal. Selon la narratrice, « Après la colonisation historiquement reconnue, règne maintenant une sorte de colonisation mentale: les jeunes joueurs vénéraient et vénèrent encore la France. À leurs yeux, tout ce qui est enviable vient de la France.»[161] Notons ici l'aliénation mentale qui habite les jeunes candidats au départ puisque ceux-ci sont fascinés par l'ancienne puissance coloniale. En outre ils font également preuve d'aliénation culturelle du fait qu'ils valorisent uniquement tout ce qui est français:

> […] la seule télévision qui leur permet de voir les matchs, elle vient de France. Son propriétaire, devenu un notable au village, a vécu en France. L'instituteur, très savant, a fait une partie de ses études en France. Tous ceux qui occupent des postes importants au pays ont étudié en France. Les femmes de nos présidents successifs sont toutes des françaises. Pour gagner les élections, le Père-de-la nation gagne d'abord la France. Les quelques joueurs sénégalais riches et célèbres jouent en France. Pour entraîner l'équipe nationale, on a toujours été chercher un Français. Même notre ex-président, pour vivre plus longtemps, s'était octroyé une retraite française. Alors, sur l'île, même si on ne sait pas distinguer, sur une carte, la France du Pérou, on sait en revanche qu'elle rime franchement avec chance. (VA, 53)

Le mot France est employé sept fois dans cette citation et c'est dire tout ce qui est associé à ce pays. Sur le plan social, le séjour en France permet de garantir une vie meilleure car celui qui en revient peut se procurer ce dont il a besoin. La France se confond aussi avec l'acquisition du savoir et donne des ouvertures pour obtenir un emploi bien rémunéré ainsi que la gloire au pays natal. Sur le plan politique, c'est avec la France qu'il faut négocier une éminente ascension au pouvoir dans le pays natal. Pour clarifier le point de vue de l'auteur, la narratrice du roman répète délibé-

---

[161] Diome, Fatou (2003): Le ventre de l'Atlantique. Paris. Editions Anne Carrière., p. 52-53. Dans la suite du travail le roman *Le ventre de l'Atlantique* sera désigné par l'abréviation VA suivie du numéro de la page.

rément le nom France qui apparaît dans presque chaque phrase du paragraphe. Quand il n'est pas employé, c'est l'adjectif « français » ou le nom propre « Français » qui le remplace faisant ainsi ressortir la tautologie présente dans cet extrait de texte. Notons qu'à travers ce procédé d'écriture, Fatou Diome tient subtilement à critiquer l'emprise du néocolonialisme de la France au Sénégal sur les plans aussi bien politique, social, éducationnel que sportif. La fascination des jeunes pour la France découlant de cette emprise, c'est à juste titre que Fatou Diome parle de « syndrome postcolonial» (VA, 221) dans *Le Ventre de l'Atlantique*.

3.2 Le facteur du *Push-Pull-Modell* chez Maryse Condé, Aminata Sow Fall, Calixthe Beyala et Fatou Diome

Dans *Desirada* de Maryse Condé, les protagonistes développent une aversion envers le pays natal à cause de la situation économique incertaine et optent ainsi pour l'émigration dans l'optique d'obtenir une vie meilleure dans la société d'accueil. De ce fait, le texte précise que: «Une ou deux semaines après le baptême, Reynalda avait annoncé qu'elle partait travailler en métropole.»[162] L'évocation de la raison économique comme cause de départ est clairement mentionné dans cette phrase. Si Reynalda va en France pour travailler, c'est parce qu' « elle avait l'intention d'étudier et de devenir quelqu'un» (D, 19). L'expression «devenir quelqu'un » appartient au registre du langage familier et exprime les ambitions de ce personnage d'améliorer ses conditions de vie en France. En Guadeloupe, Reynalda fait partie des laissés-pour-compte de la société et ne (sur)vit que grâce à la générosité de sa tutrice «Ranélise [qui] finit par la garder auprès d'elle et lui trouva du travail au restaurant Tribord Bâbord. À la cuisine parce qu'en salle les clients se plaignaient qu'elle leur enlevait toute envie de boire leur rhum.»(D, 17) Dans le roman, Reynalda est décrite comme une personne abandonnée à elle-même et seule la philanthropie de Ranélise apporte une lueur d'espoir à sa vie. Si sa bienfaitrice Ranélise lui trouve du travail, celui-ci reste un travail de servitude, qui ne valorise pas la personne de Reynalda et ne lui procure aucun bien-être dans son île natale.

Outre le cas de Reynalda, l'émigration entamée par le personnage de Ludovic est également motivée par le facteur du *Push-Pull-Modell*. Comme on peut le lire dans le

---

[162] Condé, Maryse (1997): Desirada. Paris. Robert Laffont., p.19. Nous utiliserons l'abréviation D pour désigner le roman *Desirada* dans ce travail. Celle-ci sera suivie de la mention de la page.

roman, «Dès ses dix-huit ans, Ludovic avait marché sur ces traces et commencé ses pérégrinations. Il avait laissé loin derrière le malheur sans fond d'Haïti, tâté des États-Unis d'Amérique, du Canada, de l'Allemagne, de l'Afrique avant d'atterrir en Belgique et d'enjamber la frontière jusqu'à Paris.»(D, 38) La raison qui pousse Ludovic à émigrer n'est certes pas clairement citée dans le texte mais la précision faite sur le malheur d'Haïti, sa terre d'origine, sous-entend que ses nombreux déplacements sont motivés par la quête du bonheur. Associant son pays au malheur et à l'aversion, Ludovic entreprend de chercher son bonheur hors des frontières nationales. L'ailleurs devient ainsi cet espace indéfini pouvant lui offrir un meilleur cadre de vie et lui procurer une certaine assurance de part son attractivité.[163]

Toujours dans l'œuvre de Maryse Condé, son roman *Les belles ténébreuses* offre également un exemple d'émigration motivée par l'attractivité du lieu d'immigration et la répulsion du lieu d'origine. Le départ du personnage principal du roman Kassem de la France vers l'Afrique est lié à des raisons économiques car «à peine son diplôme de l'école d'hôtellerie en poche, il n'avait hésité à s'expatrier pour trouver du travail»[164] L'Afrique apparaît attrayante pour Kassem car à cause de sa « fâcheuse couleur »(BT, 23), « à Sussy, […] les mille habitants n'avaient pas arrêté de les considérer, lui et les siens, comme des terres rapportées.»(BT, 17). Ici nous avons à faire à une situation différente des précédentes car le pays attrayant qui devient par la suite pays d'accueil n'est pas un pays occidental comme dans les autres textes de Condé analysés dans ce travail. Dans *Les belles ténébreuses*, c'est à l'égard de la France que le protagoniste ressent une aversion et l'Afrique lui offre un marché du travail plus prometteur. Cette répulsion étant justifiée par des raisons de racisme, le protagoniste décide de quitter le milieu occidental.

---

[163] Même si la définition du *Push-Pull-Modell* s'appuie sur le facteur économique de l'émigration pour présenter la relation que le candidat au départ entretient entre son pays natal et son pays d'accueil (Cf. le point 1.1.2), on note également que dans la notion de *Push-Pull,* le lieu d'origine est associé au malheur tandis que la terre d'immigration est assimilée au bonheur. Dans ce contexte l'évocation du malheur dans le cadre de l'émigration de Ludovic peut être rapportée au facteur *du Push-Pull-Modell* sous-entendant de ce fait l'opposition entre aversion du lieu d'origine et attractivité du lieu d'accueil dans les raisons du départ de ce personnage; opposition qui caractérise le *Push-Pull-Modell.*

[164] Condé, Maryse (2008): Les belles ténébreuses. Mercure de France., p. 16. Dans la suite de notre travail, le roman *Les belles ténébreuses* sera désigné par l'abréviation BT suivie du numéro de la page.

A l'instar de Maryse Condé, Aminata Sow Fall problématise également l'émigration liée au facteur économique dans *Douceurs du Bercail*. Les différents immigrés et candidats à l'émigration qui sont présentés dans le texte justifient leur décision de partir par l'impossibilité de faire fortune au pays natal. Dans une conversation avec les immigrés clandestins, Asta, l'héroïne du roman tente de leur parler des atouts de leur lieu d'origine en leur proposant de « monter quelque chose au pays… »[165] Cette expression du parler populaire employé ici dans le texte par la romancière sénégalaise Aminata Sow Fall montre la simplicité de la langue qui caractérise son roman *Douceurs du bercail*. A travers la proposition faite par Asta aux immigrés clandestins, l'auteur veut sans doute exhorter ceux-ci à revaloriser « le bercail » et à tenir en compte les possibilités de réussite qu'il peut offrir à ses citoyens. Cependant la suggestion de Asta se heurte dans le texte à la réplique moqueuse des ses interlocuteurs qui ne cachent pas leur appréciation du terroir : « Monter quoi? Y a plus rien au pays, on ne peut rien y faire. »(DB, 9) La mention du mot «rires » qui sépare l'intervention de l'héroïne du roman de celle des autres interlocuteurs dans le texte montre que la suggestion de Asta basée sur une possibilité de réussite au pays natal n'est pas prise pour agent comptant par les immigrés clandestins. Ces derniers contredisent la position de l'héroïne et épousent l'idée selon laquelle la réussite sociale ne peut uniquement être obtenue qu'à l'étranger. Tout comme les immigrés qu'Asta rencontre dans le dépôt de l'aéroport, son fils Paapi exprime également sa ferme volonté d'émigrer pour chercher son bonheur hors des frontières nationales. Dans un entretien avec sa mère, celui-ci dit: « 'je veux «sortir», [ne cessait-il de répéter]; ici y a pas de débouchés'» (DB, 36) Dans les propos du jeune garçon, on remarque surtout que le mot sortir est mis entre guillemets. Cette technique de l'auteur qui utilise ici le parler courant tient à préciser que ce verbe a une connotation spécifique dans la société sénégalaise. Dans ce contexte, sortir est synonyme d'émigrer et signifie quitter le pays natal. A noter également dans l'affirmation de Paapi, l'opposition entre «sortir» et «ici»; car tandis que le mot sortir s'assimile à l'ailleurs et par occurrence au pays lointain qui est également le pays rêvé, ici représente le pays natal qui est associé à une condition de vie incertaine et sans issue marquée par l'absence de débouchés. Dans *Douceurs du bercail* (Sow Fall: 1998), l'attitude de Paapi est

---

[165] Sow Fall, Aminata (1998): Douceurs du bercail. Nouvelles éditions ivoiriennes. Abidjan., p.9. Dans la suite de ce travail nous allons utiliser l'abréviation DB pour citer le roman *Douceurs du bercail*. Celle-ci sera suivie de la mention de la page.

semblable à celle de Yakham qui raconte ses conditions de vie déplorables au pays natal, et fait part à ses interlocuteurs des raisons l'ayant conduit à émigrer. « J'ai «*cartouché* »[166] à la fac de médecine en première année au pays. Comme pendant sept ans y avait pas moyen de faire quoi que ce soit, à part de petits métiers, par-ci, par-là, j'au voulu partir.»(DB, 98) On note deux sortes d'échecs dans la vie de Yakham. Premièrement, le personnage connaît un échec académique à cause de son incapacité à obtenir des succès en faculté de médecine comme le confirme le mot 'cartouché' qu'il emploie ici dans sa locution.[167] A travers ce mot, nous tenons à signaler le style mixte présent dans le roman avec l'introduction des particularismes régionaux du français au Sénégal. Puisque Aminata Sow Fall prend la peine de définir le mot 'cartouché' dans le roman, elle met en exergue la singularité de ce terme. Deuxièmement, Yakham connaît un échec sur le plan professionnel car faute d'une bonne qualification pouvant lui garantir un travail bien rémunéré, il ne possède pas un emploi stable et exerce des petits métiers pour fuir l'oisiveté qui s'offre à lui comme seule alternative à son existence précaire. Conscient de l'existence instable que lui permettent de mener les « petits métiers» (DB, 98) qu'il exerce, Yakham entrevoit l'émigration comme possibilité de réussite et d'ascension sociale et exprime ses ambitions dans le texte: «Pour parler vrai, les études, ça ne me disaient plus rien. Je pensais avoir un bon «job» pour envoyer de l'argent à mes parents […] À ma mère surtout qui s'était lourdement endettée pour le billet d'avion et le visa.»(DB, 99) La raison économique, la recherche du travail motive le jeune homme à quitter sa terre natale. Comme le note Mildred Mortimer, dans le roman *Douceurs du bercail*, l'émigration des protagonistes qui quittent le Sénégal est causée par «the hope of finding greater economic opportunity in Europe.»[168] Cependant si Aminata Sow Fall met l'accent sur les départs motivés par les raisons économiques dans son roman, c'est surtout pour critiquer la propension répandue au Sénégal qui consiste à idéaliser le pays lointain tout en dénigrant le pays natal. A travers les prises de positions de l'héroïne du roman, il ressort la fonction moralisatrice du texte:

---

[166] Dans le roman *Douceurs du Bercail*, ce mot est également écrit en italiques et placé entre guillemets.
[167] Cf. Aminata Sow Fall: *Douceurs du bercail* : Op. Cit., p. 98.Voire note de bas de page.
[168] Mortimer, Mildred (2007): Domestic matters. Representations of home in the writings of Mariama Bâ, Calixthe Beyala and Aminata Sow Fall, in: International journal of francophone studies. Bd.10, Heft 1. Exeter., p.77.

> [...] elle [Asta] en faisait surtout une question de principe: refuser à tout prix ce snobisme nouveau qui gagnait les parents et leur progéniture. Le must, c'était de «sortir». « Cela s'était incrusté dans le mental et on ne se demandait même plus si c'était pour aller décrocher une place dans une prestigieuse université ou pour user son honneur et ses semelles sur le macadam impitoyable des quartiers mal famés d'Europe et d'Amérique. (DB, 36)

Aminata Sow Fall qualifie la tendance d'émigrer qui se développe au Sénégal de snobisme et exerce de ce fait une critique envers la société sénégalaise pour laquelle tout départ vers l'Occident est valorisé peu importe si la réussite sociale du migrant en terre d'accueil est garantie ou pas. Le mot anglais «must» employé ici par l'auteur a un double rôle. D'un côté il a une fonction sémantique et permet d'accentuer le verbe « sortir » mettant de ce fait l'accent sur le besoin pressant de partir que ressentent les candidats à l'émigration. De l'autre côté, il a une fonction stylistique car il concourt à mettre un terme à l'harmonie de la langue française dans le roman et à créer une langue française anglicisée.

Dans une interview avec Médoune Guèye, Aminata Sow Fall donne sa position sur la question de l'émigration:

> A l'époque [années quatre-vingt] j'avais remarqué un phénomène qui me troublait. C'était une mentalité qui s'enracinait selon laquelle, il faut sortir pour réussir et que rien ne va dans notre pays. Je sais, et j'accepte, parce que je suis sortie pour faire des études d'interprétariat. Mais ce n'était pas pour fuir l'Afrique. Ce n'était pas pour dire qu'ici il n'y a rien et que tout est là-bas. Ce n'était pas dans cette mentalité qui avait quelque chose de dangereux et nous inhibait. Je voyais qu'elle était en train de s'incruster surtout chez les jeunes au point de leur faire croire que, dans nos pays, rien n'est possible, je sais bien que c'est difficile. Donc j'avais perçu une espèce de découragement. Et c'est de cette époque-là que datent mes interrogations sur ces problèmes.[169]

L'écrivaine ne s'oppose pas catégoriquement à l'émigration. Seulement, elle trouve déplorable que les jeunes sénégalais candidats à l'émigration perdent espoir en leur pays natal, le dénigrent et idéalisent l'Europe. Dans cette optique, on peut relever la fonction moralisatrice de *Douceurs du bercail* (Sow Fall: 1998) qui tient à dissuader les jeunes à se lancer dans l'aventure de l'émigration. Selon Catherine Mazauric, le

---

[169] Guèye, Médoune: Aminata Sow Fall: Oralité et société dans l'œuvre romanaesque. Paris. L'Harmattan., p. 174.

roman peut être décrit comme un livre qui tient à combattre l'illusion de bonheur et de réussite sociale que les jeunes associent à la motivation de quitter le pays natal.[170] En dehors des œuvres de Maryse Condé et d'Aminata Sow Fall, le facteur du *Push-Pull Modell* apparaît également dans les romans parisiens de Calixthe Beyala comme cause de l'émigration. Dans *Le petit prince de Belleville* (Beyala:1992), Abdoul le père du protagoniste principal du récit ne cache pas les raisons de son départ pour la France:

> Je [Abdou] suis venu dans ce pays tenu par le gain, expulsé du mien par le besoin. Je suis venu, nous sommes venus dans ce pays pour sauver notre peau, acheter le futur de nos enfants. Je suis arrivé, nous sommes arrivés par ballots avec, enfouie au fond des cœurs, une espérance grosse comme la mémoire.[171]

L'aversion de l'immigré envers sa terre natale se manifeste ici à travers le besoin qu'il ressent dans son pays. Ce besoin fait référence à la difficulté économique qui empêche à Abdou de mener une vie aisée. Simultanément, l'attractivité de l'ailleurs est thématisée dans le texte par le gain ici synonyme d'une situation financière meilleure et plus prometteuse. Si le locuteur emploi l'expression « sauver notre peau », c'est pour évoquer l'espoir qu'il place en l'immigration. Dans l'imaginaire du personnage Abdou, l'immigration permet à l'immigré de s'assurer une vie meilleure ainsi qu'à sa descendance.

Dans *Les honneurs perdus* (Beyala: 1996), la fascination de Saïda pour la France se manifeste à travers la photo d'Aziza prise à Paris.

> Je m'avançai au milieu de la pièce. Mon œil accrocha la photo de la cousine de Paris. Elle devait avoir trente-cinq ans. Elle souriait, une main levée, sous la tour Eiffel. A ses joues rondes, on imaginait qu'elle se nourrissait de vitamines riches en protides, en fer et calcium de nitrate carbonisé. Ses lèvres peintes montraient que cette fille crachait dans des mouchoirs blancs et appelait Allah par son prénom, [...][172]

---

[170] Mazauric, Catherine (2006): Fictions de soi dans la maison de l'autre (Aminata Sow Fall, Ken Bugul, Fatou Diome, in: Dalhousie French studies. Bd. 74-75, Halifax., p.248.

[171] Beyala, Calixthe (1992): Le petit prince de Belleville. Editions Albin Michel/Collection j'ai lu., p.20. Dans la suite de notre travail, nous allons désigner le roman *Le petit prince de Belleville* par l'abréviation PPB. Celle-ci sera suivie de la mention de la page.

[172] Beyala, Calixthe (1996): Les honneurs perdus. Paris: Albin Michel., p. 130. Dans la suite de notre travail, nous allons désigner le roman *Les honneurs perdus* par l'abréviation HP suivie du numéro de page.

Sans réellement connaître la femme qu'elle décrit dans le texte, Saïda se laisse séduire par l'image erronée de bien-être que lui renvoie la photo de celle-ci et s'engage à aller en France «[...] chez la cousine Aziza qui ne me [Saïda] connaissait pas et qui m'hébergerait obligatoirement par solidarité africaine » (HP, 179).Dans *Les honneurs perdus* (Beyala : 1996), le facteur du *pull* se manifeste par les festivités qui accompagnent le départ de l'héroïne du roman pour la France. À l'annonce du voyage de celle-ci, il se développe une effervescence chez les habitants de Couscous qui associent déjà le départ de Saïda en France à une réussite sociale et n'hésitent pas à se montrer généreux à son égard en lui donnant des cadeaux divers pour acheter son amitié et sa reconnaissance. En plus du sac d'arachides, des pistaches et des tubercules de manioc qu'elle reçoit en guise de cadeaux, Saïda précise: « On m'apporta également des « Gâteaux de poisson » et des «Poulets frits » ! A chaque nouveau paquet, la foule frémissait. Mes donateurs demandaient en contrepartie des gadgets rocambolesques et des trucs qu'on ne sait pas et d'autres qui n'ont pas de nom.» (HP, 180) De plus, la partante est célébrée par ses concitoyens car « Tout Couscous s'était attroupaillé devant notre case, pustuleux et chantant, [...] Hommes, femmes, enfants dans leurs plus beaux habits, venaient me rendre hommage. »(HP, 179) Certaines personnes présentes vont même jusqu'à assimiler la narratrice à «une vraie Blanche» (HP, 179) lui trouvant «l'air d'une Européenne » (HP, 179) du simple fait qu'elle aille en France.

Dans *Le ventre de l'Atlantique* (Diome : 2003), on retrouve aussi le facteur du *Push-Pull* parmi les raisons qui amènent les personnages du roman à quitter le pays natal. Dans le récit, la cause qui justifie la volonté massive des jeunes d'émigrer est clairement présentée:

> [...] la plupart de ces garçons ne reçoivent que des bouches à nourrir en guise d'héritage. Malgré leur jeune âge, beaucoup sont déjà à la tête de familles nombreuses et on attend d'eux ce que leurs pères n'ont pas réussi : sortir les leurs de la pauvreté. Ils sont harcelés par des responsabilités qui les dépassent et les poussent vers les solutions les plus désespérées. (VA, 182)

Pour lutter contre la misère, les jeunes adolescents de Niodior envisagent l'émigration comme garantie d'une réussite sociale et définissent clairement leurs intentions. «On veut aller en France [...] on pourra toujours trouver du travail et ramener une petite fortune. »(VA, 93) Selon Xavier Garnier, cette volonté de départ tient lieu du fait que « le quotidien très difficile est déréalisé par l'obsession de l'ailleurs et du départ.»[173] Le facteur du *push* que constitue l'aversion du pays d'origine se manifeste ici à travers la misère que sévissent ces jeunes et leurs familles dans leur île natale. Quant au *Pull*, il se manifeste à travers l'attractivité que représente la France en tant que pays offrant des opportunités de succès sur le plan du travail. De ce fait, pour les candidats au départ, « […] il n'y avait plus de mystère, la France, ils se devaient d'y aller » (VA, 91). Dans le texte, cette théorie s'applique au personnage de Moussa qui s'envole pour la France afin de subvenir aux besoins de sa famille. « Seul enfant mâle, aîné d'une famille nombreuse, Moussa en avait assez de contempler la misère des siens. Depuis qu'il avait quitté le lycée, faute de moyens, l'avenir lui apparaissait comme une ravine, l'emportant vers un trou noir, car il ne voyait pas quoi mettre à la place du bureau climatisé de fonctionnaire dont il avait tant rêvé.» (VA, 95). Moussa est premièrement témoin de la pauvreté des siens et c'est à lui qu'incombe la tâche d'y remédier en tant que premier-né de sa famille. Au second plan, suite à l'interruption des ses études, celui-ci voit son rêve de futur fonctionnaire de l'administration de son pays brisé et perd tout espoir en une possibilité d'ascension sociale au Sénégal. Le départ pour la France s'offre à lui comme unique alternative pour sortir sa famille de la misère. Convaincu de sa réussite future en Europe, Moussa planifie de « […]construire un grand bâtiment familial; investir dans l'achat d'une pirogue motorisée pour la pêche au village; ouvrir une épicerie pour maman,[…], économiser pour la dot ; acheter des habits pour toute la famille, surtout des bijoux et des parfums de luxe pour la fiancée; payer aux parents un billet d'avion pour le pèlerinage à la Mecque, etc.» (VA, 108) Sans ambiguïté, nous lisons dans cet extrait de texte, la vie future de bonheur et d'aisance que Moussa associe à son voyage pour la France.

A côté de Moussa, nous avons également le personnage de Madické, le frère de la narratrice qui veut émigrer. Celui-ci rêve d'une carrière de footballeur professionnel en Europe et pour cette raison, à Niodior, dans son île natale, «En dehors de la pêche et des activités champêtres, il [Madické] se consacrait essentiellement au football […]» (VA, 80) L'opposition entre les activités que constituent la pêche et les travaux champêtres d'un côté et la passion du protagoniste pour le football de l'autre montre que l'île de Niodior n'offre pas beaucoup d'opportunités à Madické. Con-

---

[173] Garnier, Xavier (2004): L'exil lettré de Fatou Diome, in: Notre Librairie. Revue des littératures du Sud. No155-156. Juillet-Décembre 2004., p.32.

vaincu de son impossibilité de faire fortune en tant que pêcheur, c'est dans le football que ce personnage place son espoir de réussite sociale car « Si ses camarades se servaient du football comme d'un simple prétexte pour atteindre l'Occident et s'y débrouiller dans n'importe quel domaine d'activité, lui [Madické] voulait aller en France enflammer les stades de son talent.»(VA, 115). Pour ce jeune habitant de Niodior, «Devenir un grand footballeur, c'était vraiment ça son désir le plus impérieux.»(VA, 139). La volonté que manifeste Madické de quitter son île natale provient de l'image paradisiaque que celui-ci se fait de la France. Le facteur du *Pull* est particulièrement marqué dans le texte par la fascination que le protagoniste développe pour l'Europe:

> Une seule pensée inondait son [Madické] cerveau: partir; loin; survoler la terre noire pour atterrir sur cette terre blanche qui brille de mille feux. Partir, sans se retourner. On ne se retourne pas quand on marche sur la corde du rêve. Aller voir cette herbe qu'on dit tellement plus verte là où s'arrêtent les dernières gouttes de l'Atlantique, là-bas, là où les mairies paient les ramasseurs de crottes de chiens, là où même ceux qui ne travaillent pas perçoivent un salaire. Partir donc, là où les fœtus ont déjà des comptes bancaires à leur nom, et les bébés des plans de carrière. (VA, 165)

Dans le texte, « la terre noire » synonyme de misère est un endroit où « l'eau potable reste un luxe.»(AV, 19) et où les enfants sont décrits comme des «gamins rachitiques [...] avec pour uniques jouets des bouts de bois et des boîtes de conserve ramassées dans la rue » (AV, 19). A cette triste image s'oppose celle de « la terre blanche » qui apparaît dans l'imaginaire des jeunes de Niodior comme le paradis terrestre. Pour Madické, l'Europe est un endroit où «[...] on ne peine pas, on ne tombe pas malade, on ne pose pas de questions: on se contente de vivre, on a les moyens de s'offrir tout ce que l'on désire [...] » (VA, 43) L'Europe et plus particulièrement la France est vue par ce protagoniste comme le lieu qui offre toutes les possibilités d'épanouissement de l'individu alors que la terre natale les limite. C'est cette représentation idyllique que Xavier Garnier appelle «une Europe auréolée de légende.»[174] La même représentation de l'Europe est faite par l'héroïne du roman *Assèze l'Africaine* de Calixthe Beyala quand elle entreprend son voyage pour la France:

---

[174] Garnier, Xavier: Op.Cit., p.30.

> A Dakar j'avais rencontré un drôle de bonhomme à la peau noire et luisante et au sourire étincelant d'or. Il avait, lui aussi, l'ambition d'aller au pays où quand on dit: « Je veux », une tornade de cent millions de francs vous tombe du ciel; où quand on dit: « J'ai besoin», on se nourrit de sucs riches en vitamines et en extraits de protides, mixérisés de matières premières diverses; le pays où on se vêt, s'éduque dans les nefs lumineuses des bâtiments construits de neuf; un pays généreux qui t'amènent à des expositions, de savants qui jouent au golf, d'hommes d'affaires qui mangent des sandwichs, d'hôpitaux qui ressemblent à d'énormes salles de bal où le paludisme se décompose dès qu'on le touche et fond comme chocolat au soleil.[175]

La France n'est pas directement mentionnée ici mais puisque la narratrice nous révèle ces pensées lors de son voyage pour la France, on peut déduire que les allusions faites dans ce passage à un pays paradisiaque se rapportent à l'hexagone. L'ironie employée par Beyala pour désigner la France n'échappe pas au lecteur car la romancière critique l'image idéaliste de la Métropole qui est propagée en Afrique. Ici, la France est assimilée à un lieu du gain facile d'où l'allusion faite à « une tornade de millions ». A travers l'évocation faite de l'alimentation, et des vêtements, Beyala critique le fait que la France est perçue comme un pays où la vie est aisée. En parlant de «pays généreux», l'écrivaine franco-camerounaise se moque de cette image positive d'une société accueillante que la France veut donner d'elle au monde extérieur alors qu'en réalité c'est un pays marqué par la discrimination et l'injustice envers les immigrés noirs.[176]

Selon Suzanne Gehrmann la fascination de l'Europe dans *Le ventre de l'Atlantique* de Fatou Diome se développe à travers l'influence des medias car ceux-ci « véhiculent des images flamboyantes»[177] de l'Occident et «c'est dès le bas âge que la magie des images prend racine et prépare une nouvelle génération désireuse de l'ailleurs.»[178] Cette affirmation est également partagée par Xavier Garnier qui précise à propos du roman de Fatou Diome que « la télévision est le principal vecteur de la

---

[175] Beyala, Calixthe (1994): Assèze l'Africaine. Albin Michel., p.232. Dans la suite de notre travail nous allons utiliser l'abréviation AA pour désigner la roman *Assèze l'Africaine*. Celle-ci sera suivie de la mention de la page.

[176] Nous reviendrons sur la question de la discrimination et de l'injustice envers les immigrés dans l'analyse des romans de Calixthe Beyala dans le point 4.2 du chapitre quatre de notre travail.

[177] Gehrmann, Suzanne: La Violence du Quotidien dans Mosane de Safi Faye et Le ventre de l'Atlantique de Fatou Diome, in : Bazié, Isaac/ Lüsebrink, Hans-Jürgen (2009): Violences postcoloniales. Représentations littéraires et perceptions médiatiques.

[178] Ibid.

transfiguration légendaire du réel.»[179] Dans *Le ventre de l'Atlantique*, l'auteur critique particulièrement la télévision qui transmet une image paradisiaque de l'Europe à travers la publicité.

> À la télé, plus rien que de la publicité. Coca-Cola, sans gêne, vient gonfler son chiffre d'affaires jusque dans ces contrées […] Surtout, n'ayez aucune crainte, le Coca fera pousser le blé dans le Sahel![…] Ensuite, c'est au tour de Miko […] Un énorme cône de glace, aux couleurs chatoyantes, remplit l'écran, puis un enfant bien potelé apparaît, léchant goulûment une glace démesurée. Des ronronnements d'envie remplacent les insanités de tantôt: « Hum ! Hâm ! Hââââmmm ! C'est bon ! Hum ! » font-ils [les enfants] de concert. Les glaces, ces enfants n'en connaissent que les images. Elles restent pour eux une nourriture virtuelle, consommée uniquement là-bas, de l'autre côté de l'Atlantique, dans ce paradis où ce petit charnu de la publicité a eu la bonne idée de naître. Pourtant, ils y tiennent à cette glace et, pour elle, ils ont mémorisé les horaires de la publicité. Miko, ce mot, ils le chantent, le répètent comme les croyants psalmodient leur livre saint. (VA, 18-20)

On note premièrement le ton sarcastique qui caractérise ce passage du roman[180]. La narratrice n'hésite pas à clamer la volonté de consommation que soulève la vue de la glace auprès des enfants de Niodior. La description détaillée que fait la voix narrative de la scène ici portée à l'écran tient à faire ressortir le contraste entre l'«enfant bien potelé» (VA, 19) de *là-bas* et les « gamins rachitiques » (VA, 19) d'*ici*. D'après l'analyse de Xavier Garnier, « Fatou Diome nous dit la persistance du clivage entre les Noirs et les Blancs, son écriture prend en compte ce fait et en montre le caractère incontournable.»[181] Pour présenter le contraste que produisent la télévision et la réalité de la vie à Niodior, l'auteur fait recours à l'usage de l'ironie pour critiquer la publicité faite par Coca-Cola dans cette région du Sahel où les besoins élémentaires (nourriture et eau potable) des populations restent absents. La présence de Coca-Cola à la télévision devient superflue à Niodior puisque les gens manquent du minimum vital. Si l'influence médiatique reste non négligeable dans la prise de décision d'émigrer, le départ souhaité des jeunes natifs de Niodior reste largement motivé par les relations qu'entretiennent les candidats à l'émigration avec les « venus de France »[182].

---

[179] Garnier, Xavier: Op.Cit., p.32.
[180] Cf. Gehrmann: Ibid.
[181] Garnier, Xavier : Op.Cit., p.30.
[182] Cette expression est employée par Fatou Diome dans *Le ventre de l'Atlantique* pour parler des anciens

3.3 Le facteur du *migrant-stock-variable* chez Calixthe Beyala et Fatou Diome

Dans *Le petit prince de Belleville* de Calixthe Beyala, Abdou évoque les informations reçues des autres immigrés comme étant celles qui ont favorisé sa prise de décision de quitter son pays natal:

> Pourtant, là-bas sur cette terre qui ne nous appartient plus, le tam-tam murmurait. Les bouches soufflaient l'espoir: L'argent, l'argent ! Il est là dans ce paysage transparent au-delà des mers, au milieu des voitures, des lampadaires et des murs fêlés...Les bouches disaient: Il y a de l'argent, des millions à ramasser, partout, avec les mains, avec la tête, avec le cœur, avec les fesses... Il fallait se débrouiller. Débrouillez-vous!
> La fortune a ouvert ses ailes, l'exil a commencé (PPB, 20)

Abdou ne nomme pas directement une personne l'ayant informé sur les mirages de l'Europe. Cependant, en employant le procédé de la personnification, Calixte Beyala utilise le mot tam-tam pour exprimer l'idée selon laquelle une personne ayant émigré donne des informations sur le pays d'accueil aux candidats à l'émigration. A travers les propos de son personnage, c'est le facteur dénommé *Informationshypothese* ou *migrant-stock-variable* que Calixthe Beyala thématise dans son roman. De sus, on relève le ton lyrique employé par Abdou dans cet extrait de texte. La présence des phrases courtes et de la forte ponctuation marquée par la présence de presque toutes les marques de ponctuation (points d'exclamation, points de suspensions, deux points, virgule, point) fait penser à l'expression d'un griot.

Tout comme son époux, M'ammaryam évoque le facteur de *migrant-stock-variable* dans *Maman a un amant* (Beyala : 1993) pour justifier son émigration vers la France:

> On m'avait dit que là-bas, dans ton pays l'argent tombait des arbres, qu'il y avait de l'argent à gagner avec son corps, avec son esprit, avec son âme. Les robots, la technologie remplaçaient les mains. Les bébés jaillissaient des choux de Bruxelles. Je voulais goûter à ces joies, partager cette drôle d'époque à laquelle tu appartiens. [...]
> J'ai découvert l'exil [...]
> J'ai franchi l'évidence comme on franchit son ombre.

---

immigrés de France installés au pays natal. Cf. p. 61.

> J'ai versé dans l'inconnu. [...].[183]

Comme dans le premier roman bellevillois de Calixthe Beyala, on note aussi le ton lyrique présent dans ce passage construit comme un poème. A l'instar d'Abdou, M'ammaryam non plus ne nomme la personne qui lui a fait miroiter les mirages de l'Europe. En employant le pronom indéfini «on», la narratrice veut mettre l'accent sur l'information reçue et non sur l'émetteur de l'information car c'est celle-ci qui détermine la décision de voyager.

En revanche Dans *Le ventre de l'Atlantique* de Fatou Diome, le texte précise bien de qui émanent les informations que les jeunes, candidats à l'émigration, reçoivent sur la France. Celles-ci proviennent de l'homme de Barbès, cet ancien immigré qui éveille l'envie des enfants de quitter le pays natal. Pour s'allouer tout le prestige qu'entoure le séjour parisien dans l'île de Niodior, l'homme de Barbès ne cesse de raconter des histoires éblouissantes aux enfants de l'île et les conversations qu'il mène avec ceux-ci cultivent en eux la fascination de Paris:

> Alors, tonton, c'était comment là-bas, à Paris? lançait un des jeunes.
> [...]
> - C'était comme tu ne pourras jamais l'imaginer. Comme à la télé, mais en mieux, car tu vois tout pour de vrai. Si je te raconte réellement comment c'était, tu ne vas pas me croire. Pourtant c'était magnifique, et le mot est faible. (VA, 83)

Ici c'est l'interlocuteur de l'homme de Barbès qui ouvre la conversation en demandant à ce dernier de lui parler de Paris. Le jeune homme manifeste ainsi son intérêt pour cette ville qui lui est si lointaine. Conscient de l'effet de ses paroles sur son jeune auditeur, l'homme de Barbès n'hésite pas à entourer sa déclaration de mirages. Il crée ainsi une distance entre lui et le jeune adolescent se situant dans une place de privilégié à cause de son séjour parisien et reléguant ce dernier du côté des non privilégiés. Dans la suite de son intervention l'ex-immigré relève:

> - Ah ! La vie là-bas ! Une vraie vie de pacha ! Croyez-moi, ils sont très riches, là-bas. Chaque couple habite, avec ses enfants, dans un appartement luxueux, avec électricité et eau courante. Ce n'est pas comme chez nous, où quatre générations cohabitent sous le même toit. Chacun à sa voiture pour aller au travail et amener les

---

[183] Beyala, Calixthe(1993): Maman a un amant. Paris. Editions Albin Michel/ Collection j'ai Lu., p. 49-50. Dans la suite de notre travail le roman *Maman a un amant* sera désigné par l'abréviation MAM suivie du numéro de la page.

enfants à l'école ; sa télévision, où il reçoit des chaînes du monde entier, son frigo et son congélateur chargés de bonne nourriture. Ils ont une vie reposante. Leurs femmes ne font plus les tâches ménagères, elles ont des machines pour laver le linge et la vaisselle. Pour nettoyer la maison, elles ont juste à la parcourir avec une machine qui avale toutes les saletés, on appelle ça aspirateur, une inspiration et tout est parti.(VA, 85)

L'homme de Barbès relate le quotidien de la vie en France et tandis que les informations qu'il donne ici à son auditoire paraissent certainement normales pour le lecteur européen, celles-ci sont une sensation auprès des habitants de Niodior comme le prouvent les points d'exclamations qui ponctuent le début de la citation. A travers le procédé de l'énumération, le locuteur livre une série d'informations fascinantes à ses interlocuteurs. Délibérément il cherche à travers ce récit à « préserver, mieux, à consolider son rang »(VA, 88) de privilégié à Niodior car «Il avait été *un nègre à Paris* et s'était mis, dès son retour, à entretenir *les mirages* qui l'auréolaient de prestige.»(VA, 88) A travers la description que fait la voix narrative de ce personnage dans le texte, le lecteur comprend que Fatou Diome critique la conduite des « venus de France » qui concoure à développer la faim de l'émigration auprès des jeunes. Si le roman consacre une partie considérable aux récits de l'homme de Barbès sur son séjour en France, il n'omet de souligner l'inauthenticité de ses propos. «Jamais ses récits [l'homme de Barbès] torrentiels ne laissaient émerger l'existence minable qu'il avait menée en France.»(VA, 88)[184] A la splendeur des récits qu'il offre aux habitants de Niodior, le texte oppose la réalité de son séjour parisien qualifié par la narratrice du roman de minable. C'est à juste titre que l'auteur attribue le «nez de Pinnochio» (VA, 88) à ce personnage, le qualifiant ainsi de menteur.

Outre son attitude déplaisante, le nom attribué par Fatou Diome à l'homme de Barbès témoigne de son caractère peu fiable. A Paris, le lieu dénommé Barbès est un endroit où affluent beaucoup d'immigrés en situation de vie précaire. Celui-ci est associé à la marginalisation et la ghettoïsation qui entoure la vie de l'immigré. Il est le fief de ceux que l'ordre de la société a relégué au bas de l'échelle car les immigrés y vivent dans des conditions insalubres et sans sécurité. En donnant le nom de l'homme de Barbès à son personnage, l'auteur veut éveiller l'attention du lecteur sur les conditions de vie dérisoires relatives à la vie d'immigré du protagoniste en France. Evidemment personne ne connaît la connotation du mot Barbès à Niodior et pour les ha-

---

[184] Dans la partie consacrée au clivage entre illusion et réalité, nous allons revenir sur l'existence réelle de l'homme de Barbès en France.

bitants de l'île, cet endroit est aussi luxueux que le reste de la France et l'homme de Barbès profite de l'ignorance de ses concitoyens pour les duper encore plus. Mais pour le lecteur averti, le mot Barbès employé par Fatou Diome porte un message relatif à la difficile condition de l'immigré en terre de France et elle le relève lorsque la narratrice relate la vie de l'homme de Barbès dans le roman.

4. La représentation de l'immigré(e) dans sa terre d'accueil

4.1 Le thème du racisme dans *L'exil selon Julia*, *La préférence nationale* et *Amours sauvages*

> Négro
> Négresse à plateau
> Blanche-Neige
> Bamboula
> Charbon
> et compagnie....[185]

Sur ces mots à caractère raciste, s'ouvre le récit *L'exil selon Julia* de Gisèle Pineau. Ces termes qui ont tous une connotation péjorative décrivent l'ambiance discriminatoire dans laquelle la narratrice a vécu son enfance en Métropole. D'origine antillaise et vivant en France dans les années soixante, la famille de la narratrice habite dans une cité d'Île-de-France et le racisme dont elle est victime se manifeste en plusieurs lieux notamment à l'école, dans les médias et dans la rue.

A l'école primaire, la narratrice Gisèle est victime d'injustice et doit endurer la colère de son institutrice qui ne tolère pas qu'une élève noire soit meilleure que ses camarades blancs. Alors que les élèves doivent faire un exercice d'écriture et s'exercer aux lettres de l'alphabet français, la maîtresse constate que la narratrice est plus douée que ses camarades. Lorsqu'elle dit: « 'Les enfants! La Noire a déjà fini sa copie! Alors, vous pouvez le faire aussi!'» (ESJ, 60), il n'échappe pas au lecteur que c'est une ironie de la part de la maîtresse car premièrement cette soi-disant éloge cache une connotation raciste enfermée dans l'expression « la Noire». Ensuite on lit à travers ces paroles que l'enseignante n'est guère enchantée des prestations de la narratrice. Elle en veut à Gisèle d'être à même de devancer les élèves blancs et pour cela l'élève noire est traitée sévèrement.

> Ses doigts [la maîtresse] enjôlent mes tresses tandis que j'avale l'éloge qui caresse ma gorge comme un sucre d'orge. Elle m'envoie au tableau noir. Je crois que ses faveurs me sont acquises. Les yeux luisants de reconnaissance, je m'entends déjà raconter à manman de quelle façon je me suis distinguée d'entre tous. Je souris aux douceurs de la vie. Autour de moi, cheveux mal peignés, yeux bleus éteints, les en-

---

[185] Pineau, Gisèle: L'exil selon Julia. Paris: Stock 1996., p.11. Dans la suite de notre travail nous allons employer l'abréviation ESJ pour désigner le récit *L'exil selon Julia*. Celle-ci sera suivie de la mention de la page.

> fants attendent dans une insignifiance béate ; on dit que le matin, ils boivent du cidre au lieu d'un bol de lait. Ma main est un petit animal que j'ai domestiqué bien vite. J'en fais ce que je veux. Monter, monter, tourrrner et descendre. Encore un *le*. Monter, monter, tourrrner et descendre *le le le*.
> Et voici venu le moment où mes yeux, ma bouche s'ouvrent en grand, où mon front se plisse. Là, je comprends que les grandes personnes portent des masques et que les tapes amicales sur la tête devancent souvent des coups de règle sur les doigts. La maîtresse s'est transformée en méchante fée, tout droit sortie d'un de ces livres d'images que manman distribue aux braves qui ne lui ont pas fait honte, ceux-là - rares comme les bonnes pensées - qui ont su tenir pleurs et cris face à la monstrueuse piqûre des vaccinations. La dame avance sur moi. La rage démonte son visage. L'intérêt des enfants se lève un peu. Elle happe une toile qu'elle secoue, outragée, une poussière de craie voltige sur ma figure. Elle frotte le tableau pour effacer à jamais l'immonde représentation. Qu'ai-je fait de mal?... (ESJ, 60-61)

Dans le premier paragraphe de cet extrait de texte, la narratrice croit naïvement à l'éloge que lui fait sa maîtresse par rapport à sa prestation. Le fait pour elle d'aller au tableau et de devoir écrire les lettres *l* et *e* devant ses camarades est un signe de reconnaissance et de félicité de la part de son institutrice. La fillette s'adonne alors au mieux pour donner une bonne impression d'elle dans la salle de classe mais elle comprend vite que sa maîtresse n'apprécie guère son intelligence. Au contraire, celle-ci ne supporte pas de voir l'habilité de l'élève noire se manifester au tableau et n'arrive pas à contenir sa rage. Bien que ne sachant pas pourquoi la colère de l'institutrice s'abat sur elle, Gisèle comprend au deuxième paragraphe de la citation ci-dessus que sa maîtresse n'est pas la bonne dame qu'elle croyait.

Mais cependant le texte nous laisse déduire que pleine de préjugés et sous-estimant la narratrice parce qu'elle est une élève noire, la maîtresse n'arrive pas à accepter et valoriser les capacités intellectuelles de l'enfant.

En outre, la maîtresse reproche à la narratrice d'écrire de droite à gauche et pour cela, elle réprime sévèrement l'écolière:

> 'D'abord, on n'est pas chez les Arabes ici! tempête l'institutrice. On n'écrit pas de droite à gauche! Secundo! Cette main-là, cette patte gauche, n'est pas la main de l'écriture! Tu la gardes à plat sur ton cahier! Et pour que tu ne l'oublies pas, avance la main! Non ! l'autre !Tiens !Tiens !...'Ma main habile se retire deux fois avant d'être touchée. Elle se ferme et s'échappe, brûlée par le feu de la règle. (ESJ, 61-62)

La main de la narratrice est qualifiée de «patte» par la maîtresse qui assimile ainsi Gisèle à un animal lui ôtant de ce fait son humanité. Pour faire ressortir la rage que porte l'institutrice en elle, l'auteur utilise le verbe «tempêter» qui se réfère à la manifestation bruyante d'une grande colère pour qualifier l'intervention de cette dernière. De sus, la narratrice subit des sévices corporels à travers les coups que son enseignante porte sur elle. La règle, fourniture scolaire devient un objet de châtiment que la maîtresse emploie pour taper sur l'élève noire. Dès que Gisèle rapporte les faits à sa maman, le châtiment prend fin cependant, la narratrice reste victime de discrimination à l'école. «Le lendemain, Manman parle à la maîtresse qui sourit et acquiesce et puis ne me considère plus jusqu'à la fin de l'année. Je deviens la Noire invisible» (ESJ, 62) Face à l'indifférence de son enseignante envers elle et la discrimination de ses camarades de classe, Gisèle opte pour l'apprentissage, convaincue que seules les études doivent occuper son attention. «Tant pis si son regard [la maîtresse] passe sur moi sans me voir, si les enfants me tiennent à l'écart. Je sais lire et je lis tout ce que je rencontre.[…] Je souris quand la maîtresse dépose son indifférence sur mes épaules.»(ESJ, 62-63)

A l'école secondaire, la narratrice du récit devient le souffre-douleur d'une enseignante qui lui inflige un mauvais traitement à cause de la couleur noire de sa peau.

> Au collège, ça ne va pas du tout. J'ai un professeur qui s'appelle Madame Baron. Elle ne peut pas me voir. Je l'avais déjà remarqué au début de l'année. Quand je levais le doigt, elle ne m'interrogeait pas. Elle me notait plus sévèrement que les autres. Les choses ont empiré après la rentrée de Noël. Elle m'a dit que je souriais ironiquement quand elle parlait. Alors elle m'a punie en m'obligeant à entrer sous son bureau. Maintenant, j'y vais presque à tous ses cours. Comme un chien à la niche. J'obéis. Je respire l'odeur de ses pieds. Je vois les poils de ses grosses jambes écrasés sous ses bas. Je serre les dents pour ne pas pleurer. J'entends la voix des élèves. J'ai honte. J'ai peur. Accroupie sous son bureau. Personne ne proteste. Personne ne prend ma défense. J'attends la fin du cours. Tout le monde accepte que je passe mon temps sous le bureau, Pourquoi? Parce que Madame Baron est folle à ce qu'il parait, les élèves sont terrorisés, je suis son souffre-douleur. Elle n'aime pas voir ma figure de négresse, ma peau noire. (ESJ, 151-152)

Dans une lettre qu'elle adresse à sa grand-mère Julia, la narratrice décrit cette scène qui se rapporte au châtiment qu'elle subit dans son établissement scolaire. Parce qu'elle a une couleur de peau noire, Gisèle, est victime de discrimination. Au début de l'année scolaire, l'enseignante commence par frustrer la narratrice en la notant sévèrement et en refusant de l'interroger en classe sans doute dans l'optique de nier la capacité intellectuelle de l'élève noire. En la faisant passer toute la durée du cours sous son bureau, Madame Baron continue à discriminer Gisèle en lui niant le statut d'être humain pour la ramener à un animal qui ne mérite pas comme les élèves blancs de s'asseoir sur un banc de salle de classe, mais plutôt de s'asseoir à même la sol, sous le bureau du professeur comme un chien. Nous concluons qu'au-delà de l'interprétation de Françoise Mugnier qui analyse le traitement infligé à la narratrice comme une humiliation,[186] la volonté de l'institutrice est de bannir Gisèle de sa vue car en l'obligeant à rester sous le bureau, l'élève noire devient invisible et subséquemment inexistante dans la salle de classe. En sus du mauvais traitement qu'elle subit, la narratrice critique le comportement des ses camarades de classes qui tolèrent le châtiment que Madame Baron lui inflige. «Personne ne proteste. Personne ne prend ma défense.» (ESJ, 152) Avec ce constat, Gisèle relève la passivité des élèves qui laissent tous les pouvoirs à l'enseignante, faisant ainsi perdurer son calvaire et se faisant par la même occasion complices de la discrimination exercée envers elle car comme le note cette dernière: «tout le monde accepte que je passe mon temps sous le bureau» (ESJ, 152). Ce qui laisse sous-entendre, que la narratrice comptant sur l'aide des ses camarades, est déçue par l'inaction de ceux-ci.

Dans le déroulement de son parcours scolaire en Île de-France, Gisèle évoque un autre exemple qui témoigne du racisme à l'école quand elle raconte:

> Pendant le cours de gymnastique, j'avais l'impression que tout le monde s'intéressait à mes faux seins. J'ai grimpé la corde, très vite, J'étais déjà assez loin du sol quand j'ai entendu: «C'est normal, ils grimpent aux arbres dans leur pays!» Arrivée en haut, je n'avais plus la force de redescendre. J'aurais pu lâcher ma corde, pour ne plus les entendre ricaner. Je serais tombée sur la tête. Et il n'y aurait plus eu de couleur de peau, seulement une grande mort sans fleurs ni couronnes. (ESJ, 149)

Une fois de plus, la narratrice adresse une lettre à sa grand-mère Julia pour raconter le racisme qu'elle vit à l'école. Juste pour avoir réussi à grimper une corde au cours de gymnastique, Gisèle doit subir les moqueries de ses camarades qui l'assimilent aussitôt à un animal se basant sur les préjugés racistes qui assimilent les Noirs à des animaux plus précisément des singes très habiles à grimper aux arbres. Face aux ricanements de ses camarades, la narratrice se sent humiliée et pense un instant à mettre un terme à sa vie pour en finir avec cette discrimination. Ici la mort apparaît pour Gisèle comme une forme de libération contre le racisme car hormis cette scène

---

[186] Mugnier, Françoise (2000): La France dans l'œuvre de Gisèle Pineau, in: Etudes francophones. Bd. 15.1. Lafayette, La., p.67. Dans cet article, Françoise Mugnier critique l'école française qui est sensée être un agent d'intégration des immigrés puisque Gisèle y est victime d'injustice.

du cours de gymnastique, la narratrice doit perpétuellement supporter les insultes de ses camarades qui la traitent de « Négresse à plateau, Bamboula… » (ESJ, 80). Ces mots déjà mentionnés au début de ce chapitre et qui reviennent à plusieurs reprises dans le texte sont ressentis par la narratrice et sa famille comme des «échos éternels, diables bondissant dans des flasques » (ESJ, 11) et dans la suite du récit, la narratrice ajoute toujours concernant ces mots racistes : « ils nous éclaboussent d'une eau sale. Flèches perdues, longues empoisonnées, traçant au cœur d'une petite trêve. Crachats sur la fierté. Pluie de roches sur nos têtes. Brusques éboulements de nos âmes» (ESJ, 11). Il nous apparaît clairement que par ces termes, c'est l'honneur de Gisèle, la narratrice qui est bafouée ainsi que celui de sa famille. Selon Françoise Mugnier, à travers ces expressions racistes, la narratrice se sent persécutée par ses camarades durant son passage à l'école.[187] Et pour tenir face aux racistes, Daizy, la mère de Gisèle donne ce conseil à ses enfants: « Ne vous occupez pas![…] Ne vous occupez pas! Ces mots-là ne pèsent d'aucun poids! Il ne faut pas pleurer, surtout pas exposer sa peine, pas leur donner cette satisfaction, pas vous faire remarquer!» (ESJ, 11) Gisèle doit faire preuve d'endurance et ne pas montrer son chagrin à ses camarades quand ils la traitent de « négresse » car selon sa mère c'est le moyen pour elle de triompher face au racisme.

Toujours dans *L'exil selon Julia* (Pineau : 1996), la narratrice évoque également l'image des Noirs dans les médias français pour thématiser le problème du racisme et comme le remarque Françoise Mugnier, «la télévision représente l'institution raciste par excellence»[188] puisque la présence des Noirs à l'écran est rare. Le texte note quelques exemples de Noirs visibles à la télévision durant les années soixante, période pendant laquelle se situe le récit. A côté des noms célèbres comme ceux de Martin Luther King, ou Henri Salvador, la narratrice évoque la présence de la journaliste martiniquaise Sylvette Cabrisseau. Celle-ci est la première Noire speakerine à la télévision française et bénéficie de ce fait de l'admiration et de la fierté des téléspectateurs noirs à l'instar de la famille de Gisèle qui se sent représentée dans les médias français à travers l'image de cette femme :

> Belle Sylvette élue parmi des centaines de milliers de Blanches…Nous n'arrivons pas à l'admettre, même en nous forçant à l'extrême. Se faire à l'idée que tu allais parler combien de fois par jour sur le petit écran, annoncer les programmes des

---

[187] Mugnier, Françoise: Op.Cit.
[188] Ibid.

> Blancs, nous paraissait sublime. La première fois, nous t'avons guettée et attendue avec la même ferveur que des chrétiens espérant l'apparition de la vierge Marie. Tu étais la plus gracieuse. Tes sourires s'adressaient à chacun et tes présentations, perçant nos cœurs d'une joie douloureuse, nous transportaient. Sylvette sache que notre engouement pour toi ne faiblit jamais. (ESJ, 102)

Au début du passage, la narratrice explique la difficulté éprouvée par sa famille à accepter qu'une Noire puisse travailler comme Speakerine à la télévision française car « à l'époque rare était cette race à l'ORTF.»(ESJ, 102). Par la suite elle apprécie les talents de la martiniquaise et les compétences de celle-ci devant la caméra et va même jusqu'à glorifier la journaliste dont l'apparition est comparée à celle de la vierge Marie. A lire cette description, Sylvette Cabrisseau ne faillit pas à son devoir à la télévision, au contraire, elle fait bien son travail mais toutefois, elle est rayée de l'écran suite à des plaintes des téléspectateurs adressées sous formes de lettres à caractère raciste car ceux-ci ne tolèrent pas voir une Noire à l'écran. A travers des exemples d'extraits de lettres comme « ' Je n'ai rien contre les Noirs qui restent dans leur pays, mais la négresse qui présente les programmes fait peur à ma petite fille. Chacun chez soi!'»(ESJ, 102) ou encore « L'ORTF déshonore la France en affichant des bamboulas! Il y a suffisamment de belles françaises dans nos provinces pour nous épargner cette laide figure…' » (ESJ, 102) *L'exil selon Julia* nous montre comment l'intolérance de la population française des années soixante a activé le racisme et entravé l'intégration des immigrés noirs dans la société française car les propos racistes adressés à l'endroit de Sylvette Cabrisseau ont également affecté la narratrice et sa famille comme le dit le texte: « Sylvette, tout ce que tu as souffert, nous l'avons enduré avec toi: injures, menaces, calomnies… » (ESJ, 102).

Cet acte de racisme envers la journaliste martiniquaise marque l'enfance de la narratrice et transforme sa conception de la télévision. Alors qu'elle était fascinée par le petit écran tout comme ses frères et sœurs, elle précise dans la suite du récit:

> J'ai douze ans. La télé cesse de nous fasciner. RACISME devient le mot unique qui sous-titre nos feuilletons favoris. « Zorro ». « Le sergent Garcia », « Thierry La Fronde » et « Les cinq Dernières Minutes » nous paraissent soudain suspects. Leur monde nous ignore d'une évidence nouvelle. Et nous guettons l'apparition d'Un de notre complexion- un seul!- qui viendra effacer Le Mot sur l'écran de la ségrégation. Parfois, un esclave surgit d'un film américain. Un porteur nègre suiveur d'explorateur prend de l'importance, se faisant dévorer par un lion. Une énorme servante noire à tablier blanc donne du «Oui M'ame…», un valet astique des souliers en chantant son amour de vie. Un Satchmo nous souffle l'espérance d'un bientôt

d'égalité raciale. Nous admirons ceux qui - génies débrouillards!- ont gagné leurs petit rôles ou- virtuoses exceptionnels!- enchantent les oreilles des Blancs.(ESJ, 103-104)

La narratrice critique la télévision française des années soixante dans son ensemble. Comme le constate Adlai Murdoch, les Noirs sont bannis des écrans et sévissent la ségrégation à la télévision[189] car comme le dit cette phrase du passage précité, « leur monde nous ignore d'une évidence nouvelle ». Puisque le monde des Blancs ignore les Noirs, cela implique que l'existence de ces derniers dans la société française est niée. En vain Gisèle attend que surgisse une image (positive) du Noir à l'écran et la narratrice insiste sur l'expression « un seul » mis entre tirets par l'auteur et suivi d'un point d'exclamation pour relever le désespoir des téléspectateurs noirs que constitue la famille de la narratrice et qui une fois de plus doit accepter de rester invisible dans les médias. Quand bien même après une longue absence à la télévision, le Noir apparaît à l'écran, c'est dans des rôles subalternes d'esclave, de porteur ou de servant. Il est uniquement présenté comme étant perpétuellement au service du Blanc et de ce fait la télévision cultive l'image dégradante du Noir dans la population et comme le souligne Françoise Mugnier, «films et émissions abondent en stéréotypes dévalorisants. »[190] De ce fait la narratrice utilise un mot pour qualifier la télévision française: racisme. Le fait que ce mot soit écrit en lettres majuscules dans le texte témoigne de la volonté de Pineau d'y attirer l'attention du lecteur et de mettre en exergue cette question du racisme abordée dans le récit. Etant convaincue de l'impossible égalité des races et ayant constaté que la télévision utilise le Noir uniquement pour faire valoir les préjugés qui l'entourent et enchanter les Blancs, la narratrice rebaptise la télévision« écran de la ségrégation » car celle-ci est un acteur actif de la discrimination des Noirs dans la France des années soixante.

Au-delà des médias, la narratrice décrit une scène dans le texte qui se rapporte au racisme au sein de la population française. Alors qu'elle veut se rendre à la basilique du Sacré-Cœur de Paris, la grand-mère Julia accompagnée de son petit-fils Elie, le frère de la narratrice, engage une marche sensée la conduire à destination. Les deux piétons n'arrivant pas à trouver leur chemin, Julia décide de se renseigner:

---

[189] Cf. Murdoch, Adlai H.(2001): Negotiating the Métropole: patterns of exile and cultural survival in Gisèle Pineau and Suzanne Dracius-Pinalie, in: Ireland, Susan/Proulx, Patrice Jr.(Eds): Immigrants narratives in contemporary France. Westport: Connecticut Greenwood Press., pp.136-137.

[190] Mugnier, Françoise: Op.Cit.

> Brusquement, elle [Julia] traverse la rue et interpelle un groupe de religieuses qui vont par deux, voiles au vent.
> «Siouplaît, *Masé! Masé! Masé! Ki koté an dwet pwan pou kontré Sakré-ké-la?*
> Voyant venir au-devant d'elles cette négresse qui s'exprime dans une langue africaine, tout en faisant des gestes qui menacent leurs voilures immaculées, les bonnes sœurs hâtent le pas.(ESJ, 90)

Ici l'auteur veut montrer que le racisme existe dans tous les milieux de la société même chez les gens d'église qu'on croirait plus indulgent et plus tolérant envers les Noirs en raison de l'éthique chrétienne qui prône l'égalité des peuples et l'amour du prochain. Le comportement des sœurs dans ce passage remet en question l'attitude des religieuses et à travers cet exemple Gisèle Pineau veut condamner toute la société française (des années soixante) car le racisme est exercé même par les personnes chez qui on s'y attend le moins. La technique d'écriture employée par la romancière guadeloupéenne accompagne la satire qui est ici faite. L'introduction d'une phrase écrite en créole ne relève pas seulement de la volonté de l'auteur de mélanger le parler guadeloupéen à la langue française mais aussi de relever les préjugés associés au Noirs dans la société. De manière ironique, la narratrice analyse la pensée des religieuses et instinctivement la langue employée par Julia est assimilée à une langue africaine par les religieuses car dans la société française décrite dans le texte, le Blanc ne cherche pas à connaître le Noir pour briser les préjugés auxquels ce dernier est associé. Du fait qu'elle a une couleur de peau noire, Julia est directement considérée comme une Africaine et sa langue comme un parler africain «bizarre». Les sœurs ne se laissent pas aborder par « l'Africaine » mais décident de hâter le pas emportant ainsi avec elles leurs préjugés et l'image (négative) qu'elles ont des Noirs. A travers l'emploi de l'expression «bonnes sœurs», la narratrice se moque des religieuses décrites dans le texte dont les agissements sont loin de ressembler à ceux des personnes tolérantes, vouées au service des autres comme l'attend l'église d'elles. L'expression «bonnes sœurs» perd ici sa signification et devient un terme vain, utilisé dans un sens ironique.

C'est la raison pour laquelle maintes fois victime de racisme, la narratrice s'interroge dans le texte et pose cette question rhétorique: « comment vivre dans un pays qui vous rejette à cause de la race, de la religion ou de la couleur de la peau?» (ESJ, 153) La même interrogation peut être posée par l'héroïne de *La préférence nationale* de Fatou Diome qui est au même degré victime de racisme dans sa société d'accueil.

Dans la nouvelle intitulée *Le visage de l'emploi*, la narratrice présente les préjugés de son employeur envers les Noirs et à travers des questions comme « Toi y en a bien comprendre madame? »[191] ou encore « Toi en France combien de temps?»(PN, 65) Madame Dupont considère son interlocutrice comme une illettrée à cause de sa peau noire et lui parle en français petit-nègre. Selon Birgit Mertz-Baumgartner, l'immigrée noire est stigmatisée par sa différence et sa peau noire infériorisée par le regard blanc. Celle-ci est alors réduite au statut d'objet par le langage employé pour la désigner ainsi que par les stéréotypes et les préjugés de ses employeurs envers les Africains.[192] De ce fait, le couple Dupont désigne la narratrice par le pronom démonstratif «ça» pour parler d'elle. « Avec ça, on est bien avancé ma fille »(PN, 65) Ainsi s'adresse Madame Dupont à son enfant pour faire référence à la narratrice. Et quand monsieur Dupont s'entretient avec sa femme à propos de la bonne d'enfants africaine, il l'interroge: « Mais qu'est-ce que tu veux qu'on fasse avec ça?»(PN, 66) Si la narratrice devient «ça» pour le couple Dupont c'est parce que celui-ci poussé par son racisme lui ôte toute humanité et la ramène à l'état d'une chose qui ne mérite même pas d'être nommée. Birgit Mertz-Baumgartner analyse l'attitude du couple Dupont comme étant « […] une stratégie bien connue de l'époque de la colonisation, nommée par Aimé Césaire dans son Discours sur le colonialisme (1950) «la chosification »[…]chosification qui ôte à l'Autre son individualité et permet au (néo-)-colonisateur de l'assujettir et de le posséder. »[193] Face à la chosification dont elle est victime, la narratrice peut seulement constater amèrement :

> C'était donc ça, C'est pour cela qu'on me regardait comme ça. Je n'étais pas moi avec mon prénom, ni madame, ni mademoiselle, mais *ça*. J'étais donc *ça* et même pas *l'autre*. Peut-être qu'en me désignant comme *ça*, Monsieur éprouvait à mon égard le sentiment que m'inspiraient ces mouches qui s'accouplaient dans sa vaisselle.(PN, ,67)

---

[191] Diome, Fatou (2001) : La préférence nationale. Paris. Editions présence Africaine., p. 64. Dans la suite du travail nous allons désigner le recueil de nouvelles *La préférence nationale* par l'abréviation PN suivie de la mention de la page.

[192] Cf. Mertz-Baumgartner, Birgit : « L'écriture est mon vrai lieu de liberté […] » : Originalité et créativité littéraires chez Fatou Diome, in: Mathis-Moser, Ursula/ Mertz-Baumgartner, Birgit(eds) 2007 La littérature « française » contemporaine. Contact de cultures et créativité. Tübingen. Günter Narr Verlag., p.192.

[193] Ibid.

En plus d'être chosifiée, la narratrice se voit également ramené au stade de l'animosité par la manière dont ses employeurs la regardent et s'adressent à elle. Malgré le sentiment désagréable que cela implique, elle aurait préféré être *l'autre*, cette étrangère inconnue que l'on regarde avec méfiance. Du fait qu'elle place le mot «ça » en italiques dans le texte, l'auteur veut montrer à quel point le dénigrement envers la narratrice est profond.

Pour la femme raciste qu'est Mme Dupont, une nounou africaine est «synonyme d'ignorance et de soumission. »(PN, 70). Et si elle embauche la narratrice, c'est parce que « elle [Madame Dupont] faisait rimer noir avec ignare, ce qui lui permettait d'avoir une employée peu consciente de ses droits, donc facile à manipuler et à exploiter.»(PN, 70). Cependant si la narratrice note qu'en France, « les métiers ont des visages»(PN, 70), c'est parce que « quand vous entendez un marteau-piqueur, inutile de vous retourner, c'est à coup sûr un noir, un turc, un arabe, en tout cas un étranger, qui tient la manette. Quant au bruit des aspirateurs, il signale presque toujours la présence d'une Africaine, d'une Portugaise ou d'une Asiatique.»(PN, 70). Cependant dans la nouvelle, la narratrice relève avec un ton moqueur la prétention de supériorité de ses employeurs qui provient de leur propre ignorance. En traduisant la pensée cartésienne de «*Cogito ergo sum*, c'est à dire 'je pense donc je suis' »(PN, 75) par «Cogitum sum, je suis pensée »(PN, 75) Madame Dupont est convaincue de sa supériorité intellectuelle face à son employée qu'elle « excluait de la discussion avenir »(PN ; 75) en instaurant « une connivence avec son époux »(PN, 75). Lorsqu'elle corrige son employeur en retransmettant la pensée exacte de René Descartes, la narratrice use de l'ironie quand elle dit à Madame Dupont que « les enfants de Monsieur Banania sont aujourd'hui lettrés. »(PN, 76) Dans cette phrase, la narratrice reprend le slogan raciste de « monsieur Banania » pour se désigner elle-même ainsi que pour se moquer de son employeur en lui montrant l'ignorance qui est la base du racisme que cette dernière manifeste envers elle. Selon Xavier Garnier, à travers cette attitude de la narratrice, « la vieille arrogance française est dénoncée par Fatou Diome comme le comportement raciste par excellence.»[194] L'ironie qui caractérise la nouvelle *Le visage de l'emploi* est également soulignée par Birgit Mertz-Baumgartner qui qualifie le recueil de nouvelles d'œuvre tâchée d'ironie et d'humour.[195] Et cette ironie se retrouve également dans la nouvelle *La Préférence*

---

[194] Garnier, Xavier: Op.Cit., p.31.
[195] Cf. Mertz-Baumgartner. Birgit: Op.Cit., pp. 194-195.

nationale où la narratrice n'hésite pas à attaquer indirectement le racisme qui règne dans sa société d'accueil. A travers des phrases comme « […] si vous êtes mariés à un ou une Française […], il vous faudra deux années de baise pour capter l'odeur française, la nationalité» (PN, 83), l'auteur critique la loi française sur la naturalisation des immigrés, se moque de son contenu en le rendant banal et ridicule. La loi sur l'acquisition de la nationalité française à travers le mariage est réduite à une connotation sexuelle à travers cette précision: « Pour les Africaines mariées à des Français, les chances de naturalisation augmentent proportionnellement à l'élasticité de leur utérus, où poussent des fœtus français qui ignorent la préférence nationale.» (PN, 83) Fatou Diome ne mâche pas ses mots pour faire circuler sa pensée dans le texte. Le langage grossier et cru employé dans cette nouvelle concourt à porter un regard critique sur la société d'accueil. Tout comme dans la nouvelle *Le visage de l'emploi*, l'idée de chosification de l'immigrée revient dans la nouvelle *La préférence nationale* avec cette affirmation de la narratrice: «L'Etrangère, ex-épouse d'un Français devient juste un ex-objet exotique. »(PN, 83). Ici, c'est à travers l'exotisme de l'immigrée que découle son assimilation à un objet. Etant donné que transformer l'immigrée en un objet équivaut à la chosifier, «[…]comme tout objet, elle n'a aucun droit, même pas celui de gagner correctement sa vie»(PN, 83) Non seulement elle est chosifiée, mais en outre, la situation de l'immigrée noire en France est pire que celle d'un animal, c'est ce que laisse déduire ce constat de la narratrice:

> J'ai fini par prendre conscience que, dans ce pays, il y a la SPA pour les animaux abandonnés par leurs maîtres, mais rien pour les étrangères que les Français ont livrées à la misère. En fait, alors qu'on me refuse la nationalité, mon chat sénégalais, lui, a ses papiers français. C'est peut-être parce qu'il a le poil roux. (PN, 84)

Une fois de plus on retrouve le ton sarcastique de la voix narrative du texte à la dernière phrase de la citation qui fait un parallèle entre la couleur des poils du chat et celle des Blancs de France qui octroient plus de droits au chat «roux » qu'à l'immigrée « noire ».

La narratrice poursuit son récit à travers l'emploi d'une série de proverbes tels que « Le tronc du baobab ne repose que sur de frêles racines. »(PN, 84) ou « Les caélcédrats des tropiques doivent parfois leur chute à de petits termites, et tout comme la taille d'une fourmilière dépend du nombre de petites ouvrières, une cour royale ne serait rien sans ses valets. »(PN, 84) L'usage de ces paraboles dans le texte amène Alice Granger à qualifier le style du recueil des nouvelles de Fatou Diome «à la fois de classique et coloré, imagé, avec de splendides expressions africaines.»[196] Si Granger souligne à juste titre l'imagerie qui se cache derrière ces paroles, le procédé d'écriture employé par la narratrice tient à donner un enseignement moral au lecteur. A travers les références faites au baobab, au caélcédrat, aux termites, à la cour royale et aux valets, la voix narrative du texte veut transmettre le message selon lequel « les lois des grands ne prennent de l'envergure que lorsque les plus petits décident de les appliquer avec zèle. »(PN, 84) C'est dire que pour qu'il y ait le racisme en France, il ne suffit pas que les textes de lois rendent difficiles les conditions d'intégration des immigrés dans la société française, mais il faut en plus de l'obstacle législatif que les populations contribuent à la discrimination faite aux étrangers à travers la manifestation du racisme.

Comme à l'endroit de Gisèle *dans L'exil selon Julia* de Gisèle Pineau, sont également profanées des paroles *négrophobes*[197] envers la narratrice de *La Préférence nationale* de Fatou Diome. Lors d'un entretien pour un emploi de répétitrice, celle-ci s'entend dire par son interlocutrice alsacienne: « je veux une personne de type européen; [et relevant son menton en pointe de truelle], elle ajouta: je ne veux pas qu'on me bousille l'éducation de mon enfant.»(PN, 91) Ces paroles racistes sont pleines de préjugés et comme Madame Dupont dans *Le visage de l'emploi*, ce personnage associe la couleur noire de la peau de la narratrice à l'ignorance. Face à la réplique de la narratrice qui fait part à la femme alsacienne de sa capacité intellectuelle, cette dernière lui lance une autre déclaration raciste à savoir « Rentre dans ta forêt!»(PN, 92) Les préjugés que la narratrice de la nouvelle rencontre dans sa quête d'un emploi ne se manifestent pas seulement à travers des paroles racistes mais aussi par les gestes des personnes qu'elle rencontre. Alors qu'elle se rend dans une boulangerie alsacienne pour postuler à un emploi de vendeuse, la narratrice remarque le comportement raciste du patron de la boulangerie. « A sa façon de me dévisager, je compris que les éliminations avaient déjà commencé. Ce monsieur n'aimait pas le chocolat vivant.»(PN, 86) Ici c'est le regard discriminatoire du personnage qui est mis en cause. Celui-ci renferme une manifestation du racisme. A travers la métaphore du

---

[196] Granger, Alice: A propos de La préférence Nationale de Fatou Diome, in: http://www.e-litterature.net/general/generalimpriml.php?titre=Diome&num=160.
[197] Ce mot est emprunté à Franz fanon qui l'utilise pour parler de celui qui manifeste du racisme envers les Noirs. Cf point 1.2.1 de la première partie de ce travail.

chocolat vivant, Fatou Diome ajoute un touche d'humour à ce récit pourtant si profond.

Dans la nouvelle *Cunégonde à la bibliothèque*, le racisme est décrit dans le texte à travers la manière méprisante par laquelle les employeurs de la narratrice la traitent. D'abord, on lui donne le surnom de Cunégonde et elle devient un objet de moquerie pour le couple Dupire.

> Dès que la porte s'ouvrait, il [Monsieur Dupire] demandait invariablement à sa femme :
> - Cunégonde est arrivée? »
> Cette impertinente question, il avait commencé par la poser à voix basse; puis, s'enhardissant, il la faisait maintenant sonner en y ajoutant parfois des commentaires destinés à faire rire son épouse.(PN, 101)

L'infériorité de l'*Autre* manifestée à travers le mépris qu'on lui accorde caractérise la manifestation du racisme dans cet extrait de texte et on comprend clairement que le couple Dupire s'amuse aux dépens de la narratrice. Ce mépris se matérialise aussi à travers la manière dont la narratrice est traitée par ses employeurs. Alors qu'ils accordent du respect à la camarade de l'héroïne parce qu'elle est blanche, les Dupire ne se gênent pas quand il s'agit de la femme de ménage noire.

> Il faut savoir que Madame m'accueillait toujours en robe de chambre avec ses gros chaussons, ses cernes, ses cheveux ébouriffés et même parfois des bigoudis. La voir courir et me faire courir au nom de la décence de l'accueil qu'elle réservait à cette étudiante m'agaçait. J'étais jalouse du respect qu'elle témoignait à cette camarade de fac.[...]Les Dupire avait de l'admiration pour elle, et Madame se faisait propre pour la recevoir. Quant à moi, je trouvais l'appartement dans les états les plus dégoûtants.(PN, 105)

La différence que fait Madame Dupire entre la narratrice et sa camarade de l'université implique que la première est vue par les employeurs comme une personne inférieure pour qui aucun effort de bonne conduite ne doit être fait alors que la seconde est traitée comme une personne égale. Ce qui justifie l'emploi des termes «décence de l'accueil», «respect», «admiration» quand le texte parle de la répétitrice blanche alors que faisant allusion à la femme de ménage noire, ces termes sont absents. En tant qu'employée dans la famille Dupire, la narratrice constate que « Pendant un an, les Dupire m'ont exposé leurs saletés, leurs tares et leur vulgarité, qu'ils maquillaient dès qu'ils étaient en présence de gens qu'ils supposaient éduqués, c'est-à-dire de leurs semblables, qui la plupart du temps n'avaient rien à apprendre aux orang-outangs».(PN, 106)Blessée dans son amour propre, l'héroïne du texte opte pour l'indifférence face au comportement des ses employeurs car d'après celle-ci, « Lorsqu'on est bafoué, nié, on se forge une carapace, que certains appelleront courage, et d'autres, orgueil; mais quel que soit son nom, cette carapace permet de sauver ce morceau de dignité qui assure la passerelle entre soi et le reste des humains. »(PN, 106) En décidant de ne pas réagir face au comportement raciste des Dupire, l'héroïne de Fatou Diome adopte l'attitude de Gisèle dans *L'exil selon Julia* qui suit les conseils de sa mère quand cette dernière lui demande d'ignorer les paroles racistes profanées à son endroit.

Dans la nouvelle *Cunégonde à la bibliothèque*, on relève aussi la fonction moralisatrice qui se dégage du texte lorsque Monsieur Dupire réalise que sa femme de ménage qu'il a toujours méprisée est une intellectuelle. Comme le souligne Alice Granger, la narratrice réussi à faire perdre la face à ses employeurs[198] lorsque ceux-ci découvrent qui elle est véritablement:

> Ses épaules [Monsieur Dupire] s'affaissèrent, ses traits déformés se figèrent et son visage rouge semblait contenir tout le mauvais vin qu'il avait ingurgité dans sa vie peu raffinée. Il était coloré par la gêne. L'ayant crucifié des mes yeux pendant quelques instants, je lui envoyais mon grand sourire de femme de ménage avant de partir avec mes livres sous le bras. Il me suivit du regard sans bouger. Cette fois, il ne considérait ni ma coupe ni mon décolleté, mais l'étendue de sa bêtise. Dupire venait de comprendre qu'aucune de ses goujateries n'avait échappé à ma cervelle de femme de ménage qu'il supposait peu élastique. (PN, 110)

Comme avec Madame Dupont dans *Le visage de l'emploi*, la narratrice réussit une fois de plus à rendre son employeur mal à l'aise car elle confronte celui-ci à l'inauthenticité de ses préjugés envers elle. La description ici faite de Monsieur Dupire fait apparaître un personnage couvert de honte que la voix narrative du texte n'omet pas de nous présenter avec sarcasme. Se moquer des racistes convaincus de leur supériorité envers les étrangers et présenter les limites de leur raisonnement borné, telle est la pensée qui accompagne les trois nouvelles de Fatou Diome que nous avons analysées dans cette partie de notre travail. Et si la politique d'intégration des immigrés en France est plusieurs fois critiquée dans *La préférence Nationale*,

---

[198] Granger, Alice: Op.Cit.

c'est avec un ton humoristique que l'auteur aborde la question du racisme dans son recueil de nouvelles.

Tout comme *L'exil selon Julia* de Gisèle Pineau et *La préférence nationale* de Fatou Diome, le roman *Amours sauvages* de Calixthe Beyala problématise aussi le thème du racisme. Seulement à la différence des deux premiers textes, le troisième présente le racisme non seulement au sein de la société, mais il aborde aussi le problème des mariages mixtes entre Blancs et Noirs. L'héroïne du roman Ève-Marie est une Africaine mariée à un Français et celle-ci constate que son union est très mal appréciée dans l'entourage de son mari quand ce dernier lui révèle: «sais-tu que je t'ai épousée malgré la désapprobation de tous nos amis blancs?»[199] C'est délibérément que l'auteur a juxtaposé les mots «amis » et « blancs». Ceux-ci mettent l'accent sur l'appartenance raciale en ce qui concerne le mariage. La désapprobation des Blancs montre par conséquent l'inacceptation de la construction d'un couple mixte. Au sein de la société également, le refus de la mixité raciale est exprimé à travers cette appréciation dégoûtante que font les policiers à la narratrice à propos de son époux: « Le schéma psychologique de votre mari ne laisse rien présager de bon. On n'épouse pas une pute noire sans carreau en moins.»(AS, 120) Ces paroles négatives du policier interviennent au commissariat alors qu'Ève-Marie s'y rend pour signaler la disparition de son mari. Pléthore, le conjoint de l'héroïne est qualifiée de personne n'ayant pas toutes ses facultés mentales parce qu'il a épousé une Africaine. Certes le passé de prostituée d'Ève-Marie contribue également à condamner sa relation avec Pléthore mais c'est la couleur de peau du personnage féminin qui est vue comme facteur gênant dans l'expression « pute noire ». A force de voir sa relation critiquée, Ève-Marie commence aussi à douter de l'issue de son union avec Pléthore et interroge son mari: «Penses-tu que nous vieillirons ensemble? Demandais-je entre deux ou trois voix qui résonnaient au loin. J'en connais pas de couples mixtes qui ont fini leur vie côte à côte.»(AS, 185) L'inquiétude de Ève-Marie est due non seulement au regard négatif de la société sur son mariage mais également aux interrogations qui l'envahissent et lui rappellent les paroles de sa copine: « Et si ses négresses avaient raison? Si les sentiments entre noir et blanc étaient impossibles, comme la semaine de six samedis?»(AS, 80) Ces questions rhétoriques montrent à quel point la narra-

---

[199] Beyala, Calixthe(1999): Amours sauvages. Paris. Albin Michel., p.120. Dans la suite de notre travail nous allons employer l'abréviation AS pour désigner le roman *Amours sauvages*. Celle-ci sera suivie de la mention de la page.

trice est tourmentée par les inquiétudes relatives à l'issu de son mariage. Malgré les déclarations de Pléthore qui veut rassurer son épouse avec des paroles telles que: « [...] je refuse de voir notre différence et de couleur et de culture comme un problème.»(AS, 186), Ève-Marie persiste dans le doute. L'angoisse de l'héroïne est justifiée et accentuée lorsque son mari commet l'adultère et la trompe avec sa maîtresse blanche.

> Notre couple- comme des millions de ses semblables- portait en son sein les germes des dissonances historiques inavouées. J'avais aimé Pléthore comme une esclave aime son maître, avec méfiance. J'avais craint sans me l'avouer qu'il ne fût attiré que par mon exotisme et par ces préjugés sexuels qui accompagnaient l'existence des noires, les enclavaient et déterminaient leurs rapports au monde. Sans m'en rendre compte, j'avais pris prétexte de son infidélité pour lui faire payer les bavures de l'humanité. (AS, 159)

Voyant son mariage sombrer à cause de l'infidélité de son mari, la narratrice attribue cette trahison de son conjoint aux préjugés racistes qui prévalent autour de leur couple. La relation entre Pléthore, l'homme blanc et sa femme noire Ève-Marie est ramenée aux rapports d'esclaves entre Blancs et Noires. Par ailleurs la femme noire est présentée ici comme objet de convoitise sexuelle que s'approprie l'homme blanc juste pour apaiser sa curiosité. Selon Suzanne Gehrmann, le titre du roman est déjà porteur d'un message car l'expression amours sauvages fait ironiquement allusion aux mythes coloniaux concernant « les sexualités primitives » et peut être lu comme un pastiche des titres ethnographiques dans le style des coutumes sexuelles des sauvages dans la jungle.[200] Ainsi la question de la sexualité de la population immigrée décrite dans le texte occupe une place primordiale dans la narration de l'expérience migratoire des personnages, non seulement en rapport avec le métier de prostituée exercé par plusieurs figures d'immigrées féminines du récit à l'instar de l'héroïne et narratrice Ève-Marie mais aussi au regard des rapports légitimes de couples entre Blancs et Noirs. Calixthe Beyala critique justement l'intolérance que manifeste la société blanche française envers ces couples mixtes à travers la voix de la narratrice qui souligne : « La vue d'un couple noir-blanc dans la rue me donnait des ulcères. 'C'est du temps perdu!' »(AS, 166) De façon ironique, l'auteur critique le racisme

---

[200] Cf. Gehrmann, Suzanne: Bodies in exile : Performativity in Ken Bugul's and Calixthe Beyala's migrant text, in : Arndt, Susan/ Brunski, Marek Spitczak (Hg) 2006 : Africa and Diaspora in African Literatures. Bayreuth: Bayreuth University. Bayreuth African Studies Series 77., p .303.

manifesté envers les couples mixtes et c'est à travers l'exemple d'un jeune couple d'adolescents, que cette question est soulevée dans le texte.

> Par un après-midi radieux où je me promenais au parc de Belleville, je vis deux adolescents se sucer la langue. La négresse portait un chandail bleu marine sur un jean. Ses tresses, telles de minuscules feuilles de cocotier, floculaient au vent. Le garçon, un blond imberbe, répondait à ses câlins et roussissait.
> - Tu peux pas l'aimer, criai-je en tapant des pieds.
>
> Les amoureux stoppèrent leurs câlineries, m'observèrent avec cette supériorité qu'octroient la décence et la bienséance. J'en fus si honteuse que moi, pauvre folle, je m'expliquai en ces termes:
> - Que connais-tu de la culture de cette fille, hein? Vas-tu aimer l'odeur du miondo? Et celle du manioc ? Et celle du kwem ? Ha, ha !tu vois bien que tu ne peux pas l'aimer vraiment !
> - T'es maboule, ma vieille ! dit la négresse.
> - La ferme ! criai-je, Tout ce qu'il veut, c'est ton cul!
>
> Sans me donner l'ultime chance de développer mes allégations, ils s'éloignèrent en se moquant de mes délires et de mes manquements.(AS, 167-168.)

En voulant dissuader le jeune couple mixte d'adolescents de poursuivre leur relation, Ève-Marie se base sur son expérience personnelle pour douter de la réussite d'un mariage mixte. Deux raisons sont évoquées dans la citation comme cause de l'échec de l'union entre Blanc et Noir. Premièrement, la narratrice évoque le problème culturel. Elle présente la différence culturelle comme frein à l'épanouissement du couple mixte. Ceci étant, Calixthe Beyala emploie une langue métissée composée du mélange des langues nationales du Cameroun avec les mots « miondo» ou encore «kwem» et du français standard. L'introduction des ces africanismes dans le texte de Beyala conduisent à la création d'une écriture décentrée d'après l'expression de Michel Laronde.[201] Deuxièmement le problème de la sexualité exotique de la femme noire est une fois de plus évoqué comme cause de l'échec du couple mixte. Notons par ailleurs le langage grossier employé par Beyala pour aborder cette question. Cependant dans le roman *Amours sauvages* (Beyala: 1999), la narratrice réussit à créer une complicité avec le lecteur à travers des déclarations comme « Vous l'avez sans doute compris, chers lecteurs: je n'étais pas assez imbécile pour vivre un bonheur sans nuage, mais pas assez intelligente pour cueillir des pommes avec Newton ou courir la bagatelle avec Einstein! »(AS, 141) Ici la voix narrative du texte s'adresse

---

[201] Cf. le point 1.3.2 du premier chapitre de ce travail.

directement au lecteur. A travers cette technique d'écriture, l'auteur implique le lectorat dans le récit et le transforme en personnage passif de la narration.

4.2 L'image de l'immigré(e) dans les romans parisiens de Calixthe Beyala

« 'UNE FAMILLE D'IMMIGRÉS DÉCLARE DES FAUSSES NAISSANCES ET DÉTOURNE PLUSIEURS MILLIONS DE CENTIMES AUX ALLOCATIONS FAMILIALES' »[202]. (PPB, 238) Quand il raconte son histoire, Loukoum, le protagoniste du roman *Le petit prince de Belleville* (Beyala : 1992), note que cette déclaration est faite à propos de sa famille dans un journal parisien. A travers cette phrase, le texte nous donne une image négative de l'immigré dans la société française car il est présenté au public français dans les medias (ici en particulier dans la presse écrite) comme une personne malhonnête qui ne respecte pas les lois de son pays d'accueil et qui veut abuser du bien-être que lui procure la France. De plus, l'image négative du personnage immigré dans le roman est soulignée par Abdou Traoré, quand il prend la parole pour crier les douleurs de son exil et mentionner la discrimination dont il est l'objet dans sa société d'accueil: « A la police des frontières, tu as immatriculé mon corps et tu l'as enrobé de mépris, de haine. Dans tes yeux grands ouverts, j'étais déjà suspecté de viol ou de meurtre. Un obsédé sexuel. Un amas de boue chargé d'obstruer les mémoires et de propager le sida.» (PPB, 35) Déjà dès son arrivée sur le sol français, Abdou, l'immigré africain se rend compte des préjugés qu'ont les policiers français à son endroit. Du simple fait de la couleur noire de sa peau et de son origine africaine, le personnage est immédiatement assimilé à un potentiel violeur ou à un meurtrier. La haine que provoquent ces préjugés est par conséquent la cause de la discrimination que vit Abdou durant tout son séjour en France.

Dans les romans parisiens de Calixthe Beyala, l'univers que représente l'espace de Belleville témoigne de la marginalisation et de la discrimination dont est victime la communauté immigrée qui y habite. Celle-ci vit en marge de la société française dans une sorte de communautarisme ou tout contact entre l'immigré et le français est rare. De ce fait nous qualifions Belleville, cette banlieue parisienne d'hétérotopie dans la mesure où elle est un lieu renfermé à l'intérieur d'un autre lieu en occurrence

---

[202] Cette citation est également écrite en majuscule dans le texte.

la ville de Paris.[203] En dehors de Loukoum qui côtoie les français à l'école, toutes les autres figures immigrées du récit restent figées dans un environnement essentiellement constitué d'immigrés d'origines diverses. Cette approche est partagée par Ayo Abiétou Coly quand il précise à propos de la signification de Belleville dans *Le petit prince de Belleville* et *Maman a un amant*:

> Belleville is symbolic of the shattered dreams of these immigrants. An immigrant ghetto in the suburbs of Paris, Belleville shows the marginalization of the immigrants. Cornered there, the immigrants are undesirable in other areas of the city. Their space is restricted to Belleville.[204]

Dans *Le petit prince de Belleville* (Beyala:1992), cette marginalisation qui caractérise la population immigrée se fait ressentir lorsque le protagoniste Loukoum quitte Belleville accompagné d'Aminata et de l'oncle Kouam. Dans la voiture, le jeune garçon constate que « Paris, c'est beaucoup plus grand que n'importe où.»(PPB, 214) Il se rend compte que la capitale française ne se limite pas seulement à l'espace bellevillois qu'il connaît mais que celle-ci comporte « tellement de rues et de voitures que si on se met à rouler dedans, on est sûr de dormir là et de crever de faim sans que ça dérange personne.»(PPB, 214) Le lecteur ne sera pas surpris d'apprendre que lors de cette petite excursion hors de Belleville, Loukoum note: «on s'est perdu dans les embouteillages et on ne savait plus où on était.»(PPB, 214) En faisant cet aveu, le protagoniste prouve que les personnes qui l'accompagnent tout comme lui-même ne possèdent aucune orientation géographique dans la ville de Paris car étant tous des immigrés uniquement cantonnés dans la banlieue de Belleville.

Dans *Maman a un amant* (Beyala:1993), lorsque la famille Traoré se rend en Lozère, l'accueil qui leur est réservé dans la campagne française s'accompagne d'une série de préjugés envers les Noirs. A la vue des immigrés, le propriétaire de la ferme les prend directement pour des malfrats et dit: « Y a longtemps que je sais que la France appartient aux brigands. Ne vous gênez pas. Prenez les meubles, les poules, les œufs...Mais... » (MAM, 33). Ces propos de Madame Trauchessec montrent qu'elle

---

[203] A propos du terme *hétérotopie*, cf. le point 1.2.1 du chapitre un de ce travail.

[204] Coly, Ayo Abiétou (2002): Neither Here nor There: Calixthe Belaya's Collapsing Homes, in: Research in African literatures: official Journal of the African Literature. Bd 33(2) Bloomington : Indiana University Press., p. 38.

ne se donne pas la peine de considérer les immigrés noirs comme des hôtes. Alors qu'elle s'attend à recevoir des nouveaux locataires pour les chambres qu'elle loue dans sa ferme, il ne vient pas à l'idée à cette dernière que la famille Traoré peut constituer les nouveaux occupants de sa ferme. La première idée qui vient à l'esprit de la Française est que ces Noirs présents dans sa ferme sont des truands. Ce n'est qu'après avoir fait les présentations que la bailleresse reconsidère les immigrés noirs. A juste titre on comprend l'indignation d'Abdou Traoré qui, fasse à la réaction de Madame Trauchessec affiche son mécontentement: « Sacré nom de Dieu! Il [Abdou] fait. C'est toujours la même histoire dans ces bleds paumés. Ou ils vous prennent pour un sauvage, ou ils vous prennent pour un trousseur de cadavres.» (MAM, 33). On note explicitement l'allusion faite aux préjugés racistes qui prévalent au sein de la société à l'endroit de l'immigré noir. Dans le passage ci-dessus, le narrateur Loukoum revient sur l'attitude bornée des populations des campagnes françaises pour lesquelles, le Noir reste une curiosité:

> Les jours suivants, on s'est vraiment amusé. On a escaladé les montagnes. On a visité les environs. Nous portions nos gueules de Nègres en porte-drapeau, on marchait dans la ville. Ça en faisait une tribu! Les gens sortaient de leur maison, exprès. Ils nous regardaient, ils fouillaient nos tronches de garnison exotique. Pas comme à Paris où blanc, jaune ou noir, personne ne fait attention à ta gueule et tu peux toujours te la casser au coin d'une rue, tout le monde s'en fout. J'étais très fier. C'est vrai quoi! C'est pas tous les jours que ceux-là voyaient des Nègres en colonie. (MAM, 65)

A la ville de Paris qui est présentée comme un espace cosmopolite caractérisé par la présence d'habitants d'origines différentes, s'oppose ici l'image de la campagne française truffée de préjugés raciaux.[205] Cependant au-delà de l'analyse des clichés racistes envers les Noirs, Odile Cazenave mentionne le style humoristique utilisé par

---

[205] Nous tenons à relever ici que même si la ville de Paris peut apparaître à travers cette analyse comme un espace de cohabitation entre les peuples de cultures, de couleur de peau et d'origines différentes, à l'inverse de la campagne française, notre intention n'est pas de glorifier et de présenter la capitale française comme un exemple positif d'intégration des immigrés. L'analyse entend uniquement relever la différence encore très criarde entre l'espace urbain et rural français en matière de préjugés raciaux et racistes sans perdre de vue que même à Paris il reste beaucoup à faire pour combattre les stéréotypes et favoriser l'intégration des immigrés noirs. C'est d'ailleurs ce que nous nous sommes attelés à prouver dans le premier chapitre de ce travail et ainsi que dans l'analyse des textes.

Calixthe Beyala dans ses textes pour aborder le problème racial dans la société française.[206] Selon Cazenave, le style ironique employé par Beyala pourrait conduire à une contre-lecture du message propagé par l'auteur auprès d'un lectorat non avisé et étranger au style littéraire de la romancière. A travers des exemples comme « Sûr que je ne suis pas encore dangereux, vu que je n'ai pas encore l'âge pour être un voyou.»(MAM, 129) Beyala court le risque de cultiver les préjugés racistes qu'elle veut combattre au lieu de les anéantir.[207] C'est la raison pour laquelle les textes de Beyala doivent être analysés ironiquement pour retransmettre dignement la pensée de l'auteur.

Mis à part l'ironie qui parcourt ses romans, le sentiment de rejet que ressent l'immigré et qui est issu des préjugés et de l'image négative propagée de lui dans la société française se fait ressentir chez Abdou à travers les souvenirs qu'il développe envers sa terre natale. Selon Alain Philippe Durand, Abdou ressent une certaine nostalgie par rapport au pays de ses aïeux car il reste figé dans un espace d'origine qui est devenu imaginaire. Cependant Loukoum semble plus inséré dans l'espace d'accueil à travers l'école, la télévision et son amour pour Lolita.[208]

La nostalgie que ressent Abdou est renforcée par la situation précaire dans laquelle il vit dans sa terre d'exil. Il travaille au service des poubelles et habite un « deux-pièces sans ascenseur où toute la famille Traoré s'entasse comme une pile de couvertures.»(MAM, 131).

La description de son logement fait ressortir la triste condition de la famille Traoré en France. La crise nostalgique d'Abdou devient plus grave quand il perd son emploi et à juste titre, Ayo Abiétou Coly parle de «psychological breakdown»,[209] celui-ci étant également engendré par la prise de conscience féminine de ses deux épouses M'ammaryam et Soumana. Devenu un chômeur, Abdou connaît une dégradation de sa situation financière, situation qui s'empire quand il est arrêté par la police pour avoir fait des fausses déclarations aux services des allocations familiales. Dans sa déprime, le café de Monsieur Guillaume, lieu de rencontre des immigrés permet à Abdou et aux autres personnages immigrés du texte de créer un espace fictif, une

---

[206] Cf. Cazenave, Odile (2003): Op.Cit., p.228.

[207] Ibid.,p. 227-228.

[208] Durand, Alain Philippe (1999): Le côté de Belleville. Négociation de l'espace migratoire, in: Etudes francophones. Bd.14(2)., p.54.

[209] Coly, Ayo Abiétou: Op.cit., p.41.

espèce de Third Space,[210] un endroit à mi-chemin entre l'Afrique et l'Europe où ils peuvent oublier la nostalgie du pays natal. A travers la précision suivante « Alors nous nous sommes réfugiés au café de Monsieur Guillaume,» (PPB,12) ce lieu de rencontre de la population de Belleville devient un lieu de refuge qui permet à l'immigré d'oublier provisoirement sa situation misérable en terre d'exil et lui offre la quiétude dont il a besoin lorsqu'il est confronté à la douleur de l'exil. Etant donné que dans son appartement bellevillois, Abdou se plaint du fait que: « depuis que les femmes servent de longues rasades d'indépendance dans ma maison, depuis qu'elles boivent de cette sève, j'apprends à ne plus être un homme.»(PPB, 162) c'est hors de l'espace domestique, au café de Monsieur Guillaume que celui-ci veut surmonter sa dure condition d'immigré malien dans l'espace bellevillois en côtoyant d'autres immigrés qui comme lui vivent dans la précarité.

Pour transmettre son message au lecteur, Calixthe Beyala utilise une technique d'écriture qui se caractérise par l'alternance des voix narratives dans ses deux romans bellevillois. Dans *Le petit prince de Belleville*, tandis que la voix narrative du protagoniste Loukoum narre au lecteur les conditions de vie de sa famille au sein de la communauté immigrée de Belleville, celle de son père Abdou, a une fonction moralisatrice dans le texte car d'un côté elle relate les difficultés liées à l'immigration et de l'autre côté, elle vient à chaque fois interrompre le récit de Loukoum pour donner des enseignements au lecteur. Cette analyse rejoint celle de Jacques Chevrier selon qui dans *Le petit prince de Belleville*, les deux voix du récit ont des portées différentes. D'après le critique, la voix du protagoniste Loukoum représente le métissage culturel en France et la modernité de l'Occident car le petit côtoie plusieurs univers en occurrence son univers des immigrés à Belleville et celui occidental à travers l'école française. A l'inverse, la voix du père Abdou Traoré représente les horreurs de l'immigration et l'amertume de la figure du travailleur immigré dont il est lui-même un exemple.[211] Nous tenons également à noter concernant le style du roman que l'auteur utilise deux niveaux de langue différents en fonction de la voix narrative qui s'exprime. Quand c'est Loukoum qui prend la parole, Beyala utilise un langage familier qui se caractérise par l'usage des mots incomplets et l'omission de plusieurs

---

[210] Cf. Bhabha, Homi: The location of culture., Op.Cit.

[211] Chevrier, Jacques(2001): Calixthe Beyala: Quand la littérature féminine africaine devient féministe, in: Notre Librairie. Revue des littératures du Sud . No 146. Nouvelle génération Octobre-Décembre., p. 24.

lettres qui sont remplacées par des apostrophes. Le «je» pronom personnel qui marque la première personne du singulier devient «j'» tout comme « se », le pronom pronominal devient «s'» et «ce», le pronom démonstratif est remplacé par «c'». A travers des phrases comme « Mais ces nanas de chez nous, c'est pas pareil. Elles se décarcassent pour leurs pauv' mecs, toujours à s' tourmenter pour c'qu'ils vont bouffer!» (PPB, 15), on note sans ambages l'absence d'esthétique dans le langage avec l'emploi des mots comme « mecs » ou « bouffer » qui se rapportent à un langage familier.

Cependant dans les textes rapportés à travers la voix narrative d'Abdou, on a plutôt à faire à une langue soutenue accompagnée d'un langage soigné. En outre, les interventions du père de Loukoum sont écrites en italique et portent une mention poétique. Ainsi dans le texte qui ouvre le récit, on peut lire:

> La culture c'est pour tous.
> De gré ou de force.
> Education OBLIGATOIRE.[...]
> La magie des raisons contraires m'échappe.
> J'ai longuement pensé à cette affaire.
> Je ne reconnais plus les miroirs visibles.
> Chaque jour nourrit mes yeux hagards.
> D'autres mots se forment contre les miens.
> L'argot des générations de ceux qui détiennent le savoir, la science.
> Et mon âme? Eh bien mon âme s'accroche aux voyages inaccessibles.
> Mal en chair par le poison de l'exil.
> Je suis si peu de ce monde que je préfère céder .
> (Abdou Traoré,
> père vénéré de Loukoum) (PPB, 5)

Hormis le français standard qui caractérise ce passage, on note ici l'usage des phrases très courtes qui se rapprochent du genre lyrique et s'éloignent de la narration. Une autre manifestation de la mention poétique du texte est le fait que chaque phrase commence par une nouvelle ligne. Certes nous avons aussi des paragraphes et des phrases longues qui se succèdent dans les autres interventions d'Abdou Traoré mais celles-ci sont aussi rapportées dans un style direct comme dans une conversation entre deux interlocuteurs. A plusieurs reprises, Abdou nomme directement le destinataire de ses messages quand il précise: « Non, l'ami, cesse de me décocher des paroles blessantes, de me soupeser comme trois kilos de soleil perdu.»(PPB, 35). L'analyse du texte nous permet clairement de déduire que l'ami dont il est question ici est le lecteur européen à qui Calixthe Beyala s'adresse à travers la voix du personnage qu'elle crée. Si à certains endroits Abdou Traoré tutoie son destinataire, c'est pour briser toutes les barrières linguistiques qu'impose la forme du vouvoiement et se rapprocher de son interlocuteur pour faire passer son message. Cela donne conséquemment une connotation épistolaire aux textes d'Abdou, connotation que renforce la mention du nom du locuteur à la fin de chaque texte. Le lecteur est à juste titre amené à assimiler les textes du père de Loukoum à des lettres que celui-ci envoi à un destinataire européen pour parler à ce dernier de sa condition d'immigré dans sa terre d'accueil qu'est la France.

Pareillement dans *Maman a un amant* nous avons une structure semblable du deuxième roman bellevillois de Calixthe Beyala. Tandis que Loukoum devenu plus grand continue à raconter la vie de sa famille à Belleville, la deuxième voix narrative du texte change. Cette fois, c'est M'ammaryam, la mère du protagoniste qui intervient dans le récit par des textes en italiques qui viennent interrompre la narration de Loukoum et instruire le lecteur. Contrairement à son époux Abdoul dans *Le petit prince de Belleville*, M'ammaryam ne décrit pas seulement sa situation d'immigrée quand elle prend la parole mais elle parle également sa condition de femme africaine. Elle s'adresse également au lecteur dans un ton poétique et cette fois le destinataire est clairement identifié comme la lectrice européenne puisque M'ammaryam l'interpelle maintes fois par le terme « l'Amie ». C'est par conséquent la femme africaine immigrée que représente M'ammaryam qui s'adresse à la femme occidentale et en particulier française. De même que pour les textes d'Abdou Traoré dans *Le petit prince de Belleville*, les interventions de M'ammaryam dans *Maman a un amant* sont suivies du nom de la locutrice et portent également une empreinte épistolaire.

Tout comme dans *Le petit prince de Belleville*(Beyala: 1992), Loukoum continue de s'exprimer dans un style argotique dans *Maman a un amant*(Beyala: 1993) et ses propos marquent le contraste avec les interventions de M'ammaryam qui relèvent clairement du niveau de langue soutenue comme le montre à titre d'exemple, cet extrait tiré du texte introductif du roman: « Oh, l'Amie, je veux te raconter une histoire, une histoire tel un chemin dont on ignore l'itinéraire et qui traîne ses hésitations. Et si ma raison parfois frôle l'abîme, j'accouche, insatisfaite, de ces lignes sans pitié.»(MAM,5) A ce texte de M'ammaryam, s'oppose celui de Loukoum beaucoup moins soigné:

> Toujours est-il que pour les vacances, j'étais heureux à chialer. Il y avait du remue-ménage dans ma tête et, là encore, la nature est intraitable et ton cœur bat à une telle vitesse qu'il te précède partout où tu veux aller. Si bien qu'en voulant garder le secret, les mots sortent d'eux-mêmes de ta bouche. C'est les lois des organes. Ils prennent leur indépendance. Et quand j'ai annoncé à mon copain Alexis qu'on partait, il en est resté le cul sur le ciment. (MAM, 9)

Avec l'usage des termes comme « chialer » ou encore «le cul sur le ciment» Beyala reste dans le langage familier et cultive le niveau de langue bas déjà amorcé dans *Le petit prince de Belleville* et qui est employé dans les interventions du narrateur Loukoum.

Cependant dans ses autres textes parisiens, Calixthe Beyala emploie un style différent. Dans *Assèze l'Africaine*, la structure du texte comporte deux parties dont la première rapporte uniquement la vie d'Assèze au Cameroun tandis que la deuxième est consacrée aux circonstances de l'émigration du personnage en France et à la narration de ses conditions de vie dans la société française. En outre le roman se caractérise par la présence d'un texte introductif qui annonce le contenu du roman et qui sert en quelque sorte de préambule au récit proprement dit. Par ailleurs, le récit narratif d'Assèze est à plusieurs reprises interrompu par les évocations des scènes qui viennent couper l'évolution chronologique de la narration. Ces interruptions qui interviennent dans le texte sont rapportées au présent de l'indicatif et présentent un contraste par rapport au reste de la narration qui est faite à l'imparfait et au passé simple. De sus, elles se rapportent à la situation d'Assèze en France et sont des flash-forward qui annoncent les évènements à venir dans le récit. Au chapitre six de la première partie. Alors qu'elle relate encore sa vie d'adolescente dans son village au Cameroun le lecteur lit soudain:

> Mon mari s'inquiète quelquefois de ma passivité. Il m'a menacée de divorcer si je continue à ne vouloir rien faire. [...]
> Je me demande bien ce que mon mari va dire quand il verra que j'écris un roman sur ma vie. Il ne connaît rien de mon passé et des circonstances qui m'ont poussée à laisser Sorraya mourir. (AA, 44)

Bien qu'ils interviennent bien plus tard dans le récit, la narratrice et héroïne du roman Assèze évoque brièvement deux personnages notamment son mari et Sorraya et ne prend pas la peine de donner plus de précisions au lecteur sur l'identité de ceux-ci. En utilisant ce procédé narratif, Beyala éveille la curiosité du lecteur au moyen des informations données dans ces prolepses.

Concernant la langue employée dans le texte, nous avons un langage hétérogène composé d'éléments du français standard auxquels l'auteur associe des termes du français parlé en Afrique ou issus de sa langue maternelle l'éton. A titre d'exemple, on peut citer les mots comme *poulassie,*[212] terme que la grand-mère d'Assèze utilise à plusieurs reprises dans le texte pour désigner la langue et l'école française.

Au-delà de l'esthétique du texte, lorsque Assèze fait mention des ses conditions de vie en France, celle-ci relate les difficultés auxquelles elle est confrontée en tant qu' immigrée dans le milieu parisien et décrit son arrivée chez Madame Lola comme suit:

> J'arrivai à Paris un après-midi du mois d'octobre dans un quartier proche de la gare du Nord dont je tairai la situation exacte pour ne pas gêner les honorables personnes qui y vivent. Je débarquai à l'adresse indiquée et crus m'être perdue. L'ancienneté des lieux me fit penser que j'étais arrivée dans un monde nouveau. Un grand portail rouge en fer rouillé gardait l'accès de l'immeuble. L'immeuble lui-même, bourgeois en son temps, n'aurait plus abrité un clochard des temps modernes. Les murs dégringolaient, les fenêtres brinquebalaient, la cour puait le pipi de chat. L'atmosphère était hagarde et poisseuse. Des Nègres allaient, venaient, se souriaient et dévoilaient leurs racines africaines, si longues qu'elles traînaient dans la cambuse. (AA, 234)

Bien que la narratrice décide de ne pas dévoiler le nom du quartier parisien ici décrit dans le texte tout porte à croire qu'il s'agit de Barbès. La situation géographique faite dans le texte correspond à ce quartier qui se caractérise par une forte concentration d'immigrés africains et un mauvais état des habitations dans lesquelles ils logent. Dans la description faite ici par Assèze, on retient surtout l'accent mis sur le vieillissement et l'état de délabrement avancé de l'immeuble décrit. A cela s'ajoute l'insalubrité que procure l'odeur nauséabonde de « pipi de chat » mentionnée dans le texte. Cette description s'éloigne de l'image idéaliste de la France que se font les candidats africains à l'immigration et présente plutôt l'hexagone comme un pays où l'immigré est loin d'expérimenter l'aisance qu'il croit obtenir en France en quittant sa terre natale. Ce clivage entre réalité et illusion est rendu plus évident dans le texte lorsqu' Assèze fait la description de la chambre qu'elle reçoit de Madame Lola:

---

[212] Ce mot est également écrit en italique dans le roman.

> La chambre était reprisée à plusieurs endroits. Les soupentes, le par-terre, les tuyaux, les lampes étaient en lambeaux. Il était indéniable que des générations d'humains, de rats, de cloportes et de souris avaient vécu là. Elles avaient fait chacune des trous et, à force de souffrir, la chambre était devenue une vraie passoire. Quatre lits superposés et trois d'entre eux, défaits indiquaient qu'elle était déjà occupée. [...]
> Ce n'était pas le Paris dont je rêvais, mais c'était Paris et je ne demandais pas de miracle à l'avenir, juste un petit pas. (AA, 238-239)

Assèze manifeste certes la déception qu'elle ressent à son arrivée dans ce lieu qui ne correspond pas à l'image qu'elle s'est faite de Paris mais elle se résigne à rester en France et décide d'affronter les difficultés liées à sa condition d'immigrée clandestine.

Lorsqu'elle poursuit sa narration en présentant les immigrés qui habitent l'immeuble dans lequel elle loge, on comprend qu'Assèze veut montrer l'antagonisme entre l'image qui prévaut en Afrique sur l'immigré africain en France et sa véritable situation sociale dans le territoire français:

> C'était l'immeuble des durs qui n'atteignaient jamais la maturation nécessaire, et même quand ils se sacrifiaient à quelques travaux rétribués, ils ne parvenaient jamais à obtenir un statut stable et demeuraient exilés dans la société; c'était aussi l'immeuble des Africains à la conquête de la modernité qui y faisaient halte avant de s'avancer respectueusement pour se perdre dans Paris. Plus tard, on pouvait revoir des Africaines que Paris laissait tomber de son cotillon, comme une belle qui secoue les miettes de son goûter. Elles arrivaient, le visage sculpté mille fois plus cruellement par leur vie à Paris que par le passage des ans qui érode les bronches sans épargner robes de lamé ou velours cramoisi. (AA, 234)

La marginalisation, le misérabilisme et la mise à l'écart de la société française caractérisent les immigrés de cet immeuble qui abrite Assèze. Le fait que les habitants de ce lieu « ne parvenaient jamais à obtenir un statut stable et demeuraient exilés dans la société » (AA, 234) témoignent leur difficile voire impossible intégration dans la société d'accueil et leur vie en marge de la communauté. Sans doute Beyala critique ici l'inefficacité de la politique d'intégration française en présentant les immigrés dans *Assèze l'Africaine* comme des citoyens de deuxième rang que « Paris laissait tomber de son cortillon »(AA, 234) et qui pour nier l'échec de leur immigration en terre française préfèrent une vie précaire et marginale à toute éventualité de retour au pays natal. En faisant la description des habitants de l'immeuble, la narratrice s'attarde sur ses trois colocataires et sur la situation de celles-ci en France. Dans le récit, Assèze prend la peine de les décrire individuellement et les surnomme les « Débrouillardes ».[213] Cette appellation correspond à la situation instable dans laquelle vivent ces trois immigrées puisqu'elles logent comme Assèze chez Madame Lola dans une chambre délabrée et insalubre et exercent des petits métiers pour assurer leurs subsistances comme le montrent les conditions de travail difficiles auxquelles Assèze et les débrouillardes sont soumises:

> Monsieur Sadock tenait un atelier de couture clandestin. [...] il prônait la main-d'œuvre efficace payée à moitié prix et adaptable selon les besoins. Pas question de refuser les heures supplémentaires et de réclamer des congés payés. Nous étions treize filles usées dans l'entreprise, sous la haute surveillance du contremaître, monsieur Antoine. [...] Les filles s'attelaient à l'ouvrage de six heures du matin à sept heures du soir. C'étaient des sommeils de retard, des bâillements à s'arracher la mâchoire, des yeux qui tombaient bas comme des oreilles de chien, des aiguilles qui piquaient les doigts, des mètres et des mètres de tissus, de la poussière à éternuements. (AA, 251-252)

L'exploitation des immigrées clandestines qui travaillent dans l'atelier de Monsieur Sadock montre la situation de vulnérabilité dans laquelle se trouvent ces travailleuses illégales. Parce qu'étant des sans-papiers, celles-ci sont obligées de se plier aux conditions inhumaines de travail de leur employeur car elles ne peuvent pas se plaindre devant les autorités compétentes tant que leur situation n'est pas régularisée. Calixthe Beyala présente ici la situation des sans-papiers et soulève la problématique du travail au noir qui s'accompagne de l'exploitation des travailleuses et maintient celles-ci en dessous de l'échelle sociale.

De part son installation dans un quartier pauvre de Paris et au vue de l'activité peu rentable qu'elle exerce pour subvenir à ses besoins, on remarque qu'à son arrivée en France, Assèze fait partie de la couche défavorisée de la société. Son statut d'immigrée clandestine ne lui permet pas d'avoir une vie aisée mais plutôt de se forger une existence précaire dans sa terre d'accueil. Les difficultés que rencontre Assèze à Paris commencent bien avant son arrivée en France comme le prouve la description faite dans le texte de ses conditions de voyage. « J'avais quitté Douala, fait un détour par Ngaoundéré, Garoua, j'avais remonté, Ndjamena et Bardjal, grimpé le Kilimandjaro, bifurqué par Edjeleh, Hadssi Rhat, Tripoli, Tunis et accosté Mar-

---

[213] C'est à travers le mot « Débrouillardes » que la narratrice désigne ses trois colocataires Yvette, Fathia et Suza dans le roman.

seille. »(AA, 231-232). A la lecture de ses lignes, on peut clairement déduire qu'il s'agit ici d'une immigration clandestine puisque le parcours décrit par la narratrice démontre qu'elle a traversé plusieurs pays avant d'atteindre la France. Assèze, elle-même parle de « détour » pour montrer le caractère illégal du voyage qu'elle a entrepris. Quittant Douala dans la partie méridionale du Cameroun, Assèze se rend d'abord dans les villes septentrionales de Ngaoundéré et Garoua avant d'atteindre le Tchad par Ndjamena. Ensuite notre héroïne se retrouve dans le Maghreb et traverse la Libye et la Tunisie. On note déjà les risques et dangers que peuvent comporter un voyage si périlleux comme le précise Assèze dans le roman:

> J'avais laissé un peu de mon sang, beaucoup de sueur. Il y avait des jours de découragement, où la lutte en moi était féroce. « T'es folle, totalement cinglée, de partir dans un pays où tu ne connais personne!» Assise sous un arbre pour dormir ou me reposer et faire le point, j'étais prise d'angoisses. J'avais l'impression d'être sortie du monde, que je ne m'y retrouverais jamais et que je pourrais mourir sans que personne ne me recherche. D'ailleurs ma maman me croyait toujours à Douala. Je pleurais doucement, longtemps, puis, épuisée de fatigue, poussiéreuse et affamée, je m'endormais où je pouvais, à même le sol, sur une natte prêtée par quelques villageois, au bord d'une rivière. (AA, 232)

Assèze raconte ici les difficultés qu'elle a rencontrées pour atteindre la France ainsi que les conditions inhumaines de voyages auxquelles elle a fait face. A travers le monologue de la narratrice dans lequel elle se qualifie elle-même de «folle » et de «cinglée », les différentes contraintes du voyage d'Assèze pour la France sont présentées sous un ton pathétique qui incite la pitié du lecteur. Cependant, Assèze persévère dans son aventure malgré l'angoisse et le découragement qui l'habitent pendant le voyage. Le lecteur ne sera pas surpris d'apprendre à la suite du récit qu'une fois arrivée en France, Assèze se trouve en train de mener une vie précaire et marginale telle que décrite dans ce travail.

La situation d'Assèze est à bien des égards semblable à celle de Saïda dans *Les honneurs perdus*. Dans ce roman, Calixthe Beyala retrace l'histoire d'une Camerounaise du nom de Saïda Bénérafa. Après avoir passé son enfance et son adolescence à Couscous, un quartier pauvre de la ville camerounaise de Douala, celle-ci émigre à Paris où elle se fonde une nouvelle existence à Belleville.

Comme dans *Assèze l'Africaine* (Beyala, 1994), la structure du roman *Les honneurs perdus* (Beyala: 1996) se caractérise par la subdivision du texte en deux parties. Cependant dans *Les honneurs perdus*, chaque partie porte un titre précis. La première partie intitulée « Naissance d'un mythe» comporte dix-sept chapitres et relate l'histoire de l'héroïne Saïda, de sa naissance jusqu'à son départ pour la France. L'intégralité du récit rapporté dans cette partie du texte se déroule à Douala au Cameroun et l'auteur met l'accent sur la paupérisation des habitants de Couscous, l'injustice sociale qui caractérise la ville de Douala avec les inégalités criardes entre riches et pauvres ainsi que les problèmes politiques que connaissent le pays et qui sont causés par la dictature du parti unique. C'est une société camerounaise en crise que Beyala peint dans la première partie du récit et soulève ainsi les difficultés que connaissent bon nombre de sociétés africaines contemporaines.

La deuxième partie du roman qui se déroule entièrement en France quant à elle porte le titre «Un été trop pluvieux » et comprend treize chapitres. Ici l'héroïne du récit raconte sa vie en Europe et ses conditions de vie en tant qu'immigrée clandestine dans le milieu parisien. En outre le récit se termine par un épilogue qui clôture le roman et sert de condensé du texte. Par ailleurs, on note une ellipse entre les deux parties du texte car l'auteur omet volontairement de rapporter les événements qui se sont déroulés entre le départ de Saïda du Cameroun et son arrivée en France, laissant ainsi au lecteur la liberté de faire preuve d'imagination. Contrairement à *Assèze l'Africaine* où le voyage d'Assèze de Douala à Paris est rapporté de manière détaillée, il n'est fait aucune mention dans *Les honneurs perdus* sur les conditions de voyage de Saïda de Couscous à Paris.

Concernant le style littéraire du récit, celui-ci est un récit en prose où les événements sont rapportés de manière chronologique. Le texte se caractérise aussi par une langue mixte qui comporte un mélange de français et d'anglais. Dès le premier chapitre de la première partie, on note des expressions de la langue anglaise comme «*'one minute, brother'*. »(HP, 19) ou encore «*'what happens'* »(HP, 19) Celles-ci se rapportent aux interventions des différents protagonistes dans le texte et sont écrites en italique. La mixité linguistique employée par Calixthe Beyala dans *Les honneurs perdus* se caractérise aussi par la présence des néologismes tels que *Couscoussiers* ou *Couscoussières*[214] qui sont des termes créés par l'auteur pour qualifier les habitants du quartier de Douala appelé New-Bell mais rebaptisé Couscous dans le texte par la narratrice. De plus, on note aussi l'usage des expressions telles que «*tenk-akouk*»[215]

---

[214] Les mots Couscoussiers et Couscoussières ne sont pas écrits en italique dans le roman. Nous avons choisi cette forme d'écriture dans ce travail pour les mettre en relief.
[215] Cette expression est également écrite en italique dans le texte original.

(HP, 54) ou «jujukalaba» (HP, 54) qui se rapportent au parler populaire camerounais et que Beyala adopte dans son texte. De ce fait, on peut sans risque de se tromper affirmer que dans le roman *Les honneurs perdus*, Calixthe Beyala utile une écriture décentrée.[216]

Sur le plan thématique, la romancière problématise les difficiles conditions de vie de Saïda en France. A son arrivée à Paris, celle-ci est hébergée pendant deux ans par la cousine Aziza et durant son séjour, l'héroïne revêt le manteau de bonniche dans la maison de son hôte. « Depuis que je [Saïda] vivais sous son toit, que je m'occupais de son ménage, des enfants et de la cuisine, elle [Aziza] avait [non seulement] des ongles plus longs […] »(HP, 186). Cependant malgré son dévouement aux services d'Aziza, Saïda est mise à la porte. « Deux ans que tu vis chez moi, t'as pas sorti le moindre centime de ta poche pour participer aux frais. Jamais t'as pensé à me faire le moindre cadeau. Même pas merci tu m'as dit! Pour qui te prends-tu? Où tu te crois? […] je ne veux plus que tu foutes les pieds chez moi, vu?»(HP, 186) A la suite de ces paroles prononcées par Aziza, l'héroïne du roman se retrouve seule dans les rues de Paris dans une mauvaise posture.

Lorsqu'elle arrive chez Ngaremba, Saïda est à la recherche du travail et n'hésite pas à quémander l'hospitalité de celle-ci. « Ma vérité [Saïda] était comme sont les vérités: simple. Je voulais ce poste et pour cela j'étais prête à ramper, à supplier. Qu'elle me frappe m'escroque, je voulais manger, dormir au chaud, je ne demandais qu'un toit et un peu de nourriture»(HP, 208). Cette affirmation de Saïda laisse apparaître la situation désespérée dans laquelle elle se trouve à Paris. Le travail dont il est question ici est un emploi de bonne et si Saïda veut user de tous les moyens pour l'obtenir, c'est parce qu'a «son âge, elle n'a pas de maison, pas d'enfants, même pas quelqu'un à qui penser.»(HP, 232) Nous tenons à préciser que le texte présente Saïda comme une femme adulte qui se trouve dans la cinquantaine et si sa nouvelle patronne Ngaremba plaint le sort de son employé dans la citation ci-dessus, c'est parce que cette dernière vit dans une situation sociale déplorable. L'exemple de Saïda fait preuve de la précarité dans laquelle vit ce personnage en France car après avoir vécu deux ans aux dépens d'Aziza, la camerounaise se retrouve une fois de plus dans une situation de dépendance lorsque Ngaremba accepte de l'employer comme domestique et de l'héberger dans son appartement bellevillois. La dépendance de Saïda envers Ngaremba se fait de plus en plus ressentir d'autant plus que l'héroïne du roman s'obstine

---

[216] Cf. Laronde Michel : Op.Cit. au point 1.3.2.

à rester dans l'appartement de la sénégalaise malgré le fait que cette dernière lui demande de prendre la porte à la suite d'une dispute qui éclate entre les deux femmes. « Je n'avais nulle part où aller. Aussi je mis de l'ordre dans mes vêtements et repris mon travail, comme si toute cette engueulade n'avait été qu'un cauchemar qui s'évanouissait une fois les yeux ouverts.»(HP, 289) Faute de pouvoir voler de ses propres ailes, la narratrice du roman *Les honneurs perdus* se rabaisse devant Ngaremba et décide d'amadouer sa patronne pour acquérir son hospitalité:

> Les jours suivants, je me montrais gentille envers Ngaremba. Dès l'aube, je préparais le petit déjeuner patronal. Rien ne devait clocher sur le plateau: la quantité de confiture sur les tartines, la température du café, la cuisson des œufs à la coque, le demi-verre de jus de fruits pour accompagner les ampoules de vitamine C. Loulouze se mettait en travers de mon chemin: « Pourquoi que tu lui sers son déjeuner au lit? Ça fait que je la vois presque plus!» Je lui demandais de dégager, elle me tirait la langue et me devançait: «T'es franchement une lèche-cul, toi!» Puis elle s'éclipsait dans la cuisine et manifestait son mécontentement par un silence boudeur. (HP, 291)

Ayant observé l'attitude de Saïda envers sa mère, Loulouze, la fille de Ngaremba constate que la narratrice affiche un comportement servile envers son employeur. Consciente de l'aspect humiliant de ses agissements, l'héroïne du roman précise que «une fois devant la porte, je crachais dans le café et toquais» (HP, 291). En introduisant sa salive dans le café destiné à la consommation de Ngaremba, Saïda trouve un moyen plutôt lâche de réagir face à sa condition de servitude. Dans son désespoir elle ne peut qu'envier les femmes socialement mieux placées qu'elle et reconnaître que «vivre sans papiers, sans véritable domicile, sans mari, sans enfants équivalait à ne pas avoir d'existence.»(HP, 283)

Devant ce constat amer, Saïda décide de vaquer à d'autres occupations pour «gagner un peu d'argent de poche » (HP, 258). Ainsi, la narratrice occupe un emploi de femme de ménage chez Jean Jurami, un ex-adjudant et chez une pharmacienne nommé Madame Journaux. Malheureusement, Saïda doit reconnaître que celle-ci ne lui accorde aucune considération et de ce fait elle avoue au lecteur:

> Coté cadeaux, justement, madame Journaux m'offrait gratuitement des consultations économiques, du permanganate pour le lavement; du bicarbonate pour le nettoyage de mon dentier; des yaourts aux étiquettes périmées; des bananes en voie de devenir marron; des pommes molles en cour de décomposition; des restes de gigots cuit de-

puis trois semaines, somptueusement gardés dans le frigo; des vêtements délavés ou trempés malencontreusement dans de la Javel. (HP, 260)

On note le ton ironique employé ici par Beyala pour présenter la fausse gentillesse de Madame Journaux. Au regard de la narratrice, son employeur le dévalorise en lui donnant des objets de mauvaise qualité, c'est la raison pour laquelle elle note dans le texte: « J'étais sa poubelle, du moins je le compris plus tard. »(HP, 60) La pharmacienne ne donne pas des provisions à sa femme de ménage pour venir en aide à l'immigrée africaine mais plutôt pour se débarrasser de tout aliment non désirable qui encombre son domicile. Pour garder son emploi, Saïda est obligée de faire preuve de reconnaissance devant ses *cadeaux*[217] humiliants emballés dans des sacs-poubelles. Au delà du comportement moqueur de madame Journaux envers Saïda manifesté à travers le don de ces provisions de mauvaise qualité, nous tenons à souligner que Beyala pose la problématique de l'image de l'immigré(e) dans sa société d'accueil. Comme nous l'avons montré dans le premier chapitre de ce travail, de part sa condition d'immigré(e) et sa situation marginale dans la société française, l'immigré(e) noir(e) est relégué(e) au bas de l'échelle sociale et ne fait preuve d'aucune considération de la part du français qui entoure l'exilé(e) d'une image négative et de préjugés abominables.[218]

La même situation est observée chez Ève-Marie, l'héroïne du roman *Amours Sauvages* (Beyala: 1999) quand elle évoque les difficultés rencontrées en tant qu'immigrée dans la société française. Dans les premières lignes du texte, la protagoniste précise: « Dès mon arrivée d'Afrique je passai de désillusion en désillusion […] » (AS,10). On note ici le décalage que relève la narratrice entre l'espoir mis en l'immigration et la dure réalité de sa vie d'immigrée en France. Dans sa société d'accueil, Ève-Marie travaille d'abord comme prostituée aux Belles Parisiennes, une boîte qui emploie les filles pour le commerce du sexe. « Je vendais mon immense derrière de négresse à prix modérés et on m'appela 'Mademoiselle Bonne Surprise'»(AS, 13). Aux Belles parisiennes, Ève- Marie fait la connaissance de Pléthore, un français« artiste-écrivain» (AS, 10) avec qui elle convole en justes noces. Cependant malgré ce mariage, l'héroïne ne connaît pas une réelle amélioration de sa condi-

---

[217] Nous écrivons le mot cadeaux ici en italique pour marquer que les provisions que Saïda reçoit de Madame Journaux ne méritent nullement l'appellation de présents étant donné que ces aliments sont tous de mauvaise qualité et ne témoignent aucunement de la générosité de la pharmacienne.
[218] Cf. le point 1.2 du premier chapitre de notre travail.

tion sociale car elle habite toujours Belleville, ce « quartier parenthèse à l'intérieur de Paris » (AS, 73) où « les rues étaient sales, étroites et laides. L'odeur des marrons et du maïs grillé que vendaient des nègres envahissaient l'air.» (AS, 15). Ici on note la mise à l'écart des immigrés de la société parisienne comme le démontre l'allusion faite à la parenthèse par la voix narrative du roman. Après son mariage, Ève-Marie abandonne certes son métier de prostituée pour travailler comme femme de ménage mais ce changement de métier ne symbolise nullement une évolution dans la vie du personnage même si cette dernière analyse ce changement comme une réussite. « J'étais pressée de montrer à Maman l'étendue de ma réussite, parce que je n'étais plus Mlle Bonne Surprise. Mais Mme Ève-Marie Gerbaud. En outre, je faisais des ménages, surtout chez le docteur Sans Souci d'Avenir, gynécologue de son état.»(AS, 26). Nous relevons ici le ton ironique employé par Beyala pour apprécier la situation sociale de son héroïne à Belleville. Si le mariage d'Ève-Marie avec Pléthore peut provoquer une certaine fierté chez la femme immigrée africaine qui hérite d'un nom de famille français, symbole de réussite dans sa société d'origine camerounaise, son véritable statut social reste marginal car sa nouvelle occupation de femme de ménage la laisse toujours en position de défavorisée et le chemin qui mène à son lieu d'habitation décrit dans la citation ci-dessous montre qu'elle est loin de faire partie des privilégies de la société. « Nous montâmes les six étages. Les escaliers brinquebalaient, crasseux. Des papiers jonchaient le sol. Des morceaux de plâtre s'étalaient en pétales de rose.» (AS, 29). En outre lorsqu'elle reçoit sa mère en visite à Paris, la narratrice souligne un fois de plus le caractère non attrayant de son lieu d'habitation. « Nous prîmes le boulevard de Belleville, puis la rue Bisson, avec ses fenêtres emmurées, ses façades effondrées ou recouvertes d'une mousse verte. Nous bifurquâmes dans un cul de sac et arrivâmes dans la cour de notre immeuble» (AS, 27-28) A son arrivée à Belleville, la mère de la narratrice ne dissimule pas sa déception en notant l'aspect terne et dégradé de l'immeuble dans lequel réside sa fille. Dans le texte Ève-Marie fait part de l'attitude de sa mère au lecteur en précisant:

> Mais, quand nous débarquâmes à Belleville, elle [la mère] s'arrêta et ses traits se désharmonisèrent: son nez se fronça; son front se cribla de fléau et ses lèvres déchargèrent un son atroce:
> - Nous sommes encore à Paris? » (AS, 27)

La question que pose ici la mère de l'héroïne montre que cette dernière a noté le contraste entre les quartiers chics de Paris et Belleville, ce lieu que nous qualifions dans ce travail d'hétérotopie du fait qu'il ne s'intègre pas avec le reste du paysage de la capitale française et que la population qui y habite est une population marginalisée qui n'est pas intégrée dans le reste de la société française. En plus, cette interrogation connote que l'hôte a compris que sa fille n'appartient pas à la classe des gens aisées de la société parisienne et montre sa stupéfaction devant l'évidence selon laquelle Ève-Marie jouit d'un statut marginal dans sa société d'accueil.

L'analyse faite dans ce travail de l'image de l'immigré(e) dans les romans parisiens de Calixthe Beyala laisse clairement apparaître l'image négative de ce personnage en terre d'accueil. Dans le contexte parisien que Beyala décrit dans *Le petit prince de Belleville*, *Maman a un amant*, *Assèze l'Africaine*, *Les honneurs perdus* et *Amours sauvages*, l'immigré(e) est stéréotypé(e) et entouré(e) de clichés racistes. C'est un personnage non intégré dans sa société d'accueil, qui connaît la nostalgie du pays d'origine, est marginalisé dans la société française et vit dans la précarité et le misérabilisme.

4.3   La représentation de l' immigré(e) dans les textes de Maryse Condé

Que ce soit en France ou aux Etats-Unis, le personnage immigré dans les romans de Maryse Condé connaît une existence misérable dans sa société d'accueil.

Dans *Desirada,* Reynalda débarque en France dans la famille Duparc comme «bonne d'enfants» (D, 167) dans un environnement qui lui est totalement étranger.

> Le Paris où Reynalda avait débarqué à la fin des années cinquante n'était pas le Paris d'aujourd'hui, Paris, capitale de la couleur, Paris des Deuxièmes Générations, des négropolitains, des harkis et des beurs. C'était le Paris white du «Ya bon Banania»! Sans vergogne, la chéchia rouge et le sourire béni-oui-oui s'étalaient sur tous les murs du métro. Dans les transports publics, un cercle de places vides entourait la négresse à la mauvaise couleur. Les petits enfants pointaient leur doigt sur elle, recroquevillée dans son coin tandis que les adultes faisaient tranquillement leur commentaire à haute voix. (D, 165-166)

La voix narrative du texte peint ici la représentation de l'immigré(e) noir(e) dans la société parisienne des années cinquante. Dans cet univers, l'immigré(e) est livré(e) au racisme et à la xénophobie car pour plusieurs Français, «une figure de Noir était du jamais-vu» (BT, 22) Les préjugés issus de l'esclavage et de la colonisation accompagnent les populations françaises qui restent bornées à leurs idées stéréotypées. L'image de Paris offre une société monoraciale où l'immigré(e) noir(e) est rapidement indexé(e). Cependant le rapprochement fait avec la société parisienne contemporaine montre une évolution d'abord dans la composition de la société devenue pluriculturelle et multiraciale de nos jours et ensuite dans les mentalités car le Noir n'est plus regardé comme une curiosité. Même si beaucoup reste à faire pour son intégration dans la société, le mélange des races donne une nouvelle image à Paris. A noter dans cet extrait de texte le style employé par Maryse Condé et qui se caractérise par un mélange de mots français et anglais à l'instar de «Paris white», de mots créoles «Y a bon Banania» qui rompt avec l'homogénéité de la langue et crée une écriture métisse marquée par le mélange des expressions étrangères dans la langue française.

En tant qu'immigrée noire, la place sociale de Reynalda est clairement définie au bas de la société dès son arrivée en France:«Ils [M et Mme Duparc] donnèrent à Reynalda une chambre sans eau au sixième étage sous les toits, mais lui autorisèrent l'accès à la salle de bain des enfants.»(D, 167) La description de la situation de Reynalda dans la famille Duparc permet d'identifier cette dernière comme une immigrée qui vit dans une situation déplorable.

Quant à Marie-Noëlle, la difficile situation familiale dans laquelle elle grandit en France (absence de l'amour maternel) constitue un frein à son intégration en Métropole. L'école non plus ne lui apporte pas cette chaleur que lui refuse sa mère car «dans la cour de récréation, personne ne voulait s'approcher de cette petite Noire, charbonneuse, aux cheveux tressés en rosace, tellement mal fagotée.»(D, 57)

Outre sa triste enfance aux côtés de sa mère, Marie-Noëlle continue à mener une vie minable une fois devenue adulte. C'est à travers des petits boulots mal rémunérés qu'elle assure sa survie. Après avoir travaillé comme enseignante vacataire dans un collège religieux, elle est renvoyée pour incompétence et obtient un travail de réceptionniste dans un cabinet d'avocats. Là aussi elle perd son emploi après quelques temps tout comme le travail de fleuriste qu'elle occupe dans une boutique Interflora. Il faut dire que pour une bachelière qui a toute les possibilités de faire des études supérieures et de trouver un emploi plus honorant, ces métiers ne correspondent pas au niveau intellectuel de Marie-Noëlle. Même la fonction d'enseignante qui semble appropriée à son niveau et qu'elle occupe pour un temps délimité ne valorise pas ses capacités intellectuelles car les responsables du collège où elle est embauchée décident de «diminuer sa paye de moitié» (D, 81) sous prétexte que Marie-Noëlle avait préalablement séjourné dans un sanatorium.

A son arrivée aux Etats-Unis, la situation sociale de l'héroïne de *Desirada* ne connaît aucune amélioration. La description de Camden Town, le quartier dans lequel elle habite témoigne de l'insécurité qui y règne: « Camden Town était une banlieue lointaine et mal famée, tellement mal famée que les policiers s'y aventuraient deux par deux et certainement pas après neuf heurs du soir.» (D, 104). L'installation de Marie-Noëlle avec son époux Stanley dans cette zone dangereuse de la ville de Boston montre leur appartenance à une couche sociale défavorisée car « à la vérité, Camden Town ressemblait à Savigny-sur-Orge.[…]Il y habitait des Africains-Américains, des Africains, des immigrés venus de toutes les îles de la Caraïbe ou des pays de l'Amérique latine, gens travailleurs et respectueux des lois, mais que leur extrême pauvreté rendait suspect.»(D, 105). La comparaison entre Savigny-sur-Orge et Camden Town montre que l'héroïne du roman se déplace d'une espace marginalisé à un autre. Que ce soit en France ou aux Etats-Unis, Marie-Noëlle reste cette immigrée faisant partie des pauvres de la société. A travers l'énumération des autres habitants de Camden Town, nous avons à faire ici à une classification de la population démunie que leur statut social place en marge de la société. La marginalisation qui caractérise les habitants de Camden Town permet de qualifier cette banlieue d'hétérotopie car comme Belleville dans les romans de Calixthe Beyala, cet espace périphérique de Boston est décrit dans *Desirada* comme « un quartier parenthèse »(AS, 73) à l'intérieur de la ville de Boston.

Pour s'en sortir dans cet univers de misère, Marie-Noëlle travaille comme serveuse dans un restaurant. Inutile de rappeler l'écart entre cette profession et le niveau intellectuel de la jeune femme.

La même image dégradante du personnage immigré apparaît dans *Les derniers rois mages* (Condé : 1992) où faisant référence à la situation du héro Spéro aux Etats-Unis, celui-ci est décrit dans le roman comme « un peintre sans talents. Un étranger qui massacrait l'anglais. Un coureur de première qui dérespectait sa femme tout en vivant à ses crochets.»[219] Le texte nous apprend que ce personnage connaît deux difficultés dans sa société d'accueil. D'un côté il est confronté aux barrières linguis-

---

[219] Condé, Maryse :Les derniers rois mages. Mercure de France 1992., p.47. Dans la suite de ce travail, nous allons utiliser l'abréviation DRM pour désigner le roman *Les derniers rois mages*. Celle-ci sera suivie de la mention de la page.

tiques dans son nouvel environnement, de l'autre côté, il est financièrement dépendant de son épouse car privé de succès avec son métier de peintre à cause de son manque de talent. Dans sa terre d'exil, Spéro est constamment habité par la nostalgie de son pays natal car «Debbie l'avait relégué tout là-haut dans une chambre où le soleil n'entrait jamais.» (DRM, 195) Le protagoniste n'est pas seulement un exilé à Charleston mais même dans son domicile, il se sent isolé car sa femme ne partage pas sa couche et le traite comme un étranger.

> [...] il vivait dans une idée fixe, une seule espérance: que Debbie mette un terme à son exil et le reprenne contre lui. [...]Hélas ! de retour à la maison, une fois leur dîner terminé et l'infusion de marronnier d'Inde avalée, elle lui tendait sa joue et se retirai dans le territoire interdit de sa chambre.[...] Lui, Spéro, retrouvait son gatelas, son lit vide, ses cauchemars, les crabes voraces qui montaient à l'assaut de son corps. Elle était comme cela, Debbie. Intraitable. Il se mourait à côté d'elle et elle ne s'en souciait même pas. (DRM, 306)

L'indifférence que Debbie manifeste à son égard aggrave la douleur de l'exil de Spéro. Les petits boulots qu'il exerce aux États-Unis notamment enseignant de dessin dans un collège et faussaire de tableaux de peinture pour une bande de malfrats ne lui donnent pas la gloire et la prospérité recherchées. Tout au long du récit, Spéro reste un immigré malheureux dans sa société d'accueil et qui se console par ses liaisons affectueuses avec plusieurs maîtresses. Selon Christophe Lamiot, le protagoniste use de son corps pour se trouver une place dans sa société d'accueil car: « le corps, en tout cas, est porte d'entrée vers, ou de sortie contre, autrui.»[220] A travers l'usage de son corps et l'expression de sa sexualité, Spéro entend compenser l'isolement dans lequel il vit à Charleston et établir une relation avec d'autres habitants de la ville même-ci celle-ci se limite à des relations sexuelles avec plusieurs partenaires. Le corps devient de ce fait, un moyen de libération et Spéro «y a recours comme à un remède inconnu pour se venger du sort, de sa famille.»[221] Si comme l'analyse Lamiot, le vagabondage sexuel de Spéro entend compenser la douleur de son exil, son comportement sexuel ne conduit pas à son intégration à Charleston car à la fin du récit, on ne note toujours pas la moindre mention d'un épanouissement dans la vie du protagoniste: «Cette toile singulière marquait le moment où sa vie en

---

[220] Lamiot, Christophe (1995): Maryse Condé, la république des corps, in: Condé, Maryse/ Cottenet-Hage, Madeleine(Eds): Penser la créolité. Paris : Khartala., p.278.
[221] Ibid.

Amérique avait perdu son peu de signification, [...] Spéro s'apercevait bien que cette époque-là avait marqué le commencement de sa fin.»(DRM, 304-305) La fin dont il est question dans cette citation se réfère à la dérive de Spéro qui abandonné à lui-même passe son exil à Charleston dans la solitude. «Tout seul sur cette terre jetée déserte, Spéro retrouvait la peur et l'angoisse de ses douze ans.»(DRM, 310) Pareillement à Spéro, Kassem, le héro du roman *Les belles ténébreuses* (Condé: 2008) connaît une situation semblable dans sa vie d'exilé. Bien qu'étant un immigré de la deuxième génération, la vie de Kassem dans *Les belles ténébreuses* ne diffère pas de celles des immigrés de la première génération. A Marseille, il côtoie beaucoup d'immigrés africains dont les conditions de vie sont malsaines à l'exemple de son ami Ousmane, un immigré sénégalais qui vit dans des conditions plus que déplorables : «Ousmane n'avait pas de chez lui. Il dormait sur une paillasse chez le cousin du neveu d'un oncle de son père qui habitait, dans un immeuble promis à la démolition, un deux pièces sans électricité ni chauffage. Il fallait descendre puiser l'eau dans la cour.» (BT, 147) La relation de parenté évoquée entre Ousmane et son hôte montre le caractère imprécis de la familiarité qui existe entre les deux personnages. De surcroît la description de l'habitation souligne la marginalisation de cette famille d'immigrés qui constitue un groupe à part dans la société marseillaise. Tout comme Ousmane, Aminata, la copine de Kassem qui est également une immigrée vit dans des conditions à peu près pareilles, dans une cité où «depuis dix ans la famille d'Aminata y occupait un trois-pièces [...] Dans ce logement vétuste, bourré d'amiante, gîtaient deux douzaines de frères, sœurs, cousins, cousines, oncles, tantes, grands-parents.» (BT, 150) Comme le dit la suite du texte, la description des conditions de vie de cette famille témoigne «l'illustration des misères de l'exil.»(BT, 150) Bien qu'ayant un logement bien meilleur que celui des personnes qu'il côtoie, la situation de Kassem reste déplorable.

A Marseille, il travaille dans une organisation catholique qui organise des loisirs pour les enfants déshérités, Cependant malgré le fait qu'il soit de nationalité française, ce travail ne lui garantie aucune ascension sociale. Il y travaille jusqu'à son départ pour les Etats-Unis où il doit embrasser des métiers plus dégradants. A New York, Kassem obtient au départ un emploi de nettoyeur dans les toilettes d'une boîte de nuit mais perd son boulot à la suite d'une arrestation par la police après une histoire de vente de drogue. Plus tard, il travaille comme servant dans un restaurant français de Brooklyn. Bien que ce second emploi soit plus valorisant que le premier, il n'apporte aucune amélioration à la situation sociale de Kassem qui termine son existence à New York dans un quartier où:

> Aux carrefours se massaient des hommes à la mine patibulaire, qu'on devinait prompts à tenter de vous trucider malgré les rondes constantes des policiers. Les rues suaient le danger. Les réverbères émergeaient d'îlots d'ombre que leur lumière chiche et rougeâtre ne parvenait pas à dissiper. L'immeuble où Kassem trouva à se loger était à l'image du quartier. [...]Kassem vivait dans la terreur qu'un jour la pétarade des fusils ne l'atteigne en pleine poitrine. Lilian, qui l'aida à transporter ses quelques effets, lui recommanda de s'acheter une arme. (BT, 270)

Compte tenu de la description du lieu d'habitation de Kassem, on serait tenter dans son cas de parler d'une régression sociale car ayant préalablement habité avec son ami Ramzi chez un parent de ce dernier dans un logement plutôt modeste et vécu chez son ami Zaramian dans un quartier « bon enfant, voire plaisant »(BT,270), son aménagement dans cette partie de la ville de New York où le danger et la mort accompagnent les habitants prouve que l'immigration de Kassem aux Etats-Unis ne rime pas avec réussite sociale.

Dans les romans de Maryse Condé, l'immigré(e) est présenté(e) comme un personnage victime du racisme, qui vit dans la précarité, connaît le misérabilisme et est victime de la marginalisation dans sa société d'accueil; ce qui entraîne son manque d'intégration dans le pays hôte.

4.4 La situation de l'immigré(e) en France dans *Douceurs du bercail*

Dans le roman *Douceurs du bercail* (Sow Fall: 1998), les exemples se référant aux conditions de vie de l'immigré en Europe sont tous négatifs. Le cas de Yakham montre l'exemple d'une immigration ratée car arrivé en France illégalement, il relate les difficiles conditions de vie auxquelles il a fait face: «Au début, c'était dur, affreux même. En plein hiver. Mais je me suis vite adapté parce que j'avais la ferme volonté de réussir.» (DB, 100) Arrivé en France avec une tête « pleine de rêves»,(DB, 100) Yakham est rapidement rattrapé par les dures réalités de l'immigration, car il n'arrive pas à trouver un emploi équivalent à son niveau scolaire et est obligé de «partager la petite chambre et le petit lit d'un cousin étudiant »(DB, 100) Les difficiles conditions de vie qu'il mène en France l'amènent à abandonner ses rêves et à reconnaître le clivage entre illusion et réalité en ce qui concerne l'immigration et à accepter que: «quand on vient ici [France], on croit toujours aller au Paradis.» (DB, 100) Ainsi comme le relève Catherine Mazauric, *Douceurs du Bercail* thématise les difficultés rencontrées par les candidats à l'immigration «sur les chemins d'Europe, d'ailleurs souvent semés d'épines»[222] Pour ne pas décevoir sa famille au pays natal qui attend une aide financière de sa part, Yahkam ne peut reconnaître son échec mais opte pour le combat quand il précise:

> j'ai fini par prendre en compte les conseils de mon cousin: ne pas m'aventurer à chercher ailleurs que dans les « boulots durs » dont les gens d'ici ne veulent pas: bâtiment, enlèvement d'ordures, manutention dans les marchés hebdomadaires ou dans les halles. Tout le reste était «risqué» à cause des papiers qu'on vous réclame avant toute embauche… (DB, 100-101)

Comme dans *La préférence nationale* de Fatou Diome, on retrouve ici l'idée de sélection qui s'opère dans les emplois en fonction des origines. Cette déclaration relève premièrement la différence entre la place de l'immigré (clandestin) et celle du *français de souche* dans le marché du travail. A cause de sa condition précaire et marginale, Yakham, l'immigré illégal ne peut faire que des métiers jugés peu valorisants. Sa condition de sans-papiers le pousse à se cacher derrière des emplois mal rémunérés et à rester au bas de l'échelle sociale. A cette situation, le personnage s'accommode vite lorsqu'il finit par trouver un emploi aux Halles. Néanmoins avoir du travail n'est pas synonyme de quiétude pour lui car comme le jeune homme l'indique: « moi qui ne suis pas costaud, je devais porter sur mes frêles épaules des quartiers de viande lourds à vous briser la colonne vertébrale.» (DB, 101) Ce travail pénible, Yakham est obligé de le faire, d'endurer « le contact avec la chair froide» (DB, 102) et la nausée qui barre sa gorge et emplit sa bouche car comme il le dit dans le texte: «je pensais à ma mère, pour résister à l'envie de tout laisser tomber. Je pensais à mon père, aussi.» (DB, 102) Malgré la grande volonté de mettre un terme à sa minable existence d'immigré clandestin en France, Yakham se trouve prisonnier de sa famille restée au Sénégal qui a consenti des efforts énormes pour son déplacement et qu'il ne peut en aucun cas décevoir.

Outre l'exemple de Yakham qui illustre la condition de l'immigré dans sa société d'accueil, la description que fait la voix narratrice du roman du dépôt de l'aéroport

---

[222] Mazauric, Catherine: Op.Cit., p.239.

relève de la critique qu'exerce Aminata Sow Fall à l'égard des conditions inhumaines dans lesquelles sont détenus les immigrés destinés à être rapatriés. Le voix narrative qualifie cet endroit de « territoire précaire et fluctuant »(DB, 91) car à tout moment y viennent des nouveaux candidats au rapatriement tandis que d'autres sont embarqués dans des avions en destination de leurs pays d'origine. Le dépôt de l'aéroport Charles de Gaulle, cet espace où sont parqués les immigrés en voie de rapatriement est décrit comme un lieu de transit, une espèce de non-lieu que les immigrés occupent provisoirement. A travers l'exemple du dépôt que développe Aminata Sow Fall dans son roman, on retrouve la pensée de Marc Augé sur l'irrationalité ainsi que le manque d'historicité et de rattachement identitaire du non-lieu.[223] De ce fait, le dépôt décrit dans *Douceurs du bercail*, tout comme l'aéroport tout entier n'est pas un lieu au sens anthropologique du terme mais plutôt un non-lieu. Dans un entretien avec Nicole Aas-Rouxparis, Aminata Sow Fall note: «au dépôt, le plus important pour moi, c'est l'*ignominie*.»[224] Le fait que le mot ignominie soit écrit en italique dans cette affirmation de la romancière tient à mettre en exergue le caractère répugnant que l'auteur associe à cet espace et à ces « lieux de relégations où sont parqués, au mépris de toute dignité humaine, les refoulés et autres sans-papiers.»[225] Au chapitre trois du roman, le dépôt est décrit comme «un espace rectangulaire surpeuplé d'hommes, de femmes et d'enfants.» (BD, 39) A l'intérieur de cette cave, les détenus ignorent la notion du temps. Dans le préambule du chapitre cinq, on relève:

> LE JOUR... ou la nuit? Rien ne permet de le savoir. Il n'y a plus de cycle, plus de jour, plus de nuit. Plus d'ombre, plus d'heure, mais l'omniprésence de cette lumière blanche qui frappe, mord au plus profond de la chair et tape sur les nerfs. Les lignes du temps brisées. Autant dire le chaos. DB, 83)

L'ambiance qui règne dans le dépôt se rapporte à celle d'une prison. Pour s'orienter, les immigrés se réfèrent au nombre de repas reçus pour compter les journées: « gobelets= matin, sandwich=midi, bol de soupe=soir» (DB, 89). Bien qu'au bout d'un certain temps, des familiarités naissent entres les occupants du dépôt, cet endroit reste marqué par la manière humiliante par laquelle sont traités les immigrés.

---

[223] Cf. Augé, Marc : Op.Cit.
[224] Aas-Rouxparis, Nicole(2000): « Ecrire, c'est un banquet où tout le monde apporte ». Entrevue avec Aminata Sow Fall, in: Women in French studies. Bd.8, The Plains, OH. ., p.209.
[225] Mazauric, Catherine: Op.Cit., p.239.

4.5 La véritable condition de l'immigré(e) en terre d'accueil: clivage entre illusion et réalité

Dans *Le ventre de l'Atlantique* (Diome: 2003), l'auteur fait ressortir l'écart entre l'illusion et la réalité en ce qui concerne l'immigration dans la vie des personnages immigrés du texte. Parti en France pour faire carrière dans le football, le personnage de Moussa entouré du rêve de réussite sociale et habité par une image idéaliste de la France[226] est déçu par la triste réalité de sa condition d'immigré dans son pays d'accueil. Il est victime de racisme dans son club de football quand ses performances sont médiocres sur le terrain : «Hé ! négro ! Tu ne sais pas faire une passe ou quoi? Allez ! Passe le ballon, ce n'est pas une noix de coco !»(VA, 99-100) Ces paroles adressées à l'endroit de Moussa par ses coéquipiers tout comme: «Me dis pas que ça discute sculpture sur les bananiers ! »(VA, 100) ne cadrent pas avec l'image de gloire que Moussa a développée dans son imaginaire à propos de la France:

> Il [Moussa] s'était même inventé une pose victorieuse avant les glorieux acteurs du Mondial 1998. Non, Moussa ne se serait pas contenté d'un regard vague et d'un doigt posé sur la bouche pour inviter les spectateurs à admirer le buteur épaté par son œuvre. Ce numéro de pantomime aurait été peu expressif à son goût. Enfant de la terre et du rythme, il exécuterait un mbalax endiablé avant de se jeter sur la pelouse, peut-être qu'il ferait trois sauts périlleux pour prolonger les applaudissements. (VA, 101)

Le rêve de gloire ici décrit par Moussa est bien beau, mais cette pensée reste dans son imaginaire car comme le souligne le roman, « [...] jamais il n'eut l'occasion de concrétiser cette scène, mille fois répétée mentalement.»(VA, 101) La joie rêvée de Moussa est remplacée par une vie de misère dans son exil clandestin français car en tant que travailleur illégal dans un bateau, «Les seuls parfums qu'il sentait de ce pays, c'était le fraîchin qu'exhalaient les fonds de cale et les odeurs lourdes qui émanaient des corps robustes de ses collègues, aussi mal rasés que lui.»(VA, 105) Le travail de Moussa constitue le commencement de la vie minable que ce dernier mène en tant qu'immigré en France après son renvoi du club de football. Au bateau, Moussa est certes nourri et logé par son employeur mais « Pendant longtemps, la beauté de

---

[226] Pour plus de détails sur l'image que Moussa se fait de la France à son départ voire le point 3.2 du troisième chapitre de notre travail.

la France se présenta à lui sous la forme de quelques lumières multicolores entr'aperçues depuis le port.»(VA, 105) Dans sa terre d'accueil, l'existence de Moussa est réduite à « travailler, encore et encore, jusqu'à ce que la nostalgie lui suinte des pores.»(VA, 105) Il n'a même pas la possibilité de voir une autre facette de la France en dehors de celle de son travail au port. Il ne peut admirer la beauté de son pays d'accueil qu'à distance car condamné à mener une vie de servitude dans sa terre d'exil. Son absence du vécu de l'attractivité de la France se fait même remarquer sur son alimentation étant donné que « Pour Moussa, la finesse de la cuisine française ne voulait rien dire. Son estomac ne stockait que les repas, peu goûteux, servis par un cuisinier qui se mouchait avec les doigts en épluchant ses pommes de terre, un matelot qui n'hésitait pas à courir à la tinette entre le plat de résistance et le dessert.»(VA, 105) La représentation du misérabilisme est le procédé d'écriture employé ici par l'auteur pour décrire les conditions de vie de Moussa en France. Cette technique du récit rejoint les caractéristiques des écrivains de la migritude présentées par Jacques Chevrier pour expliquer cette notion.[227] En décrivant le manque d'attractivité du travail de Moussa, et l'aspect répugnant des aliments qu'il consomme, la narratrice du texte use non seulement de l'exagération pour relever le caractère extrêmement misérable de ses conditions de vie et de travail mais elle révèle aussi l'image cachée de la France aux candidats à l'immigration notamment celle du malheur et de l'échec de l'immigré dans sa société d'accueil. Cependant, malgré sa vie déplorable, Moussa ne se décourage pas et continue de rêver d'une vie meilleure en France. Selon Xavier Garnier le contraste entre le racisme et les conditions de vie misérable que connaît Moussa en France d'un côté et sa ferme volonté de continuer à espérer en un succès en terre d'accueil de l'autre côté se justifie par le fait que : « l'immigré africain se retrouve engagé dans une double aventure: d'une part l'humiliation quotidienne générée par le racisme des peuples qui ont profondément intériorisés le sentiment d'être en position de maîtrise; d'autre part la quête d'une dignité, d'une gloire légendaire associée au retour d'Europe. »[228] Cependant dans le cas typique de Moussa, sa rêverie prend définitivement fin quand en situation illégale et arrêté par la police, «[…]un avion le vomit sur le tamac de l'aéroport.»(VA, 09). A travers le procédé de la personnification, Fatou Diome attribue une bouche à l'avion et se donne la liberté en tant qu'auteur d'employer le verbe « vomir » pour

---

[227] Pour les éléments sur la migritude, cf. le point 1.3.2 au chapitre 1 de notre travail.
[228] Garnier, Xavier : Op.Cit.,p. 32-34.

parler du rapatriement de Moussa dans son pays natal. Avec l'emploi de ce verbe qui a une connotation péjorative, l'accent est mis ici sur le retour involontaire de Moussa au pays. Et pour soulever la déception (sur l'image de la France) qui accompagne le rapatriement de ce personnage en Afrique, l'auteur présente ironiquement le bilan de cet immigré clandestin qui regagne son pays natal,«.[…] laissant dans sa cellule ses rêves d'embourgeoisement, enrichi seulement d'une force de méditation, d'un amour fou pour les araignées et d'une image de la France jamais vue sur les cartes postales.»(VA, 109) La déception de Moussa va d'autant plus loin que de retour chez les siens, il est rejeté par ceux-ci pour n'avoir pas réussi en France. « Presque tout le monde le méprisait. Même l'idiot du village s'octroyait le droit de le tancer». (VA, 109). De ce fait, l'aventure migratoire de Moussa se solde par un suicide car après avoir remarqué le mépris des siens à son endroit, le texte nous apprend que «il [Moussa] limita ses sorties, évita les lieux publics et se réfugia dans un mutisme[…] »(VA, 110) et par la suite, on lit dans *Le ventre de l'Atlantique*:

> La pirogue accosta. La brise soufflait sur les plaies des vivants. Silencieux, deux pêcheurs débarquèrent leur cargaison. Les jeunes footballeurs s'approchèrent. Sur le Wharf, un homme était allongé, les bras vigoureux ; vu de loin, il ressemblait à un baigneur au repos. Seuls ses habits entrouverts révélaient qu'il n'avait pas choisi d'être là, encore moins dans cette posture. Non loin du village, juste à l'endroit où l'île trempe sa langue dans la mer, les pêcheurs avaient pris dans leurs filets le corps inerte de Moussa.(VA, 113-114)

La mort de Moussa est l'ultime étape de son expérience migratoire ratée. Après avoir été fasciné par la France, ce personnage est victime de racisme dans sa société d'accueil et mène une vie misérable dans ce pays qu'il a tant idéalisé. Au rapatriement de Moussa qui constitue le prolongement de sa triste histoire d'immigré, succède son rejet et son isolement dans son pays natal. La mort du protagoniste qui est décrite comme un suicide dans le texte est le couronnement de cet échec de l'immigration. Dans le cas de Moussa, nous pouvons dire que c'est un personnage dont l'existence est entièrement marquée par le malheur. Que ce soit en France ou au Sénégal, Moussa ne connaît nulle part le bonheur. Il va de déception en déception et son suicide peut être analysé comme la fin de son rêve, ce rêve de réussite qui l'accompagne dans le récit durant les moments difficiles. En se donnant la mort, Moussa abandonne l'espoir d'une vie meilleure dans ce monde.

A côté de Moussa, l'exemple de l'homme de Barbès thématise aussi le clivage entre illusion et réalité sur la question de l'immigration dans *Le ventre de l'Atlantique*

(Diome: 2003). Alors qu'il fait miroiter aux habitants de Niodior les succès de sa vie en France,[229] le texte nous décrit la véritable existence de l'homme de Barbès dans son exil parisien. «[…] il avait d'abord hanté les bouches du métro, chapardé pour calmer sa faim, fait la manche, survécu à l'hiver grâce à l'Armée du salut avant de trouver un squat avec des compagnons d'infortune.»(VA, 89) Outre l'exercice de travaux minables et les conditions de vie misérables auxquelles il est confronté, le texte fait mention de son statut d'immigré clandestin. « Perpétuel clandestin, c'est muni d'un faux titre de séjour, photocopie de la carte de résident d'un copain complice, qu'il avait[ensuite] sillonné l'hexagone, au bon vouloir d'employeurs peu scrupuleux.» (VA, 89) Ces informations que nous révèle la narratrice du roman ne sont jamais mentionnées par l'homme de Barbès quand il parle de son séjour en France. Au lieu de relater les dures réalités de l'immigration aux habitants de son île natale, ce personnage cultive une image illusoire de la France chez les siens en taisant l'histoire de sa vraie vie d'immigré clandestin en hexagone.

Dans *Amours sauvages* de Calixthe Beyala, la même tactique est employée par l'héroïne du roman Ève-Marie quand elle parle de sa vie en France à sa famille restée au pays natal.

> Nous allâmes faire une photo, celle qui est posée sur ce guéridon: on nous voit dans des fauteuils rembourrés et ocre. Des tentures rouges et candélabres donnent à l'ensemble une ambiance de luxe d'opérette. J'y porte une robe à grosses fleurs et Pléthore un costume noir. Le président de la République française me serre la main et m'offre un immense bouquet de roses. C'est une image splendide.
> Je l'ai envoyée au pays parce que je ne voulais pas qu'on sache dans quelle misère je vivais. D'ailleurs personne ne soupçonna jamais que la photo avait été faite chez M. Sallam, spécialiste en trucage. (AS, 24)

Non seulement la narratrice tait sa misérable condition d'immigrée à Paris en tant que prostituée et bonniche mais en plus elle va jusqu'à faire truquer une photo qu'elle envoie dans son pays natal afin de donner une fausse image de sa vie en France. Il s'agit pour Ève-Marie tout comme pour l'homme de Barbès de masquer la dure réalité de la vie d'immigré(e) et de susciter l'envie des autres en couvrant son existence minable de mensonges. Heureusement que dans *Le ventre de l'Atlantique*(Diome: 2003), le personnage de Ndétare, l'instituteur critique le comportement de l'homme de Barbès et ne participe pas à cultiver l'illusion de la France

---

[229] Cf. le point 3.3 du chapitre trois de ce travail.

comme terre de réussite chez les habitants de Niodior. Au contraire il les met en garde contre les dangers de l'émigration quand il s'adresse à eux. « La France, ce n'est pas le Paradis. Ne vous laissez pas prendre dans les filets de l'émigration (VA, 114) Dans la même lancée, Salie la narratrice du roman rappelle aux jeunes la différence entre illusion et réalité et leur présente les facettes négatives de la vie d'immigré(e) qui sont rarement dites.

> Rares sont ceux qui ont vraiment réussi. Les Africains, toutes vagues confondues, vivent en majorité dans des taudis. [...]Leurs enfants, bercés par le refrain *Liberté, égalité, fraternité*, perdent leurs illusions lorsque, après un combat de longue haleine, ils se rendent compte que la naturalisation enfin obtenue n'ouvre pas davantage leur horizon. Le petit carton de la nationalité ne se colle pas sur le front! A moins de se tailler des chandris dans la peau de Jeanne d'Arc, ils n'ont aucun moyen de convaincre les défenseurs de la préférence épidermique de leur légitimité tricolore. En Europe, mes frères, vous êtes d'abord noirs, accessoirement citoyens, définitivement étrangers, et ça, ce n'est pas écrit dans la constitution, mais certains le lisent sur votre peau. Alors vous comprenez, il ne vous suffira pas de débarquer pour mener la vie de ces touristes smicards qui vous font baver, en vous abandonnant leurs pacotilles *in Paradis*. Maintenant, là-bas aussi il y a le chômage. (VA, 176)

Pour changer l'image que les jeunes se font de l'Europe, Salie commence par présenter la situation déplorable des immigrés africains en France. Ceux-ci vivent dans des conditions insalubres et malsaines. En outre, la narratrice poursuit son intervention en soulevant le problème du racisme que rencontrent les immigrés noirs dans leur pays d'accueil. Ici on note l'emploi du ton sarcastique de Fatou Diome dans le roman avec l'usage des expressions telles que «la préférence épidémique ». Il est question ici de critiquer la société d'accueil en présentant ses failles aux candidats à l'immigration qui associent la France au paradis terrestre. Premièrement, ces failles s'observent sur le plan social avec le racisme et l'échec de la politique d'intégration des immigrés puisque les immigrés naturalisés sont également victimes de racisme. Deuxièmement on retrouve aussi les failles de la société d'accueil sur le plan économique avec la mention du chômage dans le texte. De sus, la narratrice critique également «Les venus de France» qui cultivent l'illusion de la France comme terre de réussite dans le pays natal quand ils viennent y passer les vacances. En qualifiant leurs présents de pacotilles, elle les dévalorise et renvoie à la situation minable de ces derniers dans le pays d'accueil. Par l'expression *made in Paradis*, en caractère italique, l'auteur veut attirer l'attention du lecteur sur le clivage entre illusion et réalité en ce qui concerne les produits venus de France qui sont souvent de peu de valeur mais que les immigrés en vacance au pays de même que les habitats du pays natal survalorisent. Les premiers pour s'inventer une vie glorieuse dans le pays d'accueil, les seconds pour maintenir le mythe de la France. A ce titre, le voix narrative du texte lance un appel à l'intention des immigrés : « Aujourd'hui plus que jamais, la nécessité de franchise incombe aux immigrés, même à ceux d'entre eux qui sont nimbés de l'aura de la réussite. Il ne s'agit pas de dégoûter les nôtres de l'Occident, mais de leur révéler le dessous des cartes.»(AV, 247). Le dessous de la carte c'est la réalité sur la vie de l'immigré dans sa société d'accueil, ses problèmes d'adaptation en pays étranger, la nostalgie du pays natal, en somme, la douleur de l'exil.

4.6 Le vécu de l'exil par Julia et Gisèle dans *L'exil selon Julia* de Gisèle Pineau

Dès son arrivée en France, Julia dit Man Ya connaît la souffrance de l'exil. Le prompt changement de climat est la première difficulté que Julia doit affronter car « elle souffre de froidure et reste prostrée près du gros poêle, toute la journée, la tête enfoncée dans son cou, bras croisés sur son gilet qui presse ses gros tétées, elle parle peu.» (ESJ, 64) A peine arrivée en France, Julia ressent la nostalgie, elle pense à son époux et veut retourner au près de lui malgré le châtiment qu'il lui inflige. De ce fait, la France est dépeinte comme «un pays de désolation» (ESJ,55) par la guadeloupéenne qui n'arrive pas à s'accommoder à son nouvel environnement. Elle en veut à son fils de l'avoir emmenée en hexagone et durant tout son séjour en métropole, «son esprit voyage sans fatiguer entre la France et la Guadeloupe où chaque jour elle espère retourner. (ESJ, 16) A travers cette situation, naît un éloge du pays natal dont Man Ya raconte perpétuellement les beautés à ses petits-enfants. Simultanément la France devient un pays non attrayant où il ne fait pas bon vivre. D'après l'analyse de Françoise Mugnier, on observe une représentation négative de la France dans l'œuvre de Gisèle Pineau du fait que la métropole où évoluent les personnages de Pineau est réduite à un petit village de la Sarthe et à une cité en banlieue Parisienne qui se caractérise par la saleté et le vandalisme. [230] Par contre les évocations de la Guadeloupe dans le récit font référence à la splendeur et la beauté de l'île.[231]

---

[230] Cf. Mugnier, Françoise: Op.Cit., p.66.
[231] Ibid.

Dans la même lancée, Mugnier précise que les titres des chapitres du récit concourent également à transmettre cette image négative de la métropole car:

> La première partie de L'exil selon Julia qui est située en France s'intitule «Noir et Blanc,» la dernière qui se déroule aux Antilles « Couleurs », ces titres ont des significations raciales, pictoriales,comme dans le roman précédemment mentionné, et plus généralement artistiques; ils suggèrent que la France est monotone et stérile alors que la Martinique et ensuite la Guadeloupe dans le livre, explosent en une variété de types physiques, de paysages et d'histoires, d'exubérance naturelle et verbale. La France n'inspire guère le création artistique et la fertilité littéraire par contre les Antilles si.[232]

A cause de ce négativisme de la France, les personnages du récit font une «expérience pénible »[233] avec l'immigration. Non seulement Julia expérimente son séjour comme un calvaire mais les autres personnages immigrés du texte (la narratrice Gisèle et sa famille) ne connaissent pas non plus un séjour aisé dans l'hexagone car ils sont victimes de racisme et de préjugés. Pour cette raison, Adlai Murdoch décrit l'exil vécu par les protagonistes du récit en ces termes: « throughout the novel, the family constantly suffers the isolation caused by ignorance and is stigmatized by a society that refuses to recognize their Frenchness.»[234] Murdoch analyse de ce fait l'exil des personnages du récit comme une souffrance que connaissent ces immigrés antillais et rend la société française responsable de l'isolation et du rejet que rencontrent la narratrice et sa famille. La société métropolitaine est ainsi taxée d'ignorante du fait qu'elle stigmatise les immigrés antillais et refuse de reconnaître leur francité alors que ceux-ci de part leur statut juridique sont français aux même titre que les français de l'hexagone. Cependant contrairement à Murdoch, Arlette Smith rend Julia responsable de son incapacité à s'intégrer dans la société française. Dans son analyse Smith précise que la grand-mère Man Ya ne fait aucun effort pour s'intégrer et cela se manifeste par son incapacité d'apprendre à lire et à écrire malgré les efforts déployés par ses petits- enfants qui veulent l'instruire.[235] Notons néanmoins que

---

[232] Mugnier, Françoise : Op.Cit., p.71.

[233] L'expression „expérience pénible" est empruntée à Françoise Mugnier qui l'emploie dans l'article précité pour qualifier les personnages de Pineau dans le récit L'exil selon Julia.

[234] Murdoch, Adlai H.: Op.Cit., p.136.

[235] Cf. Smith, Arlette M.(1998) : Review creative works-L'exil selon Julia-, in: the french review. Bd 72.1., p.369.

même si elles vont dans des sens opposés, les interprétations d'Adlai Murdoch et Arlette Smith sont fondées. Concernant l'analyse de Murdoch, les difficultés d'intégration que connaît la famille de la narratrice s'appliquent à tous les membres de la famille à l'exception de la grand-mère Julia. Les enfants notamment Gisèle ainsi que ses frères et sœurs sont particulièrement concernés car ils sont à maintes reprises victimes d'injustice sociale. Le racisme qui se manifeste à l'école et dans les médias tel que nous l'avons montré dans ce travail entend effectivement nier toute appartenance des immigrés noirs antillais à la nation française. Par des slogans comme «Retourne dans ton pays !.... »(ESJ, 80) ou encore « Chacun chez soi »(ESJ, 102), les français de l'hexagone refuse effectivement de reconnaître la citoyenneté française à leurs compatriotes antillais vivant en Métropole.

Quant à l'analyse d'Arlette Smith, nous sommes également d'avis que Man Ya refuse délibérément de s'intégrer dans la société française et si comme l'écrit encore Smith, elle est présentée dans le récit comme apathique, frustrée et imperméable vis à vis de l'occident,[236] c'est parce qu'elle n'apprécie aucunement sa présence en France et de ce fait il n'est pas surprenant qu'elle refuse de faire tout effort d'adaptation. Pour Julia, il importe seulement de rejoindre sa terre de Guadeloupe, et son séjour en France devient une longue attente du jour où elle retournera dans son île natale. Subséquemment elle fait une dépression dans son exil français et la crise nostalgique décrite dans le texte le prouve clairement:

> Il y a un temps, Man Ya refuse de quitter la couche. Un genre de mélancolie la terrasse. Elle gît sur les draps, pareille aux dauphins bleus qui viennent échouer leur vie sur la plage, Four-à Chaux ou à Roseau. Elle est là, sans être là. Son esprit peut retourner mais son corps ne suit pas. Alors elle pousse de forts soupirs.[…] Inquiets comme des chiens nouveau-nés gémissent alentour de leur manman malade, nous la veillons nuit et jour. Bien sûr l'origine de l'affection est connue de chacun. Mais le remède apparaît plus mauvais que le mal. La retourner en Guadeloupe, sous la botte du Bourreau, c'est pour nous comme l'expédier directo à la potence, avec la bénédiction du grand Satan et nos remords aux premières loges. Face à ce dilemme, on appelle un docteur –savant en quatre saisons. L'homme, très doux, très doux dénonce le Mal du Pays et prescrit illico une page de remèdes. (ESJ, 123-124)

La description ici faite par la narratrice Gisèle ne laisse planer aucun doute sur le fait que la maladie dont souffre Man Ya est essentiellement causée par la nostalgie qu'elle ressent en France et la dépression qu'elle fait est la résultante de son exil.

---

[236] Cf. Smith, Arlette M.(1998): Op.Cit., p. 369.

Cependant elle reste privée du retour dans sa terre natale par sa famille qui envisage plutôt de la faire suivre par un médecin. Mais malgré l'intervention de celui-ci, Julia reste inguérissable puisque dans la suite du texte la narratrice précise: «le mal dure. S'étire. Voit passer trois saisons. Use deux médecins jeunots. Et engouffre des centaines de tablettes.»(ESJ, 124) Comme nous l'apprend le récit, «elle [Man Ya] veut une seule chose, un seul remède: son billet d'avion, sa vielle case à Routhiers, son jardin, et Monsieur Asdrubal.»(ESJ, 124). La situation douloureuse de Julia en terre d'exil est résumée dans le concept de migrance d'Emile Ollivier que nous avons introduit au premier chapitre de ce travail[237] et qui présente l'exil comme une douleur et une souffrance. Nous constatons que cette définition de l'exil correspond à la manière par laquelle Julia vit son exil parisien dans le texte car la nostalgie et la douleur accompagnent ce personnage tout au long de son séjour en France. Hormis Julia, la narratrice Gisèle et sa famille connaissent également la douleur de l'exil dans le récit. Au même titre que la souffrance de la grand-mère, la douleur des autres personnages migrants du texte se résume également dans le concept de migrance d'Emile Ollivier. A côté de la migrance que vit Julia en France, l'expérience migratoire de ce personnage correspond à la description faite par Edward Saïd de l'exil. Puisque ce dernier associe l'exil à une expérience pénible, une douleur insurmontable et la rupture entre immigrant et origine,[238] nous constatons que ce sont exactement les maux dont souffre Julia dans le texte. Sa maladie provient de la blessure de l'exil pour reprendre les mots d'Edward Saïd et le seul remède de Julia reste le retour au pays natal.

Face à la réticence de son fils de se soumettre à va volonté de retour en Guadeloupe, Julia essaie de repeindre son univers guadeloupéen dans le milieu français où elle se trouve et selon l'interprétation de J. Brinda Mehta, le manger antillais s'avère important dans ce processus. Dans un article consacré à l'étude de *L'exil selon Julia* de Gisèle Pineau, Mehta montre comment la nourriture joue un rôle clé dans l'œuvre de Pineau. Selon cette étude, les habitudes culinaires des Antillais en Métropole témoignent de leur appartenance culturelle et identitaire.[239] Par conséquent, la nourriture

---

[237] Pour plus d'informations sur le mot migrance, Cf. le point 1.3.2 du premier chapitre de ce travail.

[238] Cf. point 1.3.2 du premier chapitre de ce travail.

[239] Cf. Mehta, Brinda J.(2005) : Culinary diasporas: identity and the language of food in Gisèle Pineau's *Un papillon dans la cité* and *L'exil selon Julia*, in: International Journal of Francophone Studies. Exeter. Bd.8.1., p.26.

du pays natal permet à l'exilé(e) de fermer en quelque sorte le vide créé par l'exil comme le relève cette affirmation de J.Brinda Mehta: « food fills the void of exile and homelessness in acts of culinary belonging[...]»[240] En cuisinant des mets typiquement antillais Man Ya, rend pour ainsi dire son exil supportable étant donné que:

> Food become a form of 'memory dressing' to ward off the emptiness of solitude, derision, and rejection when customary smells lead to poetic imaginings of well-known, far away places brought to life within the borders of the frying pan and in the liquid fragrance of red Antillan butter.[...] The frying pan has the power to melt bondaries by creating an undifferentiated territoriality between France and Guadeloupe, a ‚sensorial Interstice' that suspends spatial hierarchies through culinary reconstructions.[241]

La nourriture permet de créer un espace interstitiel entre la France et la Guadeloupe et a le pouvoir de lever les barrières existantes entre ces deux espaces. Elle permet ainsi à Man Ya de supporter sa difficile situation d'exilée en France car « these culinary reimaginings are the very source of Man Ya's survival in France as they bring home a step closer through the immediacy of memory.»[242] Cette position est partagée par Valérie Loichot selon qui dans le texte de Pineau, « l'art de goûter et de savourer est la voie la plus directe pour se souvenir du pays natal et celui de cuisiner pour le recréer de façon active. »[243] En outre Loichot précise que dans l'œuvre de Gisèle Pineau, les protagonistes créent « à travers la nourriture, un espace et un lieu de dialogue qui incorpore et digère simultanément les valeurs antillaises et européennes, se nourrissant de certaines et en rejetant d'autres, pour les dépasser. La reconstruction culinaire est non seulement un acte individuel mais aussi un geste de reconstruction politique. »[244] Au-delà d'être un moyen de surmonter l'exil, la nourriture occupe une autre fonction à savoir permettre de créer un espace hybride entre la Guadeloupe et la France. Au moyen de l'acte culinaire, l'antagonisme qui existe entre ces deux pôles géographiques est anéanti laissant place à *une ré-créolisation* de la cuisine an-

---

[240] Ibid., p.35.
[241] Cf. Mehta, Brinda J.(2005): Op.Cit., p.35-36.
[242] Ibid., p.36.
[243] Loichot, Valérie(2002): Reconstruire dans l'exil: la nourriture créatrice chez Gisèle Pineau, in: Etudes francophones.Bd.17.2., p.26.
[244] Ibid., p.27.

tillaise.[245] Valérie Loichot parle dans son analyse de *double créolisation* ou *re-créolisation* de la cuisine antillaise dans la mesure où « la cuisine antillaise est en effet la résultante de la rencontre de saveurs, d'ingrédients et de techniques indiennes, européennes, africaines, chinoises dans l'espace antillais.»[246] Cette rencontre constitue la première créolisation de la cuisine antillaise, le contact de cette cuisine avec celle de la Métropole est un second mélange qui cette fois-ci intervient non plus dans l'espace antillais mais plutôt français d'où l'expression double créolisation. Ajoutons que cette conception ne se limite pas seulement à la cuisine antillaise mais est applicable aux immigrés antillais eux-mêmes. Ayant déjà une identité créole dans son île natale, l'immigré antillais en France subit un deuxième mélange identitaire à travers le contact avec la Métropole et est victime à travers sa situation d'immigré d'une re-créolisation pour emprunter l'expression à Loichot. A juste titre, Françoise Mugnier précise que:

> Dans les livres de Pineau, la métropole, qu'elle soit pays d'accueil ou d'origine, d'oppression ou de libération, contribue donc à esquisser une nouvelle façon, double, voire multiple, d'être guadeloupéen. La France participe à la créolisation tant célébrée de la société antillaise; elle concourt à l'extension de ce brassage fécondant et affolant au-delà des îles.[247]

Comme le constate Lucia M. Suarez, il y a deux genres d'exils dans *L'exil selon Julia*. Le premier est celui de Julia et le deuxième est celui de Gisèle la narratrice du récit. Cette dernière est confrontée aux préjugés dont sont victimes les immigrés africains et antillais en France.[248] Cette double approche du thème de l'exil dans le récit de Pineau est également relevée par Arlette Smith dans son article cité ci-dessus. A côté de l'expérience négative de Julia avec l'exil en France, le texte raconte aussi les difficultés que connaît la narratrice dans son exil français. Ainsi au portrait d'immigrée de la grand-mère, Pineau oppose celui de la petite-fille et même si les difficultés de l'une et de l'autre diffèrent, la souffrance de l'exil est partagée par les deux protagonistes.

---

[245]:Ibid., p.26.
[246] Ibid.
[247] Mugnier, Françoise: Op.Cit., p.72.
[248] Cf. Suarez, Lucia M.(2000): Essays, Gisèle Pineau: the dimension of migration, in : World literature today. Bd.75.3-4., p.15-17.

Alors que la triste expérience de Julia avec l'immigration provient exclusivement de son manque de volonté d'adaptation en France lié à son besoin pressant de rejoindre son pays natal, dans le cas de Gisèle ce sont les préjugés et le racisme qu'elle rencontre dans son parcours scolaire d'adolescente et dans sa vie en France qui engendrent sa peine dans son exil. Selon Beverley Ormerod Noakes, la souffrance de Gisèle provient de sa situation d'immigrée écolière en France sujette aux injures raciales dans la rue et dans la salle de classe. Elle obtient une sorte de réconfort et d'aide de la part de sa famille face à cette situation. Ici la grand-mère joue un rôle particulier du fait qu'elle inculque à sa petite-fille le sentiment de fierté de sa race et de ses origines antillaises car Julia possède un sens ferme, précis de son identité antillaise. Ainsi Man Ya joue simultanément le rôle de grand-mère et de mère et permet à Gisèle de faire la transition d'une situation de vulnérabilité à celle de confiance de soi.[249]

La relation qu'entretient Gisèle avec sa grand-mère pendant et après son séjour en France donne à la narratrice une nouvelle perspective de son exil. Le texte nous apprend que Gisèle est née en France, et qu'elle a seulement séjourné en Guadeloupe pendant les congés pour de courtes durées. L'adolescente n'a alors pas ou quasiment peu de connaissances des réalités de son pays d'origine. En France, elle vit un «déracinement culturel»[250] dû au rejet de la société française et à l'ignorance de la société guadeloupéenne. Pour se forger une identité, elle glorifie la terre des Antilles et éprouve une aversion pour cette France qui la rejette. D'après l'interprétation d'Arlette Smith, la narratrice se cramponne à l'idée de retourner aux Antilles, car selon elle cela, lui permettra de trouver des repères culturels et «d'appartenir enfin à un milieu qui lui renvoie une image positive d'elle-même.»[251] Tout comme pour Julia, chez Gisèle également la France devient une terre de souffrance alors que la Guadeloupe est assimilée à la délivrance.

Dans la correspondance qu'elle entretient avec Julia après le retour de cette dernière en Guadeloupe, la narratrice tout comme sa grand-mère essaie de préserver son iden-

---

[249] Cf. Noakes, Berverley Ormerod (2003): The parent-child relationship in Gisèle Pineau's work, in: Aub-Buschner, Gertrud/Noakes, Beverley Ormerod(Eds): The francophone caribbean today: literature, language, culture. Kingston: The university of West Indies Press., p.140.
[250] Smith, Arlette M.: Op.Cit.
[251] Ibid.

tité culturelle à travers les habitudes alimentaires. La nourriture antillaise une fois de plus devient le moyen de surmonter les difficultés de l'exil.

> Quand je mange des lentilles, je songe aux Antilles. Lentilles, Antilles. Est-ce qu'on peut dire que la Guadeloupe est une Antille parmi tant d'autres qui forment les Antilles? Chaque graine est une île dans mon assiette. Je sais qu'il y a des quantités d'îles dans les parages de la Guadeloupe. (ESJ, 147)

Les lentilles qui constituent une nourriture antillaise sont assimilées à la Guadeloupe. Les aliments antillais qu'elle consomme en France rapprochent la narratrice de son pays d'origine et lui permettent de se faire une image de celui-ci. Tout comme manger la nourriture antillaise est perçu par la narratrice comme une envolée vers la Guadeloupe, le manque du pays se manifeste par la consommation de la cuisine française. Dans le récit Gisèle relate:

> Nourrir ce manque [manque du pays], c'est acheter du poisson d'eau douce en France, le coucher dans une saumure d'imitation- il n'y a ni citron vert ni piment-*bonda-Man-Jak*. Faire revenir tomates et oignons dans une once de beurre-rouge Masclet tiré d'un colis des Antilles. Déposer le poisson, laisser cuire, puis manger. Constater l'offense.(ESJ, 121)

La narratrice déplore l'absence d'ingrédients de la cuisine antillaise. Etant obligé de faire recours aux éléments de la cuisine française pour compenser le manque, ceux-ci ne peuvent que produire une imitation du repas antillais et à cet effet elle parle d'offense faite à la cuisine antillaise. L'incapacité d'obtenir une nourriture typiquement antillaise cultive la nostalgie de l'immigrée et active la volonté de rejoindre sa terre natale. Par ailleurs cela s'exprime clairement à travers l'aberration que ressent Gisèle envers les «mangers en boîte» (ESJ, 155) représentés dans le texte par «des sachets de purée Mousseline et des raviolis »(ESJ, 155) que la mère de Gisèle prépare à sa famille.

Hormis l'influence de la nourriture dans le processus d'adaptation de la narratrice en France, Thomas Mpoyi-Buatu souligne l'importance des lettres que Gisèle écrit à sa grand-mère dans la vie de la jeune fille. Selon le critique, la correspondance par courrier interposé qu'entreprend Gisèle après le retour de sa grand-mère en Guadeloupe permet à la fillette de sortir de la monotonie de la vie ordinaire en vivant dans l'imaginaire affectif avec sa grand-mère.[252] De retour dans son île natale, Julia devient non seulement la confidente de Gisèle mais également celle qui l'aide à transcender les obstacles qu'elle connaît en tant qu'immigrée noire en France métropolitaine.

4.7 L'image de l'immigré dans *L'âme prêtée aux oiseaux*, *Chair Piment* et *Fleur de Barbarie*

Dans *L'âme prêtée aux oiseaux* (Pineau:1998), l'auteur fait la représentation de l'immigré noir dans la France de l'après-guerre. La figure de l'immigré dans la France des années quarante est marquée par le personnage de Henry, un Antillais, présenté comme un soldat de l'armée française et qui « passait pour un Américain avec son accent anglais, sa décontraction et son goût pour le Chewing-gum »[253] Seulement, sa relation avec la française Lila est menacée par le racisme et la discrimination raciale qui accompagne l'immigré noir à cette époque en France car:

> malgré les illusions que nourrissait Henry sur la fin des tristes histoires entre Noirs et Blancs, Lila ne s'imaginait pas avec un Noir. Une existence entière! Lui, il croyait qu'on l'estimait comme un homme. Juste un homme…Il avait compté parmi les sauveurs de la France et, selon lui, cette victoire gommait tous les préjugés contre les Noirs. (APO, 136)

En tant que l'un des «sauveurs de la France» car ayant combattu aux côtés de ce pays pendant la guerre, Henry attend de la reconnaissance de la part de la société française. Cela impliquerait la fin des préjugés racistes envers les Noirs et leur acceptation par le peuple français. Cependant la réalité sociale est autre car malgré son engagement aux côtés de la France, le Noir n'est pas valorisé par l'homme blanc. Ici Gisèle Pineau critique la France qui utilise les Noirs seulement à des fins de combat quand le besoin se présente. On fait recours au Noir quand la France a des difficultés et dès qu'elle réussit à se tirer d'affaire, celui-ci est relégué au rang d'un homme in-

---

[252] Cf. Mpoyi-Buatu, Thomas (1996): Gisèle Pineau: L'exil selon Julia, in présence africaine 154., p. 311.
[253] Pineau, Gisèle (1998): L'âme prêtée aux oiseaux. Paris: Stock., p.22. Dans la suite de notre travail nous allons désigner le roman *L'âme prêtée aux oiseaux* par APO. Cette abréviation sera suivie de la mention de la page.

férieur comme le note cette déclaration de Lila envers son amant Henry : « aujourd'hui tu es libérateur de la France, on te décore comme un sapin de Noël, et demain tu es plus rien qu'un Nègre, un bamboula qui mange le pain des Français. Ici tu n'es pas le bienvenu.» (APO, 150) Contrairement à Henry qui se fait des illusions sur l'égalité entre Blanc et Noir, Lila reconnaît le racisme qui existe dans la société française et c'est la raison pour laquelle étant enceinte de Henry, elle abandonne l'enfant après l'accouchement à son père qui s'en va avec lui en Amérique. Dans le récit, la narratrice note: «j'avais appris, sans réelle stupeur que James-Lee était le fils de Lila, son unique enfant qu'elle avait laissé partir à cause de sa couleur et aussi de l'époque et du qu'en dira-t-on.»(APO, 207) La critique exercée par Pineau envers la société française qui se montre ingrate à l'endroit des soldats noirs ayant combattu pour la France va plus loin à travers la description ici faite de l'attitude de Lila. Cette dernière n'entreprend rien pour combattre le racisme qui existe au sein de la société dans laquelle elle vit. Alors que Henry est prêt à l'épouser et mener avec elle le dur combat que constitue son intégration dans la société française des années quarante, malgré le fait que celle-ci soit pleine de préjugés envers les Noirs, Lila opte pour la séparation d'avec les êtres qui lui sont chers notamment son amant et son fils. Du fait qu'il est comme le décrit le texte un Noir « café au lait »,[254] Lila préfère de séparer d'Henry et s'érige de ce fait en victime des préjugés raciaux qui prévalent dans son entourage. Son manque d'action et d'esprit de combativité la rend complice de discrimination et de racisme envers l'immigré Noir.

Cependant, dans son roman *Chair Piment*, Gisèle Pineau nous livre une approche différente de l'image du personnage immigré en France. La description de la cité dans laquelle habite Mina montre que cette dernière mène une vie pas du tout aisée dans son exil parisien.

> Trois vielles tours effarées taillées dans le béton. Cinq barres dressées entre des arbres maigres. Et six cubes couverts de tags. Derrière les façades bourgeonnantes d'antenne paraboliques, il y avait les appartements, cages à poules et clapiers à lapins, où vivaient les familles. Aussi haut que portait le regard, la cité hésitait entre ruine et loques. Si on avait du temps à tuer, on pouvait se mettre à compter les carreaux cassés, les fenêtres pendantes, les voilages grisâtres. Ou bien le linge au vent.

---

[254] L'expression „ café au lait" est employé dans le roman *L'âme prêtée aux oiseaux* pour désigner les êtres de couleur de peau claire issus de liaison entre Blancs et Noirs et le texte parle également de « Noirs Café noir » pour sans doute décrire les hommes de couleurs de peau sombre chez qui on n'aurait aucune raison d'imaginer un mélange entre Blanc et Noir.

Jeans et pulls, draps et torchons qui flottaient comme des drapeaux sans nation. Et, au bas des immeubles, les sacs-poubelles, noirs et bleus, éventrés sur les trottoirs où le goudron faisait des creux et des bosses avant de partir en morceaux. Les bennes débordantes d'immondices et de rats affairés. Parfois, les sales gamins les pourchassaient, à coups d'insultes et de gravillons.[255]

La description de la cité montre la promiscuité dans laquelle vivent ses habitants. Les logements sont décrits comme très petits pour les familles nombreuses qui les occupent et la cité se caractérise par la saleté et le vieillissement des locaux. L'état de délabrement avancé de la cité que dépeint le passage susmentionné est une fois de plus énoncé dans le texte par la voix narrative qui précise que «la cité était aujourd'hui un lieu de relégation promis depuis des années au dynamitage.» (CP, 22) Comme Mina, la majorité des habitants de ce lieu en attente de démolition étaient des immigrés «de tous poils et de toutes couleurs. Blacks, Blancs, Beurs, Asiates.» (CP, 23) décrit comme «des amers en exil, soûlés de nostalgie.»(CP, 23) Quittant le luxe dans lequel elle a longtemps vécu chez sa grande sœur Olga, on note une régression sociale dans la vie de Mina puisqu'elle travaille à la cantine d'un lycée et occupe un deux-pièces dans cette cité immonde où «les portes en fer de l'ascenseur étaient noires de tags et se refermaient toujours dans un tintamarre infernal quand il n'était pas en panne et qu'elle [Mina] devait se taper les sept étages à pied.»(CP, 23)

Cette représentation misérable du personnage immigré en France diffère de l'image de ce dernier dans le roman *Fleur de barbarie* où Gisèle Pineau nous offre plusieurs représentations de l'immigré(e) dans la société française. L'héroïne et narratrice du récit Josette décrit premièrement sa vie en France en tant qu'immigrée guadeloupéenne dans la Sarthe. Chez Tata Michelle, Josette est une fillette noire qui évolue dans un environnement essentiellement blanc. A son arrivée chez sa nourrice, le texte insiste sur la couleur de la peau qui est une particularité de cet enfant dans la campagne française:

> On ne m'avait jamais apporté que des enfants plutôt blancs, même s'ils viraient au café au lait en été. Je me souviens Mémé Georgette a ouvert de grands yeux et elle est presque tombée à la renverse quand tu as retiré ta cagoule rouge et tes gants verts. Ça, pour être noire, t'es noire, ma Joséphine...Je te vexe pas, hein!...Je crois bien que c'était la première fois qu'elle voyait une Noire en vrai sous son toit, en

---

[255] Pineau, Gisèle (2002) : Chair Piment. Paris. Mercure de France., p21. Dans la suite de notre travail, nous allons abréger le roman *Chair Piment* par les lettres CP pour le citer. Cette abréviation sera suivie du numéro de page.

chair et en os, la Mémé Georgette. La dame qui t'accompagnait m'a regardée la mine de quelqu'un qui s'excuse, mais j'étais pas contrariée pour un sou. Je t'ai aimée, avec ta petite gueule noire, tu m'as pas fait peur du tout. Pour dire, je t'ai même trouvée belle, je te mens pas.[256]

Ces propos qui émanent de Tata Michelle relatent la rencontre entre Josette et sa famille d'accueil de la Sarthe. Le passage décrit le premier contact entre une descendante d'immigrés noirs et une famille blanche de la campagne française. Gisèle Pineau utilise un ton ironique et revient sur les préjugés associés aux Noirs dans la société. La couleur de peau noire apparaît comme une étrangeté au regard de Mémé Georgette quand Josette enlève ses gants et sa cagoule. Le Noir qui jusque-là représentait un être observé à distance pour la vieille française devient une personne qu'elle peut côtoyer de près. L'assistante sociale qui accompagne la fillette dans sa famille d'accueil elle-même perçoit l'arrivée de Josette à la Sarthe comme une offense à l'endroit de Tata Michelle d'où sa «mine de quelqu'un qui s'excuse». Les propos de la nourrice dans les deux dernières phrases du passage tiennent à relever les stéréotypes du Noir dont l'image est présentée comme répugnante et effrayante dans la société. A travers l'exemple d'une petite fille noire confiée à une famille française, Pineau veut lever les clichés qui entourent l'image de l'immigrée noire et montrer que contrairement à la pensée répandue dans la société française, Noire n'est pas synonyme de laideur et de frayeur mais qu'une petite fille noire est aussi belle et mérite d'être aimée tout comme une fillette blanche.

Dans la suite du texte, Tata Michelle relate les circonstances qui ont accompagné l'arrivée de Josette à la Sarthe et à travers l'extrait de texte ci-dessous, l'auteur revient sur les préjugés racistes qui prévalent dans la société française décrite dans le texte:

T'es bien remplumée aujourd'hui, mais fallait te voir à l'époque: la peau sur les os, aussi maigre que les enfants affamés d'Afrique qu'on montre à la télé dans les reportages. Des lentes et des poux dans la tête et jusqu'aux sourcils. Ah! C'est sûr, ils t'avaient pas ménagée les sagouins chez qui t'étais avant. Je crois même que t'étais galeuse, mais ça je ne peux pas jurer. Quand t'es sortie du bain, l'eau était si noire que Mémé a poussé un cri de stupeur, elle a pensé que c'était comme ça chez vous. Elle croyait que tu dégorgeais ton jus. Tu disais pas un mot tandis que je t'étrillais

---

[256] Pineau, Gisèle(2005): Fleur de Barbarie. Paris. Mercure de France., pp.25-26. Dans la suite de notre travail nous allons désigner le roman *Fleur de Barbarie* par l'abréviation FB suivie du numéro de la page.

du mieux que je pouvais. Fallait voir la couche que t'avais sur le corps, ma pauvre Joséphine. « Ma foi, elle déteint drôlement, la petite noiraude… ». Elle a dit, ta mémé. «Sois pas saute, a lâché Pépé Marcel, C'est seulement de la crasse.» Pépé il avait fait la guerre et il avait fréquenté des nègres, il en savait des longueurs sur la race humaine. Après Mémé a bien vu que l'eau ne virait plus au noir quand tu te lavais. Elle s'est habituée à toi et vous êtes de bonnes commères maintenant. Elle a aussi compris que c'était pas chrétien de t'appeler Bamboula ou la Noiraude et elle a plus recommencé, sauf une ou deux fois, ça lui a échappé…Tu l'avais réveillée au milieu de sa sieste. (FB, 26)

Le personnage de Mémé Georgette est marqué par l'ignorance qui conditionne les préjugés qu'elle a à l'endroit de Josette. Ayant peu ou pas du tout de connaissance sur les Noirs Mémé Georgette assimile la couleur sombre de l'eau utilisée par la fillette noire pour son bain au fait que Josette perd la couleur de sa peau alors que la coloration sombre du liquide provient de la saleté et de la crasse que l'enfant a sur son corps suite au mauvais traitement qu'on lui a infligé dans le lieu où elle a précédemment séjourné. Lorsqu'elle s'habitue à la présence de la guadeloupéenne et remarque que l'eau ne prend plus une coloration sombre après le bain de l'enfant, Mémé Georgette se débarrasse de ses préjugés. Tout comme Pépé Marcel a fait connaissance des Noirs en étant en contact avec eux durant la guerre, à la Sarthe la vielle femme apprend à mieux connaître Josette, la petite fille noire et comprend que comme elle, la fillette est une personne à part entière. L'exemple de ces deux personnages nous montre que les préjugés qui motivent les comportements racistes et cultivent l'image négative de l'immigré(e) noir(e) dans la société française sont basés sur l'ignorance et que ceux-ci peuvent être combattus si les français se rapprochent des Noirs et essaient de mieux les comprendre. Le message interculturel de Gisèle Pineau qui prône le dialogue et le contact entre les peuples est transmis à travers cet exemple où le contact entre Mémé Georgette et Josette a édifié la première sur la race noire et renforcé l'appel de rapprochement entre le Français et l'immigrée pour une meilleure cohabitation sur le territoire français.

Hors du cadre familial, la narratrice fait face à la discrimination dans le milieu scolaire. Tout comme Gisèle dans *L'exil selon Julia* (Pineau: 1996), Josette est à plusieurs égards confrontée aux paroles racistes de la part de ses camarades dans son établissement scolaire à la Sarthe. Dans la cour de récréation elle est victime des propos d'un de ses camarades d'école qui la traite de « Marron d'Inde, Cirage ambulant, Tête de nègre, Guenon.»(FB, 56). De plus la narratrice précise: «Quand Tata me rasait la tête, les enfants ricanaient et me traitaient de mouton noir tondu d'Afrique.»(FB, 70)

Hormis le racisme que rencontre l'héroïne de *Fleur de Barbarie* (Pineau : 2005) dans le texte, la narratrice relate également la vie de Wanda, une immigrée haïtienne en France. Celle-ci rêve de connaître la gloire en tant qu'actrice de cinéma et n'ayant pas obtenu le succès escompté dans le monde cinématographique, Wanda vit dans des conditions incertaines à Paris:

> De quoi vivait Wanda? Je [Josette] m'étais toujours interrogée sans jamais oser creuser le sujet. C'était comme l'histoire de ses cheveux qu'elle enfermait dans ses foulards. Cela faisait dix ans que je la connaissais et elle n'avait jamais renoncé à ses rêves.[…] Elle vivotait à droite et à gauche, tantôt en pseudo-colocation, tantôt dans des squats. Je lui avais déjà prêtée pas mal d'argent. Des prêts qui se transformaient en donations. Je l'avais hébergée quelque mois, rue des Rennes.(FB, 346-347)

Relevons ici que l'accent est mis sur la situation de précarité dans laquelle Wanda vit en France. Le prédicat « vivoter » employé par la narratrice pour décrire la façon de vivre de son amie souligne les difficultés contre lesquelles l'immigrée haïtienne se bat pour subsister dans son pays d'accueil. Dépourvue de logement fixe et de revenu stable, celle-ci fait recours à l'aide de ses amies pour avoir un toit ou dormir et un peu d'argent pour subvenir à ses besoins. En outre, le cas de Wanda nous livre l'exemple d'un rêve brisé, celui-ci étant placé en l'immigration puisqu'à son arrivée en France, la jeune femme affirmait: « 'Un jour[…] je deviendrai célèbre. On me verra au cinéma et si ça ne marche pas j'irai en Amérique où on craint moins les Blacks qu'ici.'» (FB, 347) L'espoir d'atteindre une ascension sociale en Occident qu'incarne le personnage de Wanda s'éteint devant la dure réalité de l'immigration qu'expérimente l'haïtienne en France. Même si cette dernière ne se décourage pas et garde espoir tout au long du récit nous pouvons sans hésiter qualifier l'exemple de Wanda d'échec de l'aventure migratoire car à travers ce personnage, l'auteur évoque la problématique de l'écart entre l'illusion et la réalité en ce qui concerne d'immigration.[257]

Un autre exemple dans *Fleur de Barbarie* (Pineau: 2005) qui souligne la situation de précarité et de marginalisation dans laquelle vivent les immigrés (noirs) en France est illustré à travers la description que fait la narratrice du quartier Barbès-

---

[257] Pour plus de détails sur le clivage entre illusion et réalité voire le point 4.5 de ce chapitre.

Rouchechouart, lieu regroupant un grand nombre d'immigrés en majorité d'origine africaine:

> Ce samedi-là, à la sortie du métro, il y avait les habitants vendeurs à la sauvette, les pickpockets à l'affût. Les mamas noires et leur marmaille. [...] Je [Josette] fis quelque pas. Assis cassé à même le trottoir, un Africain me proposa mollement une canette de ses sodas qui marinaient dans l'eau douteuse d'une bassine bleue. Un autre, grand échalas d'ébène, me tendit d'autorité la carte de visite d'un sorcier réputé de la forêt équatoriale. Un troisième, claudiquant- sans doute m'avait-il repérée de loin- courut à ma rencontre et se ficha devant moi, insistant, bancale, avec des chapelets de fausses montres Cartier et Rolex, ainsi qu'un assortiment de portefeuilles Vuitton et Dior. Pendant qu'il me racontait d'un ton plaintif les tourments de son existence, une famille à nourrir et un docteur à payer pour sa jambe malade, il tirait son attirail de contrefaçons des poches de sa veste qui me parurent taillées sur mesure pour son petit commerce ambulant. (FB, 321-322)

Les différentes activités qu'exercent les immigrés et qui sont décrites ci-dessus montrent les conditions malhonnêtes dans lesquelles ces personnages luttent pour leur subsistance. A côté du vol manifesté à travers les pickpockets, la vente des produits de contrefaçon est aussi une activité condamnable. Quant au commerce à la sauvette, il représente l'échec des immigrés en France, réduits à faire un commerce souvent illégal pour assurer leur survie.

4.8 La réussite sociale de l'immigrée dans sa terre d'accueil.

Si la plupart des personnages immigrés connaissent un échec avec l'immigration dans les textes de Beyala, Diome, Sow Fall, Condé et Pineau, notons par ailleurs qu'il existe dans les romans de ces auteurs quelques exceptions des personnages immigrés qui connaissent une réussite sociale en terre d'accueil.
Dans *Desirada* (Condé:1997), l'ascension sociale de Reynalda dont parle Christiane Albert[258] commence lorsque ce personnage obtient un poste d'assistante sociale à la mairie de Savigny-sur-Orge, rédige sa thèse de doctorat et connaît une véritable amélioration de ses conditions de vie.

---

[258] Cf. Christiane Albert: Op.Cit., p.92. Tout en évoquant la réussite sociale des immigrés dans *Desirada*, Albert précise que les exemples d'ascension sociale des immigrés restent rares dans la littérature francophone.

> Depuis deux ans, Reynalda n'était plus assistante sociale à Savigny-sur-Orge et travaillait à Paris pour le compte d'elle [Marie-Noëlle] ne savait quelle organisation. Ces informations abstraites qu'elle tenait de Ludovic, prirent leur réalité quand elle se trouva devant un immeuble flambant neuf du treizième arrondissement. Interphone. Hall décoré de sculptures modernes. Ascenseur rapide et silencieux. Alors seulement avec stupeur elle réalisa l'ascension sociale de sa mère (D, 98-99)

La description que la voix narrative du roman fait du lieu de résidence de Reynalda explique clairement le changement radical opéré dans la vie de cette dernière. Après avoir été bonniche et habité une citée de banlieue à Savigny-sur-Orge où «[...]les ascenseurs ne marchaient pas[...] » (D,37), «De temps en temps, une querelle flambait entre voisins. Un mari battait sa femme» (D, 36) Reynalda se retrouve en plein cœur de Paris dans un appartement moderne.

Quant à Marie-Noëlle, c'est aux Etats-Unis qu'elle connaît son ascension sociale. Son amitié avec Anthéa Jackson contribue à donner une nouvelle image à la vie de l'héroïne de *Desirada* à Boston lorsque cette dernière décide de prendre des cours à l'université. L'ascension sociale de Marie-Noëlle atteint son apogée lorsque celle-ci ayant soutenu sa thèse de doctorat devient professeur d'université. Elle aménage à Newbury, un quartier « modeste à la périphérie de Boston » (D, 227) et met définitivement une croix sur sa vie de Camden Town. Comme sa mère Reynalda à Paris, Marie-Noëlle réussit à se forger une existence stable et prospère à Boston. Seulement tandis que Reynalda y parvient toute seule grâce à ses efforts personnels, ses ambitions et sa persévérance au travail, Marie-Noëlle doit sa réussite à Anthéa qui «elle seule et personne d'autre avait métamorphosé une petite émigrante craintive, mariée à un musicien sans le sou en un respectable professeur d'université.»(D, 223)

Même si Reynalda et Marie-Noëlle sont des exemples particulièrement marquants de réussite sociale des immigré(e)s, nous ne pouvons laisser le cas du personnage d'Awa passer inaperçu. Arrivée à Boston et ayant vécu à Camden Town aux côtés de Marie-Noëlle, Awa se remet de ses déboires amoureux au Mexique et connaît une autre forme de succès dans son aventure migratoire. Certes elle ne réussit par à travers l'instruction comme Reynalda et Marie-Noëlle mais la relation amoureuse qu'elle entretient avec «un homme qui n'était ni marginal ni paumé ni fauché» (D, 229) propulse Awa «dans l'opulence de Beacon Hill» (D, 229). La liaison d'Awa avec un avocat lui permet comme à Reynalda et à Marie-Noëlle de mettre un terme à la misère de sa vie d'immigrée pour mener une vie plus aisée. Même si le texte ne donne pas plus de détails sur la vie d'Awa, les informations que nous pouvons tirer de cette liaison nous permettent de classer ce personnage parmi les immigré(e)s ayant connu une ascension sociale. Certes Christiane Albert reconnaît que les personnages immigrés dans l'œuvre de Maryse Condé ne côtoient pas uniquement la misère dans leurs sociétés d'accueil mais arrivent aussi à s'en sortir au moyen de l'éducation[259] mais nous tenons à préciser que dans les œuvres étudiées de Condé (et particulièrement dans *Desirada*), cette remarque s'applique uniquement pour les personnages féminins.

Chez Gisèle Pineau, on observe aussi la figure de l'immigrée ayant atteint une réussite sociale à travers le personnage de Olga dans *Chair Piment*. La description faite du mobilier de cette dernière laisse déduire un certain confort dans lequel elle vit. En tant qu'immigrée guadeloupéenne vivant en France depuis plusieurs années, Olga est mariée à Douglas, un professeur de mathématiques. Elle habite dans un pavillon de banlieue et possède «une salle à manger en merisier, fauteuils en cuir, bibelots de porcelaine, reproductions de toile de maître, lustre en cristal,[…] »(CP, 26) L'énumération de ces objets est présentée dans le texte comme «les fruits de sa [Olga] réussite» (CP, 26) et permet aussi de distinguer Olga des autres personnages immigrés du texte. Non seulement elle possède un standing élevé par rapport à ceux-ci, en plus le lieu de son habitation la distingue des autres personnages décrits dans *Chair Piment*.

Pareillement dans son roman *Fleur de Barbarie*, Gisèle Pineau présente une figure d'immigrée qui connaît l'aisance dans son pays d'accueil. Lors de son deuxième séjour en France, Josette est décrite comme une femme qui vit aisément. Après avoir abandonné ses études, la narratrice vit aux crochets de sa tante Margareth et ne connaît pas la misère financière associée à la situation d'exil.

> J'avais vingt sept ans. Je n'étais pas un Petit Poucet perdu dans la forêt. La souillon du conte s'en était sortie. Je vivais à Paris, dans un appartement de grand standing. Cent vingt mètres carré. Trois chambres à coucher spacieuses, un immense salon, une salle à manger qui pouvait recevoir quinze convives. Je claquais ma paye dans les boîtes de nuit, les chaussures et les fringues que je portais qu'une fois. Et quand j'étais sans le sou, je téléphonais à Margareth, pour lui demander de m'envoyer de l'argent. (FB, 222-223)

L'image de l'immigrée qui se dégage de ce passage présente une autre réalité dans l'œuvre de Gisèle Pineau notamment celle de l'exilée dont l'éloignement de la terre

---

[259] Cf. Albert, Christiane: Op. Cit., p.128.

natale ne présente aucune difficulté que ce soit sur le plan financier ou sur le plan social. Dans sa vie de femme adulte en France, Josette ne fait allusion ni à des problèmes d'intégration ni à des problèmes de racisme dont elle est victime en tant qu'immigrée dans sa société d'accueil. Durant son deuxième séjour en France, sans qu'elle ne le dise clairement, l'héroïne du texte connaît plutôt une expérience positive avec l'immigration.

Hormis l'exemple de Josette, le cas de Pâquerette témoigne valablement de l'ascension sociale de l'immigrée dans sa société d'accueil. A son arrivée en France, le texte nous précise que « La Pâquerette faisait le pied de grue sur le trottoir.» (FB, 258) Plus tard dans le récit le lecteur apprend que celle-ci avait « attendu le client et vendu son corps». (FB, 314). Ces deux affirmations ne laissent planer aucun doute sur l'activité exercée par Pâquerette à son arrivée en Métropole. Etant encore une adolescente quand elle arrive en France après avoir quitté sa Guadeloupe natale, Pâquerette dépourvue de tout revenu se prostitue pour subvenir à ses besoins. Ce métier avilissant qu'exerce la jeune femme montre son appartenance au bas de l'échelle de la couche sociale. En tant qu'immigrée et prostituée, la condition sociale de Pâquerette en France est sans ambages dégradante.

Cependant quand elle quitte le trottoir et obtient un emploi à la poste, on note une certaine évolution en ce qui concerne le statut social de Pâquerette comme le montre la description ici faite par son fils Teddy dans un entretien avec Josette:

> Elle [Pâquerette] a commencé au tri. Après, elle a suivi des cours du soir et elle est devenue guichetière. J'allais la voir en sortant de l'école. J'étais fier rien qu'à la regarder. Une vraie reine sur son trône…Maintenant, elle s'occupe des clients au service des prêts. Elle a son bureau. Elle traite des dossiers de crédits. Quand je pense qu'elle est partie de rien… (FB, 318)

Les propos de Teddy énumèrent ici les différentes fonctions occupées par Pâquerette à la poste. Tout en notant la promotion professionnelle de l'immigrée guadeloupéenne qui est mise en exergue par le locuteur, le texte nous fait part à travers les propos de Teddy de l'ascension sociale et de la réussite de ce personnage immigré dans la société française.

Hormis les textes de Maryse Condé et Gisèle Pineau, on note aussi la présence de la figure de l'immigrée ayant réussi une ascension sociale en terre d'accueil dans le roman *Assèze l'Africaine* de Calixthe Beyala. A l'inverse d'Assèze, sa sœur Sorraya connaît une condition tout à fait différente de sa situation d'immigrée. Celle-ci est mariée à un riche producteur de musique du nom de Monsieur Alexandre et habite dans un quartier chic de Paris. Comme le relève Christiane Albert, à travers son mariage avec un français fortuné, Sorraya réussit à échapper à la misère ainsi qu'à l'exclusion sociale que connaissent les immigrés et jouit de ce fait des signes d'une réussite sociale que sont un bel appartement, une belle voiture, de beaux vêtements. [260] Dans le roman, le haut standing que connaît Sorraya à Paris est présenté à travers la description du luxe dans lequel elle vit:

> -Tu as une bonne à Paris?
> -Et alors ? La première chose qu'il faut savoir, c'est à quelle porte frapper. Je [Assèze] ne l'écoutais qu'à moitié parce que je marchais sur quelque chose d'argenté et de doux. Tout, autour de moi, était argenté et doux. Vitrines bourrées d'objets étincelants. Livres sur les tables et les étagères. Lampes d'un blanc de nacre avec des pieds de métal luisant. Et une odeur pareille à celle de l'eau de Cologne mais meilleure encore.(AA, 320)

Lorsqu'elle rencontre sa sœur à Paris, Assèze est éblouie par le confort dans lequel vit Sorraya. Le fait que celle-ci ait une bonne présente déjà l'appartenance à une classe sociale supérieure. Ensuite la narratrice ne cache pas son éblouissement devant l'argenterie et la bonne odeur qui caractérisent le domicile de sa sœur. En outre, le succès que connaît sa carrière artistique prouve que la réussite sociale de Sorraya en France est à son apogée comme le précise le récit en ces termes:

> Il ne s'agissait plus d'hypothéquer la réussite, mais de l'expérimenter. En six mois, Sorraya devint une star prospère et adulée. Elle se produisait partout, au Caveau, à l'Olympia, au Zénith. Partout des milliers de mains fanatisées se levaient pour l'adorer.
> Pendant les entractes, des hommes prenaient d'assaut sa loge. Ils se bousculaient pour voir à quoi ressemblait cette déesse dans le privé. Les fleurs dans leurs bras se froissaient comme la paperasse dans la bousculade. Ils couicouinaient des compliments, et les lumières de désir frisaient dans leurs prunelles comme des signaux optiques. (AA, 327)

Selon l'analyse d'Odile Cazenave, Sorraya représente les nombreux rêves de réussite de jeunes africaines qui se caractérisent par la volonté soit de ressembler à la femme blanche, soit de réussir sur le plan professionnel et devenir par exemple une danseuse

---

[260] Cf. Albert, Christiane: Op.Cit., p.100-101.

de ballet classique pour un public occidental évidemment.[261] Notons cependant que l'analyse de Cazenave bien que fondée présente quelques lacunes dans la mesure où Sorraya ne peut pas constituer un modèle de réussite durable sur le plan professionnel en France car son succès artistique demeure éphémère du fait qu'elle souffre d'une crise dépressive qui finit par la pousser au suicide.

Après la mort de Sorraya, Assèze épouse Monsieur Alexandre et connaît une amélioration considérable de sa vie puisqu'elle hérite du confort que lui procure ce mariage. Lorsqu'elle reçoit la visite des Débrouillardes à son domicile à la fin du roman, la narratrice précise: « les Débrouillardes regardent ma maison, puis mes habits, et éclatent de rire.» (AA, 348). Le logement et les vêtements, témoins de la réussite sociale d'Assèze prouvent que l'héroïne du roman a pu réaliser son rêve et se faire une place meilleure dans sa société d'accueil contrairement à ses ex-colocataires qui restent cantonnées dans la marginalisation jusqu'à la fin du récit.

---

[261] Cf. Cazenave, Odile (1996): Femmes rebelles. Naissance d'un nouveau roman africain au féminin. Paris. L'Harmattan.,p.307.

5. L'immigré(e) et la question identitaire
5.1 La question de l'identité dans les textes de Maryse Condé

L'identité est un thème récurrent dans l'œuvre romanesque de Maryse Condé. Dans *Les derniers rois mages*, le roman est marqué par la présence de la question identitaire tout au long du récit; celle-ci accompagne le protagoniste Spéro et son père Justin. En Guadeloupe, ces deux personnages se réclament descendants d'un roi africain exilé aux Antilles pendant la période coloniale: «[…] Papa, le maître a parlé de ton grand-père ![…] Il a dit que les Français ont pris son royaume et l'ont donné à son frère.[…] En février 1894, ils l'ont exilé à la Martinique où il est resté six ans. Ensuite il a eu permission de partir. Il est revenu en Afrique et il est mort à Alger, comme tu l'as dit, un dix décembre.»(DRM, 20) Dans cette affirmation le lien de parenté est établi entre le roi africain dont il est question dans le texte et Julien. Le dernier étant identifié comme le petit-fils du premier et Julien ne va cesser de clamer son appartenance à la famille royale africaine. Dans la définition des ses liens ancestraux avec le roi défunt, Julien est suivi dans cette entreprise par son fils Spéro et la date du décès de l'ancêtre qui est arrêtée comme date de commémoration de la mémoire de ce dernier joue un rôle important dans la définition du processus identitaire des protagonistes du texte.

> Le 10 décembre 1906 Djéré, son grand-père [Spéro], avait institué des règles auxquelles Justin, son père ne se dérobait pas.[…]Ces jours-là, la maison était noire comme un catafalque. On n'ouvrait pas les fenêtres. On n'allumait pas la radio. Des voiles violets couvraient les miroirs tandis que l'encens brûlait devant la photographie dont le cadre avait été astiqué le jour précédent avec un mélange de citron et de cendres. Marisia, la femme de Justin, égorgeait de la volaille qu'elle faisait cuire sans sel et que l'on mangeait avec du gombo, des feuilles de siguine, du crabe[…].(DRM, 17-18)

La commémoration de la mémoire de l'ancêtre accompagne Spéro dans son exil à Charleston. Tout au long du roman cette date est marquée par le narrateur pour signaler l'importance de l'ascendance africaine dans la vie du protagoniste. À travers des interrogations telles que «Est-ce que tu ne te rappelles pas que c'est aujourd'hui le 10 décembre ? »(DRM, 17) la voix narrative du texte revient sur la question identitaire du protagoniste du roman. La date du dix décembre étant associée à l'ancêtre africain, elle se réfère à la question de l'identité de Spéro au même titre que «[…]le portrait de son arrière-grand-père qu'il avait peint lui-même à partir de la photographie qui depuis trois générations s'étalait sur la cloison de la salle à manger familiale.»(DRM, 16). L'autre marque identitaire de Spéro ce sont les cahiers de Djéré, le grand-père du protagoniste. Dans le roman, l'évocation de ces cahiers permet d'alterner la narration du récit car leur intrusion dans le texte interrompt le récit de l'exil de Spéro en Amérique et plonge le lecteur dans l'histoire de l'ancêtre africain. De ce fait le roman nous présente le récit de deux histoires parallèles qui se déroulent dans des espaces et des époques différents. Au-delà de la caractéristique stylistique du roman que représente l'alternance entre le récit de l'exil de Spéro et la vie de l'ancêtre roi africain, nous pouvons déduire que le style alterné dans *Les derniers rois mages* reflète le trouble identitaire de Spéro dans le roman. Tout comme le roman ne relate pas une histoire continue basée sur l'évolution chronologique des événements, la question identitaire de Spéro reste ambiguë à la fin du roman. Dans son exil à Charleston, il commence à rompre avec les marques de son identité liée à son ascendante africaine: «En ce 10 décembre qu'il n'avait pas célébré, plus âcre encore, la nostalgie prenait Spéro à la gorge» (DRM, 173) Si le protagoniste ne commémore plus l'ancêtre, c'est parce qu'il doute de lui-même et s'exclame : « Ah non ! il n'était pas le digne héritier de son ancêtre royal !»(DRM, 101). Avec ces pensées, Spéro commence à vivre un trouble identitaire car il cesse de croire à son appartenance à la lignée de l'ancêtre royal africain et dans sa terre d'exil, il est défini par le narrateur comme un personnage malheureux : « Il n'avait, quant à lui, aucune ambition. Aucun idéal ! Aucun intérêt pour la politique. Ni pour le devenir du monde noir. Et puis il écorchait l'anglais. Il venait d'un pays perdu que personne ne savait placer sur une carte.»(DRM, 101) La perte de l'identité africaine de Spéro s'associe à la perte de confiance en lui-même et occasionne son trouble identitaire. Dans son exil américain, le héro du roman de Maryse Condé reste un étranger et ne réussit pas pleinement à épouser les valeurs de sa société d'accueil à Charleston. Simultanément, il perd l'attachement culturel hérité de sa famille dans sa Guadeloupe natale (notamment la vénération de son ancêtre roi africain) et de ce fait, Spéro devient un immigré acculturé dépourvu de repères identitaires dans son pays d'accueil.

Tout comme dans *Les derniers rois mages*, la question de l'identité dans *Desirada* (Condé:1997) nous livre un récit ambigu avec des techniques d'écritures diverses. Dans la première partie du roman nous avons un narrateur omniscient comme le signale ce passage: «Chaque fois qu'on parlait de sa maman, Marie-Noëlle avait l'impression d'un danger. Il lui semblait qu'un vent glacé soufflait insidieusement sur ses épaules et qu'elle risquait la pleurésie.»(D, 21) Ici nous avons à faire à une focalisation zéro puisque le narrateur ne se limite pas à décrire les événements du récit mais il va jusqu'à parler de l'état d'âme des personnages. Cependant dans la deuxième et la troisième partie du roman, nous n'avons plus uniquement à faire à un narrateur omniscient mais il y a alternance des voix narratives. «Je ne sais pas ce qu'elle t'as raconté. Les bêtises qu'elle a inventées avec Fiorelle, j'en suis sûre »(D. 183). Ici le récit n'est plus raconté à la troisième personne mais plutôt à la première personne du singulier car la narratrice n'est plus extérieure au texte mais c'est un personnage du roman qui prend la parole. A cet effet, Dawn Fulton caractérise la voix narrative dans *Desirada* d'hétérogène.[262] Dans le même ordre d'idées, Karin Schwerdtner s'attarde sur le dernier chapitre du roman également raconté par un narrateur témoin et précise que ce chapitre est un monologue à travers lequel l'identité du narrateur est décliné car « Marie-Noëlle is finally revealled to us as the subject 'I'and not the object 'she'.»[263] A cet égard, Schwerdtner parle également de «emancipation of the voice»[264] pour montrer le changement opéré dans la voix narrative du récit. Ces analyses confirment celles de Dawn Fulton qui note que:

> Condé makes deft use of narrative perspective to inscribe the uncertainty created by overlapping versions of events: while the main frame of the novel is in the third person and centered on Marie-Noëlle, there are several sections representing the first-person point of view of various characters, either set apart from the rest of the narrative or introduced as passages in direct discourse. The text echoes a multidimensional reading of events, in that there is a constant refusal of any singular version of events. In this sense the narrative reads as a series of evasive maneuvers, so that no single straightened version of the past takes precedence over the other. [265]

Dawn Fulton analyse cette hétérogénéité des voix narratives comme une tactique de l'auteur de présenter une lecture plurielle des événements rapportés dans le récit. En laissant parler plusieurs personnages, Maryse Condé tient à souligner non seulement son refus de présenter au lecteur une seule version des faits décrits dans *Desi-*

---

[262] Cf. Fulton, Dawn (2005): A clear-sighted Witness: Trauma and memory in Maryse Condé's *Desirada*, in: Studies in twentieth and twenty-first century literature. Bd.29. Heft1., p.51-57.
[263] Cf. Schwerdtner, Karin(2005): Wandering, women and writing: Maryse Condé's Desirada, in: Dalhousie French studies. Bd. 73. Halifax., p.134.
[264] Ibid., p.135.
[265] Cf. Fulton, Dawn: Ibid., p. 51.

rada, mais par ce moyen d'écriture elle veut aussi préserver le silence inhérent qui entoure les faits relatés dans le roman.[266]

Dans le même ordre d'idées Maryse Condé elle-même fait un commentaire sur le style littéraire de *Desirada* et relève que la fonction des récits du roman (récit de Ludovic et récit de Nina) est de montrer qu'il n'y a pas une vérité universelle car chacun raconte différemment les faits vécus. Ces récits permettent aussi de créer une sorte de polyphonie contradictoire afin de donner au lecteur la possibilité de se faire une opinion personnelle.[267] Cependant contrairement au récit de Nina et à a celui de Ludovic qui sont racontés en un trait sans interruption dans un chapitre du roman, le récit de Reynalda est rapporté de façon entrecoupé soit par Reynalda elle-même, soit par les témoignages des personnes qui l'ont côtoyée en Guadeloupe et en France ou à travers l'imagination de Marie-Noëlle. Relevons par conséquent que cette complexité des formes narratives du roman témoigne de la complexité de la question de l'identité de Marie-Noëlle qui «[…] voulait connaître sa géographie et la carte de son identité»(D, 174). Dans le roman, il s'agit principalement pour Marie-Noëlle de déterminer l'identité de son père. De la part de sa mère Reynalda, elle apprend qu'elle est issue d'un viol:

> «Il [Gian Carlo] arrivait toujours à la même heure. Vers onze heures, onze heures et demie […] Il grimaçait un sourire et puis, il entrait en me disant avec un accent italien : « Ca va, ma petite poulette ? » Ma maman entrait à son tour. Elle s'asseyait auprès de moi et regardait ce qui se passait. Des fois, elle tenait ma main ou mon pied. Quand je pleurais, elle me répétait: « Tu ne sais pas ce que tu aurais enduré si c'est un vié nèg qui t'avait fait la même chose. » Quand c'était fini, ils s'en allaient tous les deux.[…] Les joues trempées de larmes que je ne sentais même pas couler, je remplissais le bassin et je me glissais dans de l'eau froide qui brûlait mon sexe vif. J'avais l'impression qu'ainsi je me nettoyais un peu, je me purifiais de ce qui venait de se passer et qui allait se passer le lendemain, le surlendemain et toutes les nuits de ma vie jusqu'à ma mort. (D, 206- 208)

A travers cette scène de viol qu'elle raconte à Marie-Noëlle, Reynalda informe indirectement sa fille que celle-ci est issue des abus sexuels répétés de Gian Carlo envers elle. Après avoir reçu ces informations, c'est à raison que Marie-Noëlle conclut que Gian Carlo est son géniteur. Cependant, lorsqu'elle confronte sa grand-mère Nina à

---

[266] Cf. Fulton, Dawn: Op. Cit., p.57.

[267] Cf. Mc Cormick Jr., Robert H(2000): Desirada : a new conception of identity with Maryse Condé, in: world literature today. Bd.74.3., p.520.

sa part de responsabilité sur l'identité de son père, l'héroïne du roman s'entend dire par Nina: «Gian Carlo n'a jamais été ton papa. Qui c'est ? Seule Reynalda le connaît et peut te dire. Gian Carlo n'a jamais mis la main sur elle.»(D, 202). En infirmant les dires de Reynalda, Nina relance le problème identitaire de Marie-Noëlle que cette dernière croyait résolu après l'entretien eu avec sa mère. Les affirmations contradictoires de Nina et de Reynalda font une énigme insolvable de la quête identitaire de l'héroïne. Tout comme le souligne la voix narrative du texte, le lecteur ne peut que constater: «[…] l'une des deux femmes lui mentait avec aplomb. Laquelle ? Est-ce que c'était Reynalda? Est-ce que c'était Nina? Elle ne saurait le dire et ainsi, elle n'aurait jamais la réponse à sa question.» (D, 209) Ainsi Lydie Moudileno, constate que dans le conflit entre Reynalda et Nina, le rôle de cette dernière est de brouiller les repères identitaires.[268] Ce trouble dont parle Moudileno persiste chez Marie-Noëlle lorsqu'elle remarque que toute la vérité n'a pas été dite sur l'histoire de son origine: « elle [Marie-Noëlle] s'apercevait aussi qu'il manquait un chapitre, des chapitres à l'histoire qu'elle amassait en elle. Il manquait les chapitres du milieu, car Reynalda n'avait jamais parlé que du commencement.»(D, 165) Devant l'impossibilité de résoudre cette énigme que constitue « la recherche vaine du père » (D, 217) Marie-Noëlle s'interroge:

> Est-ce qu'elle ne pouvait pas continuer de vivre comme elle le faisait ? Sans identité, comme une personne à qui on a volé ses papiers et qui erre à travers le monde? Est-ce qu'ainsi elle n'était pas plus libre? C'est une sale manie de vouloir savoir à tout prix d'où on sort et la goutte de sperme à laquelle on doit la vie. (D, 243)

Les interrogations ici portées par la voix narrative du roman dans l'esprit du personnage montrent que Marie-Noëlle est désespérée. Elle envisage de se résigner et d'abandonner la recherche de son père. Selon Maryse Condé, c'est là que se situe le message que véhicule le roman à savoir que *Desirada:*

> C'est un livre sur les migrations. Il montre les problèmes des Antilles modernes, on n'a plus d'origine, on n'a plus de langue. Avant c'était un problème, l'origine des peuples. Maintenant, c'est plus personne. On grandit en France, on travaille aux

---

[268] Cf. Moudileno, Lydie: Le rire de la grand-mère: insolence et sérénité dans *Desirada* de Maryse Condé, in: The french review, 76.2, Nr.6., pp.1151-1152.

Etats-Unis. Je dirais de lire ce livre comme une réflexion moderne sur les Antilles.[269]

La romancière guadeloupéenne invite Marie-Noëlle à suivre l'exemple de son petit frère et à abandonner toute «sempiternelle-quête-de l'identité» (D, 231) car *Desirada* est «un livre sur l'émigration, les changements, les gens qui voyagent, qui naissent en Guadeloupe, qui vivent en France, qui arrivent en Amérique.»[270] Et à cet égard, Condé réitère sa pensée dans un entretien avec Maria Anagnostopoulou-Hielscher et note:

> Mais finalement la leçon c'est qu'il faut qu'elle [Marie-Noëlle] apprenne à vivre sans savoir qui est son père, sans avoir de pays bien à elle (ce n'est ni la Guadeloupe ni la France ni l'Amérique), la leçon c'est que les Antillais ont assez posé des questions sur leur passé, sur leur identité, maintenant même si on ne peut tout à fait répondre à ces questions il faut accepter de vivre comme on est.[271]

Cette position de Maryse Condé apparaît également dans son roman *Les derniers rois mages* quand le texte précise: «Est-ce qu'on ne pourrait jamais vivre le temps de l'existence dans le présent? Et s'il le fallait, supporter la hideur des ses plaies? Le passé doit être mis à mort. Sinon c'est lui qui tue.» (DRM, 127) A la différence de Maryse Condé, Christiane Albert ne présente pas *Desirada* comme un roman qui invite à renoncer à la quête de l'identité mais précise que celui-ci est représentatif d'une nouvelle catégorie de personnages d'immigrés qui attestent du brassage de populations de la planète.[272] Ceci s'observe dans le texte à travers la cohabitation des gens d'origine diverses dans le même espace géographique comme c'est le cas avec la cité de banlieue parisienne Jean-Mermoz à Savigny-sur-Orges qui «[...] abritait un fort contingent d'Africains, d'Antillais et de Réunionnais. »(D, 36) ou encore la banlieue de Camden Town qui «[...] était habité par des Africains-Américains, des Africains, des immigrés venus de toutes les îles de la Caraïbe ou des pays de l'Amérique latine[...] »(D, 105) Ce mélange des populations conduit à la création d'une identité métisse chez les personnages immigrés du roman qui se re-

---

[269] Rengifo Munoz, Alejandra (2000): une conversation avec Maryse Condé, in: Romance quaterly. Washington DC. Heldref Publ.Bd.47. Heft 3., p.164.

[270] Rengifo Munoz, Alejandra: Op.Cit., p.158.

[271] Anagnostopoulou-Hielscher, Maria: Op.cit., p.74.

[272] Cf. Albert, Christiane: Op.Cit., p.127.

flète à travers l'écriture métisse employée dans le roman pour désigner la mixité sur le plan culinaire : «des assiettes de *bacalao* et de *frijoles negros* à la Rosita.»(D, 123) Là on note l'influence de la culture sud-américaine dans la population immigrée de Camden Town puisque les plats énumérés sont préparés dans le restaurant La Rosita qui se situe dans cette banlieue de Boston. Comme l'indique le nom du restaurant, l'influence de la langue espagnole est non négligeable dans cet univers immigré. Si pour ces personnages immigrés du roman, on peut parler de métissage sur le plan identitaire, on constate chez Marie-Noëlle que la quête identitaire est un processus inachevé: « D'une certaine manière, ma monstruosité me rend unique. Grâce à elle je ne possède ni pays ni langue. Je peux rejeter ces tracasseries qui tracassent tellement les humains.»(D, 281) On note clairement que l'héroïne de *Desirada* rejette toute attache culturelle à un espace donné et se présente comme un personnage dépourvu d'antillanité et ne possédant ni la francité, ni l'américanité des deux sociétés d'accueil dans lesquelles elle vit en tant qu'immigrée. Dans le texte Marie-Noëlle se forge une identité ex nihilo et précise: «[...] réelle ou imaginaire, cette identité-là avait fini par me plaire.»(D, 281) car pour l'héroïne du roman, « L'identité, ce n'est pas un vêtement égaré que l'on retrouve et que l'on endosse avec plus ou moins de grâce.»(D, 172) A juste titre Karin Schwerdtner définit l'identité de Marie-Noëlle comme « a new form of identity, one that is not 'inherited' from a father, borrowed from a husband, nor constructed on the basis of socially-prescribed functions»[273]

5.2 Le problème identitaire dans les romans de Gisèle Pineau
5.2.1 L'identité culturelle dans *L'exil selon Julia*: de l'aliénation culturelle à la création d'une identité hybride

Dans le récit *L'exil selon Julia* de Gisèle Pineau, les personnages immigrés du texte se caractérisent par l'aliénation culturelle dont ils font preuve et qui est marquée par le rejet du lien culturel avec leur pays d'origine qu'est la Guadeloupe. La volonté de la narratrice et des autres immigrés antillais du texte de s'identifier aux seules valeurs culturelles françaises au détriment des valeurs antillaises est présentée dans le texte par la distanciation qu'établit la famille de Gisèle avec la grand-mère Julia:

---

[273] Schwerdtner, Karin : Op.Cit., p.131.

> Nous voulons croire à notre évolution, au bonheur de vivre sur un continent. Et tous les gens instruits qui viennent à la maison, gradés à deux galons, savants à certificat de fin d'études, inféodés au seul Français de France, regardent Man Ya sans la voir, avec un brin de compassion, À leurs yeux, elle représente un état ancien, […]Elle est une pauvre vieille de la campagne,[…]Ils ne peuvent pas admettre qu'ils viennent de là aussi et mesurent, en se mirant les uns les autres, le chemin parcouru par le Nègre. Man Ya illustre à elle seule toutes ces pensées d'esclavage qui leur viennent parfois et qu'ils étouffent et refoulent comme le créole dans leur bouche.(ESJ,83-84)

Ici, l'aliénation culturelle se manifeste par le rejet du pays d'origine et de la langue créole. Etant donné que Man Ya est associée à ces valeurs guadeloupéennes que les personnages immigrés refoulent, ces derniers refusent de s'identifier à Julia qui est vue comme « une personne anachronique »(ESJ, 84) non seulement par ses petits-enfants mais également par les autres personnages aliénés du texte. Compte tenu de cette aliénation, Renée Larrier précise dans son analyse que la fonction de Julia est de reconstruire l'identité culturelle de toute la famille en France.[274] Le déséquilibre culturel de la famille provenant sûrement de «la douleur de l'exil, des difficultés d'adaptation et d'assimilation »[275] qui sont relatés dans le roman, l'apport culturel de Julia conduit au terme de l'aliénation culturelle de sa descendance et à la naissance d'un métissage culturel français et guadeloupéen car pendant son séjour en France, Julia se donne la tâche d'inculquer les valeurs guadeloupéennes à ses petits-enfants :

> Elle[Julia] nous raconte[…]qu'en Guadeloupe, des amis du Diable ont pouvoir de s'envoler, […]Mais elle mous mène aussitôt à son jardin[…]Elle le dresse pour nous comme un lieu merveilleux où toutes espèces d'arbres, plantes et fleurs se multiplient dans une verdure accablante, quasi miraculeuse, argentée ça et là d'une lumière[…]Elle nous donne à voir sa rivière qui descend de la montagne pour traverser ses bois et lessiver son linge. Elle nous rapporte chaque parabole des oiseaux […]Nous voyons tout par ses yeux et la croyons comme on croit au Paradis, balançant sans cesse entre la suspicion et l'intime conviction.(ESJ, 16-17)

C'est à travers les récits de la grand-mère que les enfants représentés par le pronom « nous » apprennent à connaître la Guadeloupe, leur terre d'origine. Julia peint le tableau de la vie à Routhiers et fait par conséquent miroiter les réalités de la vie guadeloupéenne à ses petits-enfants. Le récit de Man Ya devient ici le miroir qui

---

[274] Cf. Larrier, Renée:(2000) Autofiction and advocacy in the francophone carribbean. Gainesville : University Press of Florida., p.91.

[275] Mehta, Brinda J. : Op.Cit., p.23.

permet à ces enfants nés en France de développer une représentation de la Guadeloupe dans leur imaginaire et de se rapprocher de la culture antillaise. En plus, la langue parlée par Julia confronte également ses petits-enfants à la réalité linguistique de la Guadeloupe. En France, la grand-mère emploi « son parler créole [qui] déraille le français […] »(ESJ, 72). Malgré sa connaissance du fait que « […]ici [en France] personne ne parle le créole »(ESJ, 81) Julia continue de parler sa langue maternelle dans sa terre d'accueil étant donné qu'elle « ne comprend pas bien le français, ne le pratique pas.»(ESJ, 101). Le contact linguistique que Julia établit entre ses petits-enfants et la langue créole permet à ces derniers d'apprendre à valoriser la langue de leur pays d'origine. « Voilà qu'a présent, le *palé a vyé nég* intéresse ces enfants qui sont nés en France. Ils mettent le créole haut comme ça, en font une affaire d'honneur et de respect.(ESJ, 210) Du fait qu'elle initie les enfants aux valeurs culturelles de leur pays d'origine, Julia devient le symbole de la culture guadeloupéenne dans le texte et représente d'après l'expression d'Adlai Murdoch «l'emblème du pluralisme antillais»[276] car elle contribue à la création d'une identité hybride chez sa descendance immigrée en Métropole en lui ajoutant des valeurs guadeloupéennes aux valeurs françaises dont elle est déjà imprégnée.

De ce fait, nous déduisons avec Arlette Smith que dans *L'exil selon Julia*, Gisèle Pineau relève l'importance de la problématique de l'identité antillaise et met en exergue la particularité de la culture antillaise dans un environnement métropolitain qui n'accepte pas des valeurs culturelles non françaises. Par conséquent Arlette Smith présente le récit comme ceci:

> Expression romanesque de l'Antillanité, *L'exil selon Julia* met en cause une vision eurocentrique des Antilles pour faire valoir l'authenticité antillaise et la dégager des préjugés condescendants ou négatifs qui l'affectent. A travers la nostalgie d'une vieille guadeloupéenne, les aspirations à l'identité culturelle d'une fillette, le regard rétrospectif d'une narratrice antillaise se dessine, manifestant sa différence et sa valeur.[277]

---

[276] Murdoch, Adlai H. : Op.Cit., p.137.
[277] Smith, Arlette M.:Op.Cit., p.170.

5.2.2 La quête identitaire de Josette dans *Fleur de Barbarie*

Dans *Fleur de Barbarie* (Pineau 2005), l'héroïne du roman Josette est tourmentée pendant tout le récit par le problème identitaire qui l'habite. A l'instar de Marie-Noëlle dans *Desirada* (Condé: 1997), Josette se trouve dans un processus de quête identitaire et celui-ci commence par la recherche de sa filiation paternelle. « J'avais pourtant envie de poser mille questions. Par exemple, savoir si on avait fini par avoir vent de l'identité de mon père. Est-ce qu'il vivait ici même, à Marie-Galante ? Est-ce que j'aurais pu le rencontrer ?»(FB, 152-153). Ces propos de l'héroïne du récit nous révèlent que l'identité du père de Josette reste un secret pour cette dernière. Malgré ses nombreuses investigations, la construction de son identité reste une énigme pour le personnage de Gisèle Pineau car comme le mentionne la narratrice dans le texte: «'On me cache des choses depuis si longtemps. J'ai appris des trucs à gauche et à droite. J'ai besoin d'en savoir davantage.'» (FB, 337). En se confiant ainsi à sa tante Margareth, Josette reconnaît l'impossibilité qu'elle a à définir son identité. Outre la recherche du père, la relation distante entre la narratrice et sa mère est un frein à l'établissement de la véritable identité de l'héroïne. «Elle [sa mère] ne m'avait pas serrée une seule fois dans ses bras depuis que nous nous étions retrouvées, face à face sur le quai de la gare Montparnasse. »(FB, 31) Nous notons le manque d'affection que témoigne Pâquerette, la mère de la narratrice envers sa fille. Cette indifférence de Pâquerette amène Josette à reconnaître que « Pâquerette m'était étrangère »(FB, 30) et dans cette optique, elle cherche à réellement connaître sa mère et interroge sa tante Margareth : « Que sais-tu de ma mère ?Comment l'as-tu retrouvée ? Il y a des pièces manquantes au puzzle que j'essaie de recomposer. » (FB, 337). La quête identitaire de Josette est comparée dans le texte à un puzzle et jusqu'à la fin du roman, cette énigme reste non résolue. Cela explique la résignation de l'héroïne qui dit dans le roman: « J'avais rassemblé tous les fils de l'histoire. Ne manquait plus que le nom de mon père. Et pour quoi faire? Qu'est-ce que ça changerait? L'avenir se présentait devant moi telle la page blanche à inventer.» (FB.391). Incapable de reconstituer son identité sur le plan de la filiation, Josette revalorise les différentes identités qui lui sont attribuées dans les différents milieux dans lesquels elle évolue. Dans sa famille d'accueil à la Sarthe, la nouvelle identité de Josette se manifeste par l'attribution d'un nouveau prénom: «Tata Michelle s'était très vite mise à m'appeler Joséphine au lieu de Josette.»(FB, 26) A son arrivée dans sa famille d'accueil, Josette épouse une nouvelle identité car celle qu'elle possède dès sa naissance est dénigrée par sa nourrice comme le note le texte:

> Un matin, après une nuit de réflexion et d'insomnie, Tata Michelle me demanda si j'acceptais qu'on me rebaptise Joséphine, prénom qui n'était, au fond, pas si éloigné de Josette. Et puis, à ses dires, pour d'obscures raisons, il valait mieux. Elle avait connu autrefois une ou deux Josette qui avaient tourné vinaigre. À son avis, ce nom n'était pas chanceux, plutôt poisseux. J'avais cinq ans, je crois, quand j'ai commencé à répondre à ce prénom d'emprunt. Je m'y suis accoutumée. (FB, 27)

Selon la nourrice, le prénom de Joséphine sied mieux à l'enfant que celui de Josette. En appelant la narratrice Joséphine, Tata Michelle assimile l'héroïne de *Fleur de Barbarie* à Joséphine Baker, la célébrité noire américaine du début du vingtième siècle. Elle lui prédit également un avenir de chanteuse de renommée internationale qu'elle associe au prénom d'emprunt qu'elle donne à l'enfant.

Une fois à Marie-Galante en Guadeloupe, la narratrice revêt une nouvelle identité lorsque sa tante Margareth décide de l'appeler Jo après l'entretien qui se tient entre les deux personnages:

> - Allez Jo…Ca ne te dérange pas si je t'appelle Jo?
> - Eh ben je ne sais pas trop…Avant, là où j'habitais dans la Sarthe, ma Tata Michelle m'appelait Joséphine parce que…
> - Joséphine!Coupa Margareth en ébouriffant ses cheveux. Quelle drôle d'idée! Joséphine… Non, c'est trop long, Ça me fait penser à cette garce d'impératrice…Non, je préfère Jo, décida t-elle, Tu sais aux Etats-Unis, j'ai une très grande amie qui porte ce nom. Toi tu seras ma Jo de Marie-Galante.
> - D'accord, Margareth », fis-je, sans même lutter. (FB, 130)

Après avoir critiqué le prénom d'emprunt de la narratrice, Margareth lui attribue le surnom de Jo que la fillette accepte sans contredire comme ça été le cas avec le prénom de Joséphine.

Chacune des femmes qui donnent des prénoms différents à l'héroïne ont une histoire particulière qui les lie à la narratrice. Sans doute à travers ces différents prénoms, elles entendent marquer chaque étape de la vie de Josette. A Pointe-à-Pitre, la narratrice se voit une fois de plus attribuée des noms différents par ses camarades de classe quand elle note : « Joséphine la meneuse pour les uns. Et puis Joss, un temps. Et aussi Joy, décrétée par un dénommé Stephen. Et puis, Josy, Fifine, Joyce, Fina, Jo-phy, la Jojo de Germaine Bella, Joss et Philo en terminale pour Christophe.»(FB,

165) Chacune des personnes qu'elle côtoie lui donne un (sur)nom différent ce qui pousse la narratrice à s'interroger en ces termes : « Je ne comprends pas pourquoi les gens voulaient toujours me donner le nom d'une autre personne. »(FB, 131) Ici nous tenons à relever que les différents prénoms qui sont attribués à l'héroïne du roman dans le texte poursuivent l'intention de l'auteur de montrer le trouble identitaire qui habite le personnage de Josette; celui-ci étant caractérisé par l'impossibilité de la narratrice de définir clairement sa lignée paternelle et d'établir une certaine confidence entre elle et sa mère Pâquerette. De ce fait Josette adopte une nouvelle identité et se fait connaître sous le pseudonyme de Joséphine Titus quand elle publie son premier ouvrage. « Avec amertume, je me souviens du jour où *Sous le signe de Joséphine* était enfin paru. Sur la couverture, une petite négresse boudeuse portait la ceinture de bananes. Mon nom était écrit en rouge. Joséphine Titus. »(FB, 231) Alors que le prénom de Joséphine était jusque-là uniquement employé dans le cadre privé par Tata Michelle pour dénommer l'héroïne de *Fleur de Barbarie*(Pineau: 2005), avec la publication de son livre sous le nom de Joséphine Titus, Josette accepte ouvertement cette nouvelle identité et se dévoile au grand public non plus comme Josette mais comme Joséphine. A travers cette attitude on peut conclure que tout comme Clara l'héroïne de son roman, *Sous le signe de Joséphine,* Josette: «n'était plus en quête de son identité. Elle s'acceptait telle qu'elle était: bâtarde et orpheline à la fois.»(FB, 392) Cet abandon de la quête identitaire signifie pour l'héroïne de *Fleur de Barbarie* qu'elle s'attribue une nouvelle identité hybride composée des différents pseudonymes qu'elle a reçus à la Sarthe, à Marie Galante et à Pointe-à-Pitre. A ce titre, Josette se définit dans le roman comme «moi- [...] Josette, Joséphine, Jo Titus-» (FB, 132). Les pseudonymes que l'héroïne et narratrice de *Fleur de Barbarie* utilise pour déterminer son identité sont liés à l'apport de l'expérience migratoire dans sa vie. C'est à travers les déplacements effectués entre la France et la Guadeloupe que Josette reçoit ces petits noms et ceux-ci contribuent à la formation de sa nouvelle identité qui est le fruit des différentes étapes de la vie de la narratrice.

5.3 La question identitaire dans *Le petit prince de Belleville* et *Maman a un amant*

Lorsqu'il se présente dans le texte, le narrateur du roman *Le petit prince de Belleville* précise qu'il a deux identités différentes. « Je m'appelle Mamadou Traoré pour la gynécologie, Loukoum pour la civilisation.» (PPB, 6) D'après l'analyse de Pius

Adesanmi, le fait que Calixthe Beyala ait donné deux noms différents à son héros relève de la volonté de l'auteur de montrer l'identité partagée de ce personnage.[278] A cet effet le critique précise:

> This is the first hint of the split between the two identities of the hero: African and Parisian. Born into an African migrant family living in Paris, he is given an African name that ties him to his roots, but in the public sphere of Paris he must shed this name for the less African-sounding but more pronounceable Loukoum, that unfortunately, is not wholly European.[279]

Certes nous constatons avec Pius Adesanmi que les deux noms du protagoniste et narrateur des romans bellevillois de Beyala se rapportent à sa double identité (africaine et parisienne). Néanmoins nous notons une contradiction dans l'analyse du critique car d'un côté il présente le nom de Loukoum comme une alternative d'assimilation du héros à l'identité parisienne et de l'autre côté comme un nom qui ne sonne pas assez européen. Relevons en sus qu'en attribuant deux noms à son héros, l'intention de l'écrivaine franco-camerounaise n'est pas de nier l'origine africaine de celui-ci mais plutôt de passer sous silence son appartenance à une région particulière du continent africain. Etant donné que le nom officiel du narrateur sonne trop « sénégalais », ce dernier le réfute en public et préfère se faire appeler par le nom neutre de Loukoum qui certes révèle ses origines africaines mais ne dévoile aucune appartenance régionale de celui qui le porte. A l'anniversaire de sa camarade de classe Johanne, lorsque cette dernière dit à l'ensemble des invités: « Je vous présente mon ami Mamadou,» (MAM, 164), le protagoniste du récit réplique en précisant: «Loukoum, j'ai rectifié. Je n'ai pas honte d'être nègre. Mais Mamadou ça fait tirailleur sénégalais! Je n'allais tout de même pas entretenir la colonisation!»(MAM, 164) Un autre exemple qui se rapporte à l'identité partagée de Loukoum est la question de son âge et de sa date de naissance. Dans *Le Petit prince de Belleville*, il souligne: « j'ai sept ans pour l'officiel et dix saisons pour l'Afrique.»(PPB, 6). Non seulement le protagoniste créé par Beyala utilise deux noms différents pour se faire appeler, celui-ci possède également deux âges qu'il adapte aux réalités des différentes cultures qu'il côtoie ou qu'il a côtoyé. En France pour des besoins de scolarisation,

---

[278] Cf. Adesanmi, Pius (2005): Redefining Paris. Trans-modernity and Francophone African migritude fiction, in: Modern Fiction Studies. Bd 51.4., p.968.

[279] Cf. Adesanmi, Pius (2005): Op.Cit., p.968.

Mamadou dit Loukoum devient un enfant de sept ans pour pouvoir être inscrit à l'école française. Cependant en Afrique, il compte dix saisons pour déterminer son âge biologique. Calixthe Beyala donne une plus grande envergure à la double appartenance culturelle de Loukoum quand le narrateur énonce dans *Le Petit prince de Belleville*: «Les mères? Eh bien! J'en ai deux […]» (PPB, 6). Loukoum fait allusion ici aux deux épouses de son père Abdou qu'il considère toutes comme ses mamans étant donné que le régime polygamique sous lequel vit la famille Traoré accorde aux différentes épouses du père les fonctions de mère. Etant convaincu que M'am, la première épouse de son père est sa mère biologique, Loukoum apprend dans *Le petit prince de Belleville* que sa véritable maman est Aminata, une ancienne amante de son père. Celle-ci débarque sans préavis dans l'appartement de la famille Traoré et réclame sa filiation maternelle envers le jeune garçon qui se trouve bouleversé par l'intrusion d'une *troisième mère* dans son espace familial. Convaincue de la difficulté que peut ressentir le lecteur à apporter une définition de l'identité du héros de ses deux romans de Belleville (surtout après avoir pris connaissance de tous ces éléments disparates qui se rapportent à l'état civil du protagoniste), Calixthe Beyala fait un récapitulatif de l'identité de Loukoum et précise dans *Maman a un amant* lorsque le héros entreprend de se présenter une seconde fois au lecteur:

> *Nom*: Mamadou Traoré.
> *Pseudonyme*: Loukoum.
> *Âge*: Dix ans officiels; et douze saisons pour l'Afrique […]
> *Père*: Abdou Traoré. Profession : balayeur de France au chômage.
> *Mère gynécologique*: Aminata.[…]
> *Mère officielle*: Maryam, dite M'am. Première épouse de père
> *Mère adoptive*: Soumana. Deuxième épouse de père. (MAM, 8)

Cette autoprésentation que Loukoum fait dès les premières pages du deuxième roman bellevillois de Beyala et qui a l'aspect d'une fiche officielle d'identité (acte de naissance, carte d'identité) fixe le lecteur sur la véritable identité du protagoniste et nous amène à le définir comme un être hybride plus précisément *un personnage franco-africain*, à mi chemin entre le monde africain d'où il est originaire et le monde français dans lequel il se trouve. Cette hybridité se justifie chez Loukoum par le fait que celui-ci est encore largement imprégné des réalités culturelles de sa terre d'origine le Mali mais cherche à s'adapter aux réalités de sa société d'accueil française et dans cette optique, il fait fréquemment recours à des déviations en ce qui concerne la définition de sa personne. S'il est parfois possible en Afrique de changer la date de naissance d'un enfant au moment de sa scolarisation pour qu'il puisse fréquenter une école, cette pratique introduite par la famille Traoré à Belleville reste inconnue dans le milieu parisien où celle-ci évolue. De même, le fait de déclarer Maryam comme mère de Loukoum à la place de sa véritable mère biologique est un agissement non conforme aux normes de la société française auquel la famille d'immigrés maliens fait recours pour se procurer une identité conforme aux attentes de la société d'accueil.

En ce qui concerne la première épouse d'Abdou, son identité sur le plan officiel ne pose aucun problème dans la société française. Cependant cette dernière expérimente plusieurs identités au sein de sa famille sans doute parce qu'elle demeure un personnage à la quête d'elle-même. Dans *Le petit prince de Belleville*, elle se fait appeler M'am durant tout le récit. Cela prouve qu'elle se définit uniquement par rapport à sa fonction de mère car M'am étant un diminutif de maman, ce personnage reste associé à la figure de la mère, gardienne du foyer. Toutefois, dans *Maman a un amant*. M'am devient M'ammaryam lorsqu'elle prend la parole et devient la deuxième voix narrative du récit. En signant ses interventions par le nom M'ammaryam, la narratrice quitte le stricte statut de mère pour embrasser la double fonction de mère et de femme. Ainsi M'ammaryam n'est plus uniquement M'am la mère, épouse au foyer ; elle devient à côté de cela une femme qui se fait valoriser en dehors de l'espace conjugal en occurrence dans le monde professionnel à travers son entreprise de fabrication des bracelets et dans le milieu français par sa relation avec Monsieur Tichit. Ce qui justifie l'ajout du prénom Maryam au diminutif M'am pour exprimer ces deux identités.

La quête identitaire de M'am se poursuit quand après avoir mis un terme à sa relation avec son amant elle retourne chez son époux Abdou et précise à son conjoint : « Appelle-moi Maryam » (MAM, 245). Là, elle réplique son mari qui l'appelle M'ammaryam et se redéfinit par la même occasion non plus comme mère et femme mais comme un être humain indépendant tout court. On peut conclure qu'en précisant à Abdou de l'appeler Maryam, ce personnage a achevé sa quête identitaire car sa volonté manifestée de l'usage de son prénom montre qu'elle veut se faire accepter non plus comme mère et femme à la fois mais comme un être humain tout simplement et par conséquent comme une partenaire égale devant son conjoint.

La transformation de l'identité de Maryam est étroitement liée aux difficultés que ressent Abdou à se définir dans son espace migratoire bellevillois. Au départ il est décrit comme un époux machiste dans *Le petit prince de Belleville*:

> Mon papa est revenu du service. Il a dit bonjour à personne, il s'est assis. Il a croqué une noix de cola. Il a mâché au loin, *floc-flac*. Il s'est tourné vers les femmes. Il a dit:
> - Faut laver ci et repasser ça. Trouve-moi ci, va me chercher ça.
> Il râle qu'il manque un bouton à la chemise qu'il a mise ce matin. Les femmes, elles n'arrêtent pas de repasser, de lui repriser ses chaussures, de trouver son mouchoir.(PPB, 46-47)

Le comportement machiste d'Abdou se manifeste par le rapport de supériorité qu'il crée entre lui et ses épouses. Alors que ces dernières sont à son service, Abdou ne cesse de se plaindre et de donner des ordres. La suprématie du mari sur ses épouses se manifeste aussi par le fait que le narrateur identifie clairement le personnage masculin comme « mon papa » alors que les personnages féminins sont regroupés sous l'appellation de « les femmes » ce qui permet de taire leur singularité et de les réduire à un ensemble subordonné à l'homme. Alors qu'il est présenté comme un homme machiste dans *Le petit prince de Belleville,* Abdou révise sa position envers ses deux épouses lorsqu'il perd son emploi. Après son séjour en prison, il se montre plus attentionné envers sa première femme:

> Et il [Abdou] n'est vraiment plus le même. Dans les nuits de pleine lune, il reste à la fenêtre songeur et regarde le bonhomme dans la lune. [...] Il fait tout. Il aide M'am à cuisiner le dimanche. Ensuite, il l'emmène promener au jardin.[...]L'autre jour, il a apporté une plante à la maison. Il la soigne, il la nourrit, comme si c'était un bébé. Il a même ramené des fleurs à M'am [...] Il achète plein de bijoux à M'am et manque pas une occasion pour la complimenter comme s'il la trouvait très belle. (PPB, 245)

La nouvelle nature d'Abdou est décrite dans *Maman a un amant* car étant au chômage, il vit aux dépens de son épouse et doit renoncer à sa domination phallocratique face à sa dépendance financière envers sa femme. Le changement qui s'opère ici chez Abdou se manifeste par le fait que les difficultés de sa condition d'immigré le poussent à abandonner son caractère machiste et à valoriser les femmes.

5.4 La question de l'identité dans *Assèze l'Africaine*: l'antagonisme entre Assèze et Sorraya

La rivalité entre Assèze et Sorraya détermine l'évolution de ces personnages pendant tout le déroulement du récit. La première rencontre entre les deux protagonistes a lieu dans la première partie du roman lorsqu'Awono décide de prendre Assèze sous sa tutelle. Celle-ci quitte alors sa mère et son village pour s'installer à Douala dans la résidence de son tuteur. La cohabitation entre Sorraya et Assèze est parsemée d'embûches car le texte décrit la première comme fortement imprégnée par les valeurs occidentales tandis que la seconde reste encrée dans les valeurs de l'Afrique traditionnelle qui ont façonné son enfance. « Deux semaines plus tard, me voilà [Assèze] habillée d'une robe coupée dans un vieux pagne qui appartenait à Grand-mère. Je ressemblais à une guenon déguisée.»(AA, 61). La tenue traditionnelle que revêt Assèze diffère de l'habillement de type européen que porte sa sœur : « Sorraya faisait couler son bain. Quand elle redescendit enfin, habillée d'importance avec son jean et son chemisier moulé sur ses seins et ses cheveux flottants, je la regardais comme je n'avais jamais regardé personne.»(AA,72). L'admiration que manifeste Assèze à l'égard de Sorraya provient du fait que la narratrice dénigre ses propres vêtements et accorde du prix à ceux de Sorraya. En dehors de la tenue vestimentaire, la différence entre Sorraya et Assèze réside au sein des valeurs intellectuelles qui caractérisent les deux personnages. La première est décrite comme un personnage imprégné de la pensée européenne alors que la deuxième ne l'est pas.

- As-tu lu Simone de Beauvoir ?
J'ignorais jusqu'à l'existence de cette *Beauvoir*. [...] Voilà pourquoi je fis un geste de la main pour faire comprendre à Sorraya que sa *Beauvoir*, je m'en ôtais les chiques.
- Aucune femme, dit-elle, ne peut prétendre devenir une femme si elle n'a pas lu Simone.(AA, 78)

A la lecture de cet extrait de texte, on peut conclure avec Odile Cazenave qu'Assèze représente la vie rurale et ses racines africaines alors que Sorraya représente la vie urbaine et l'occidentalisation.[280] Cette interprétation rejoint celle de Susanne Gehrmann selon qui *Assèze l'Africaine* se caractérise par la présence d'un «couple de

---
[280] Cf. Cazenave, Odile(1996): Calixthe Beyala and the politics of sexuality. The example of Assèze l'Africaine 1994, in: Présence Africaine. 154., p. 285.

femmes qui forment un contraste par leur appartenance à des classes sociales opposées »[281] La critique allemande poursuit son analyse en précisant que l'antagonisme entre Sorraya et Assèze provient du fait que la première est décrite comme l'enfant légitime qui s'identifie à la culture française, alors que la deuxième est l'enfant illégitime qui représente le modèle de la fille africaine modeste.[282] A ce niveau, on note déjà le conflit identitaire qui oppose les deux personnages car chacune se définit par rapport à des valeurs différentes.

En France, Sorraya poursuit son processus d'assimilation à la culture française et son mariage avec Monsieur Alexandre tout comme la carrière artistique qu'elle entame servent cet objectif de francisation du personnage. Si Sorraya cherche obstinément à se franciser c'est « parce que le noir c'est la saleté. Le noir c'est la misère. Le noir c'est la malédiction.» (AA, 331). Par conséquent, Odile Cazenave qualifie Sorraya de personnage souffrant de déracinement culturel et géographique[283] et quand à Nicki Hitchcott, elle parle de personnage aliéné dont l'aliénation résulte du fait que Sorraya refuse d'être hybride mais choisit de privilégier la culture française et la déclare supérieure à la culture africaine[284]. En rejetant la culture de son pays d'origine, Sorraya finit par se retrouver sans culture puis qu'elle échoue dans son projet de francisation. « En France, j'appartiens encore à une minorité. Jamais je ne serai considérée comme une Blanche. Je n'appartiens à rien. Une hybride. Un non-sens.» (AA, 339) Ainsi s'exprime Sorraya une fois confrontée à l'échec de son projet d'occidentalisation. Pour toutefois se procurer une identité, le personnage de Calixthe Beyala cherche à regagner ses valeurs africaines qu'elle a longtemps reniées. Ainsi lors du dîner qu'elle offre à son domicile pour fêter son succès professionnel, Sorraya sert des mets africains à ses convives français et face à la remarque d'Assèze qui note l'absence de plats français dans le buffet prévu pour les hôtes, Sorraya réplique en disant:

---

[281] Gehrmann, Susanne (2007): De la binarité à la duplicité. Les doubles de Calixthe Beyala, in: Moser, Ursula/Mertz-Baumgartner,Birgit(eds): La littérature 'française' contemporaine. Contact de cultures et créativité. Tübingen. Günter Narr Verlag., p. 204.
[282] Ibid.
[283] Cf. Cazenave, Odile (1996): Femmes Rebelles. Naissance d'un roman africain au féminin. Op.Cit., p.308.
[284] Cf. Hitchcott, Nicki(2001): Migrating Genders in Calixthe Beyala's Fiction, in: Ireland, Susan/ Proulx, Patrice J.(eds): Immigrants Narratives in contemporary France. Westport Ct GP., p.183.

> Toute ma vie j'ai vécu le cul entre deux chaises. J'ai essayé de singer le blanc. C'est pas de ma faute! En Afrique, on nous faisait croire que nous étions des arriérés et moi, j'y ai cru. Je voulais me franciser, désincruster toute trace de noir en moi.[…] Je m'en voulais d'être Africaine. Je voulais ressembler à Dupond, à Durand. C'était ridicule. (AA, 331)

Dans cette volonté de rétablir son africanité perdue, Sorraya se rend compte qu'elle n'appartient plus à la culture africaine. Elle se définit de ce fait comme un être acculturé car elle n'arrive pas à faire une synthèse entre la culture africaine et française. Par conséquent elle se retrouve sans identité culturelle étant incapable de se situer dans l'une ou l'autre culture. De manière tout à fait fondée, Nicki Hitchcott compare Sorraya à Samba Diallo, le héros du roman *L'aventure ambiguë* de l'écrivain sénégalais Cheikh Hamidou Kane dont l'impossible synthèse entre les cultures africaine et française a conduit à la mort comme c'est aussi le cas pour Sorraya.[285] La mort est ainsi perçue comme l'aboutissement de l'acculturation qui caractérise Sorraya en France. Dans cet ordre d'idée, nous concevons la mort de Sorraya liée à sa dépression comme le refus de cette dernière de vivre sans identité culturelle. Contrairement à Nicki Hitchcott qui relie la mort de ce personnage au fait qu'elle cherche à bâtir son identité sur l'acculturation au lieu d'accepter que le terme culture authentique relève de la fiction,[286] nous sommes plutôt d'avis que le suicide de Sorraya est imputable au vide identitaire qui l'habite car celui-ci a entraîné la perte de sa personnalité.

A l'inverse de Sorraya, la question de l'identité d'Assèze est moins ambiguë. En Afrique elle s'identifie clairement aux valeurs de l'Afrique traditionnelle et en France, l'héroïne réussit à faire la synthèse entre les valeurs culturelles de sa société d'origine et celles de sa société d'accueil. Malgré le fait qu'à son arrivée en France ses colocataires décident de la soumettre à une séance de blanchissement de la peau pour faciliter son intégration dans la société française, Assèze ne rompt pas toute pensée envers sa société d'origine. Dans son exil parisien, elle sombre parfois dans la nostalgie de sa terre natale et précise dans le récit:

> Je n'en éprouvais ni regret ni amertume. Mais certains jours, j'étais dans un paradis, et ce paradis avait le goût de l'Afrique de mon enfance. J'aurai pu déterminer sur une carte l'emplacement de mon village. […] Le bonheur était dans la bouche des vieillards qui chiquaient, dans les mains des femmes qui attrapaient un pou qu'elles tuaient entre leurs gencives. Un paradis d'ouïe et d'odorat, […]

---

[285] Cf. Hitchcott, Nicki (2000): Women writers in francophone Africa. Oxford. Berg., p.132.
[286] Cf. Hitchcott, Nicki(2001): Migrating Genders in Calixthe Beyala's Fiction: Ibid.

Ces moments étaient aussi pleins de pensée pour Grand-mère, maman et Awono. (AA, 254)

Le fait d'assimiler l'Afrique à un Paradis prouve qu'Assèze valorise sa terre natale en France. Malgré la confrontation avec la culture française, l'héroïne accorde de l'importance aux valeurs de sa culture d'origine dans ses pensées. Les pratiques propres à son village et qu'elle rapporte dans le texte prouvent son attachement à la société de ses ancêtres. A ce sujet, Hitchcott note que dans *Assèze l'Africaine*, l'héroïne du récit survit dans sa situation d'immigrée car elle entame un processus de 'transculturation'[287] au lieu d'essayer celui de l'acculturation et de l'assimilation.[288] Le mélange interculturel et la synthèse entre les cultures apparaissent être la solution salvatrice qui permet à Assèze de se forger une identité culturelle afro-française ou franco-camerounaise dans sa terre d'exil. « Aujourd'hui, je me retrouve. Et ce que je retrouve pourrait s'appeler Dieu. Ce Dieu est parfait. Du moins, c'est son sens. Ce Dieu n'est ni blanc, ni noir, ni Afrique, ni Occident. Il est oiseaux, arbres, même fourmis, et prétend à la magnificence universelle.» (AA, 348) A travers l'évocation de la divinité Assèze essaie de résumer son identité en la situant dans l'universel ici synonyme de mixité, de synthèse culturelle et de l'entre-deux.

5.5 L'identité culturelle dans *Les honneurs Perdus*

Tout comme *Assèze l'Africaine* (Beyala : 1994), le roman *Les honneurs perdus*(Beyala : 1996) offre également un duo de femmes qui ont des identités différentes et cet antagonisme entre Saïda et Ngaremba ressort à travers la description faite des deux personnages.

Dans le récit, Saïda l'héroïne du roman *Les Honneurs perdus* est décrite à travers la particularité qui définit son identité sur le plan sexuel. « Saïda Bénérafa, vieille fille entre les vieilles, Eternelle Vierge des vierges […]» (HP, 96) Dans son pays natal, Saïda se distingue des autres personnages féminins du récit par la préservation de sa virginité.

---

[287] Hitchcott place également le terme transculturation entre guillemets dans son analyse, Cf. Hitchcott : Migrating Genders in Calixthe Beyala's fiction.. Op.Cit., p.183.
[288] Cf. Hitchcott, Nicki: Ibid.

Lorsqu'elle se rend en France, Saïda emporte avec elle son « certificat de virginité valable dix ans» (HP, 181) et entend ainsi garder sa virginité jusqu'au mariage. « - Je suis vierge [...] - Je veux d'abord me marier avant de... »(HP, 295) L'inexpérience sexuelle de la narratrice la caractérise tout au long du roman et permet de la décrire dans le texte comme «une femme de cinquante, ans qui n'avait jamais rien connu[...](HP, 345) sur le plan sexuel. Dans son analyse de l'œuvre de Beyala, Nicki Hitchcott qualifie l'héroïne du roman *Les honneurs perdus* de « grotesque product of Muslim traditionalism»[289] du fait que « her[Saïda] much prized virginity becomes a source of ridicule in the text and seems to have generated an extremely ambiguous attitude to sex. »[290] Cette affirmation se justifie dans le texte par le fait que les allusions faite à la virginité de Saïda deviennent une moquerie. « Alors Vierge des vierges, on gladouille ? »(HP. 105). Ces paroles du personnage Effarouché à l'endroit de Saïda ne cachent pas le sarcasme qui accompagne les propos de ce personnage sur la virginité de l'héroïne du roman.

A travers le personnage de Saïda, Calixthe Beyala thématise la problématique de la sexualité féminine dans le récit et Hitchcott constate que « because her [Saïda] identity is completely caught up in the traditional model of house, husband and children, fifty-year-old Saïda has no sense of her own feminity.»[291] Cette ignorance de sa féminité dont fait preuve l'héroïne du roman se traduit dans cet entretien qu'elle a avec Ngaremba:

    - Si je couche avec un homme, Dieu va me punir. [Saïda]
    - T'as qu'à ne pas te confesser. [Ngaremba]
    - Et si je tombais enceinte ?
    - Il y a la pilule.
    Vous vous trompez. J'ai connu des filles, moi, qui tombaient enceintes rien
    qu'en saluant un homme.
    - Des bêtises !s'exclamait la Négresse-princesse-et-dignitaire.(HP,299)

L'ignorance de Saïda sur la question sexuelle est liée à son traditionalisme poussé étant donné qu'en France tout comme au Cameroun, ce personnage reste attaché à sa religion et aux valeurs traditionnelles. Ayant reconnu l'emprise du système traditionaliste sur la narratrice des *Honneurs perdus,* Ambroise Teko-Agbo conclut que Saïda réussit à se libérer de sa situation de femme meurtrie et marginalisée de New-

---

[289] Hitchcott, Nicki (2000): Women writers in francophone Africa. Op.Cit., p.143.
[290] Hitchcott, Nicki (2000): Women writers in francophone Africa. Op.Cit., p.143
[291] Ibid.

Bell lorsqu'elle quitte son pays d'origine pour se rendre en France.[292] Cependant nous tenons à mentionner que cette interprétation du critique est sans fondement dans la mesure où (comme nous l'avons montré dans les lignes précédentes), même en France, Saïda reste enfermée dans les valeurs conservatrices qui régissent sa société d'origine et a du mal à se libérer sexuellement. En identifiant l'exil de Saïda à Paris comme un combat de libération et en qualifiant son départ vers la France de révolution symbolique contre l'ordre de la société de Couscous,[293] le critique pêche par une mauvaise appréciation de l'évolution de la situation de l'héroïne dans le roman. Ce n'est pas le départ de Saïda en France qui lui procure une quelconque libération de la marginalisation qu'elle expérimente en tant que femme au Cameroun mais le processus d'alphabétisation entamée à travers la fréquentation des cours du soir à Belleville.

> Trois jours plus tard, en entrant en classe, je trouvai sur ma table une enveloppe blanche et, sur l'enveloppe, une grosse écriture maladroite : *Pour Saïda*. Je l'ouvris. En grand titre: «La vie intime d'une femme». Suivait une explication sur ce qui se déroulait dans la petite culotte, comment pendant des siècles ce qui s'y passait avait été enseveli par la morale religieuse et bourgeoise. Le lendemain, une autre enveloppe, on y parlait de comment se font les bébés. Une autre fois, les écrits portaient sur les organes génitaux de la femme, et la température corporelle. Un soir, j'y découvris des préservatifs et, en pattes de mouches, au bas de la page un nom: Sabrina. J'allai vers l'intéressée, une Espagnole qui était à sa deuxième année d'études de langue. (HP, 383)

En apprenant à lire et à écrire, Saïda acquiert la faculté de se cultiver sur la sexualité féminine. En effet comme le relève Nicki Hitchcott, « Gradually, however, Saïda educates herself, learning to read and write at evening classes. There she is taught sex education by the other immigrant women.»[294] Compte tenu du fait que les enseignements et échanges reçus par Saïda lors des cours du soir qu'elle fréquente constituent la base de son éveil de conscience et conduisent indubitablement à son émancipation sexuelle, nous pouvons dans une certaine mesure donner raison à Ambroise Teko-Agbo et conclure qu'indirectement, la libération de Saïda à Paris se manifeste à tra-

---

[292] Cf. Teko-Agbo, Ambroise (1997): Werewere Liking et Calixthe Beyala. Le discours féministe, in: Cahiers d'études africaines. Bd.37, 145., p.53.
[293] Ibid., p.54.
[294] Hitchcott, Nicki(2000): Women writers in Francophone Africa. Op.Cit., p.143.

vers son alphabétisation car c'est en France qu'elle apprend à lire et à écrire.[295] En terre d'accueil, Saïda réussit à se débarrasser de l'étiquette de vierge liée à ses convictions religieuses et son attachement à la tradition. Cette libération se poursuit à travers l'expérience sexuelle qu'elle connaît à la fin du récit quand elle entame une relation amoureuse avec Marcel Pignon Marcel. A l'issu de sa première relation sexuelle avec son amant, Saïda entreprend de redéfinir son identité: « Je me sentais une femme neuve. […]C'était nouveau. Et je regardais le nouveau, moi. La triste Saïda s'en allait.[…] J'étais forte. Pas d'enfants. Pas encore de mari. Mais indestructible.[…] J'étais contente comme une ressuscitée car mon bonheur était devant moi.»(HP, 396-397) La narratrice assimile la fin de sa virginité à une seconde naissance. La découverte de sa sexualité permet à l'héroïne de découvrir sa féminité et de se faire une nouvelle identité en tant que femme immigrée en France: celle de la femme épanouie et « indestructible»(HP, 397).

Contrairement à Saïda, Ngaremba est un personnage qui côtoie deux aspects identitaires dans le texte. Le premier réside en ce que, la sénégalaise conserve ses valeurs africaines et cela se manifeste par le fait qu'elle elle tient un foyer de discussion des immigrés africains dans son appartement de Belleville et reste ainsi attachée à la cause et aux problèmes de son continent d'origine. « Le premier mercredi de mon arrivée chez elle [Ngaremba], elle reçut des intellectuels africains, comme tous les mercredis après-midi qui allaient suivre. »(HP, 239). En plus la description du mobilier de l'appartement de Ngaremba montre aussi son attachement à sa culture africaine:

> « […] une petite pièce tapissée de peaux de zèbre, de haut en bas; des portraits d'ancêtres avec leur gueule jaune vous accueillaient à l'entrée; des plantes et des plantes, pas un arbre d'Europe, rien que de l'exotique, des cocotiers miniatures, des baobabs, des manguiers, des bananiers, des plantaniers, des corossoliers, des palmiers […] »(HP, 207)

On note ici la présence des objets d'arts africains comme les portraits et les masques en plus des échantillons d'arbres fruitiers originaires d'Afrique qui ornent la salle de séjour de l'appartement de la sénégalaise. Selon Susanne Gehrmann, Ngaremba représente le double de Saïda et les deux protagonistes font partie « des couples

---

[295] Cf. Teko-Agbo, Ambroise: Op.Cit., p.53.

femme/femme qui oscillent entre l'antagonisme et la fusion »[296] dans les textes de Beyala. L'opposition entre les deux protagonistes réside dans le fait que Saïda reste sans repères n'ayant aucune situation autonome dans sa société d'accueil tandis que Ngaremba manifeste l'exemple de l'émancipation de la femme dans sa terre d'exil. Celle-ci présente les caractéristiques de la femme évoluée dans la mesure où elle assure tout seule la garde de sa fille Loulouze âgée de sept ans. Ici apparaît le deuxième aspect de l'identité de Ngaremba car même dans la relation sentimentale qu'elle entretient avec le Français Fréderic, la sénégalaise garde son autonomie financière. C'est la raison pour laquelle elle explique la présence de deux listes d'achats dans la cuisine qu'elle partage avec son concubin comme étant «[…] des dépenses que nous partageons, Frédéric et moi.» (HP,210) D'après l'analyse de Nicki Hitchcott, à travers le couple que forme Saïda et Ngaremba, Calixthe Beyala thématise le problème de l'opposition classique entre la tradition et la modernité[297] car pendant que Saïda reste encrée dans les valeurs de son lieu d'origine, Ngaremba présente les traits d'une immigrée occidentalisée de part son habillement européanisé.[298] « Sa chambre [Ngaremba] était ronde et se subdivisait en deux sous-chambres par des doubles rideaux de velours.[…] Au fond, une grande armoire en Formica s'écroulait sous le poids des taffetas et des vêtements d'Europe, rien que de l'Europe.»(HP, 211) L'accent est mis par la narratrice sur l'influence européenne dans la garde-robe de Ngaremba. A la lecture de cette information, le lecteur est en droit de penser que Ngaremba représente un exemple réussi d'intégration dans la société française. Au regard de la vie qu'elle mène en tant qu'immigrée noire africaine en France, elle semble avoir pu concilier les cultures européennes et africaines dans sa terre d'exil. Nonobstant cette apparente hybridité culturelle qu'affiche ce personnage, le texte fait mention des dépressions dont souffre Ngaremba, signe de son instabilité mentale dans la société française.

> Paradoxalement, au fur et à mesure que ma vie sociale [Saïda] s'améliorait, celle de Ngaremba se détériorait. Elle ne recevait plus. Sa maison n'était plus le lieu où les Nègres se réunissaient pour trouver des solutions aux maux de l'Afrique, commenter son évolution, goûter au ngombo queue de bœuf ou au pépé-soupe. Tout cela avait

---

[296] Gehrmann, Susanne: De la binarité à la duplicité. Les doubles de Calixthe Beyala, in: Op.cit., p. 204.
[297] Cf. Hitchcott, Nicki: Women writers in francophone Africa. Op.Cit., p.143.
[298] Ibid.

disparu, mort quelque part dans le passé.[…]La Négresse-princesse-et-dignitaire,[…]était au plus bas de sa forme. Elle perdit le sommeil. Elle se levait et s'empiffrait de n'importe quoi de mangeable […] Elle ne résistait pas à cette boulimie.[…]Puis un soir, je penchai mon regard dans le sien : je l'interrogeai, suppliai, menaçai, mais ses yeux noirs remplis d'effrois ne répondirent pas.(HP, 384-385)

Au regard de la description de l'état d'âme de Ngaremba, ce personnage présente les caractéristiques du mal-être et de l'instabilité psychique. De ce fait, le suicide de Ngaremba à la fin du récit est la fin logique de cette fragilité psychologique. « Nous restâmes plantés là quelques secondes, absorbés par le timbre de l'automobile pompière. Le temps de nous retourner, le corps de Ngaremba, comme une étoile à cinq branches, tourbillonnait dans le ciel et s'écrasait dans la poussière.»(HP, 399) Cependant ce suicide sème le trouble dans l'appréciation du personnage de Ngaremba car il rend une image fragile d'elle, image qui ne cadre pas avec celle de l'immigrée hybride qu'on serait tenté de lui attribuer. Conséquemment, la mort de Ngaremba peut être analysée comme un échec de négociation de sa condition d'immigrée, ce qui nous permet de conclure avec Susanne Gehrmann que dans *Les honneurs perdus*, Ngaremba est un personnage qui vit mal son hybridité culturelle.[299] Une fois de plus, on note l'antagonisme entre Saïda et Ngaremba dans la manière dont se solde l'expérience migratoire des deux personnages car tandis que l'exil ouvre les portes de l'alphabétisation à la première et par conséquent celle de sa libération et de sa renaissance identitaire, il conduit au suicide et de ce fait à la mort de l'identité chez la seconde.

5.6 Création d'un espace migratoire interstitiel: le concept de « Third Space » dans *Amours sauvages*

Dans le roman *Amours sauvages*, Ève-Marie réussit à créer un nouvel espace migratoire entre la culture française et la culture africaine. En ouvrant un restaurant dans son appartement de Belleville, l'héroïne du roman de Calixthe Beyala invente un lieu de convivialité pour les immigrés africains en France: « Je [Ève-Marie] transformais notre appartement en maquis, restaurant clandestin. Je recouvris mes fauteuils Louis XVI de chez Conforama de plastiques pour ne pas les abîmer. J'installai de petites tables rondes dans les moindres recoins et des chaises alentour.»(AS, 52) Cette des-

---
[299] Cf. Gehrmann, Suzanne: De la binarité à la duplicité. Les doubles de Calixthe Beyala, in : Op.cit., p. 205.

cription du décor n'est certes pas impressionnante mais le restaurant d'Ève-Marie sert de lieu repère et de rencontre des immigrés confrontés aux dures réalités de l'immigration:

> Très vite des nègres nostalgiques et des blancs négligés vinrent chez moi. Ils s'y ensablèrent au vin de palme, s'y aphrodisiaquèrent au jus de gingembre tout en dégustant des poulets bicyclettes, du pépé soupe aux poireaux jaunes. En quelques semaines, J'eus une clientèle fidélisée et nombreuse. (AS, 53)

Le restaurant ici décrit remplit le rôle d'un «Third Space» tel que défini par Homi Bhabha.[300] C'est le lieu où les immigrés pris par la nostalgie du pays natal viennent chercher du soutien, et peuvent surmonter la douleur de l'exil. En plus, la présence de la population française au côté de la population immigrée permet d'analyser le restaurant d'Ève-Marie comme un espace hybride (Cf. Bhabha). Le métissage culturel qu'il représente se traduit en images lorsque Ève-Marie dresse la liste de ses clients les plus fidèles: « Il y avait Mlle Babylisse, négresse de trente quatre ans[…] Elle s'amenait avec de la clientèle de province, des blancs,[…] Il y avait le docteur Sans Souci […] Il y avait M. Rasayi, héritier de droit de l'Académie française, un Éthiopien aussi maigre qu'un clou[…] J'allais oublier M. Bassonga, un tirailleur sénégalais de son état avec une tête de taureau.»(AS, 53-54) Non seulement les clients viennent des univers culturels français et africain mais ils appartiennent également à différentes couches sociales. Malgré leurs différences, ces personnages sont unis par la nourriture. Le fait de manger ensemble au restaurant devient la base de la construction d'une nouvelle identité culturelle hybride. Les habitudes alimentaires faisant partie de la culture, le manger africain qu'Ève-Marie propose à sa clientèle apporte un élément nouveau à leur culture et permet aux immigrés et aux français de fusionner dans cet espace neutre qui est simultanément le lieu de résidence de l'héroïne et le restaurant. Dans cet espace, il n'y a plus la barrière spatiale qui divise le quartier des immigrés de celui des *français de souche*, mais le restaurant rassemble les deux communautés (française et immigrée) et met de côté leurs différences.

---

[300] Pour plus de détails sur la notion de Third Space,Cf. le point 1.2.2 du premier chapitre de ce travail.

6. La signification du pays natal chez le personnage immigré

6.1 La valorisation du pays natal dans *Douceurs du bercail*

Après avoir montré les failles et les risques liées à l'immigration (clandestine), Aminata Sow Fall entreprend dans son roman *Douceurs du bercail* de donner une valeur à la terre d'origine. Selon Nicole Aas-Rouxparis, «*Douceurs du bercail*, (1998) célèbre le retour aux valeurs primordiales»[301] du fait que dans le roman, le pays natal n'est pas présenté comme un territoire à abandonner mais plutôt comme un lieu porteur d'espoir. « Quand je sortirai d'ici, je serai plus à l'aise pour dire à mes frères, sœurs, parents et amis, que l'eldorado n'est pas au bout de l'exode mais dans les entrailles de notre terre. »(DB, 87) Etant au dépôt de l'aéroport, l'héroïne du roman entreprend d'inciter ses compatriotes à l'amour du pays d'origine. «[…] ne fuyez pas. Au bout de l'aventure, il n'y a que le mirage…Aimons notre terre » (DB, 53) D'après l'analyse de Mildred Mortimer, le séjour hebdomadaire de Asta dans le dépôt de l'aéroport Charles de Gaulle lui a permis d'entamer une transformation psychologique et de développer une nouvelle relation avec son pays natal.[302] Cela justifie le fait que de retour au Sénégal, elle initie un projet agricole en milieu rural «pour mettre en valeur deux hectares de terrain, dans cette partie où la terre est toute noire.»(DB,199) L'agriculture devient subséquemment cette nouvelle activité qui permet de revaloriser la terre d'origine:

> En quelques mois Asta et compagnie avaient vendu assez de guewê pour acheter d'autres outils et payer des manœuvres expérimentés pour creuser, depuis le fleuve, un canal. Pour le faire, ils avaient attendu la saison des pluies, période où la terre argileuse est plus maniable. Dans le même temps ils avaient semé du mil, du coton, des arachides, du maïs, du *bissap* et des gombos après avoir obtenu les conseils d'un ingénieur agronome sur les parties du terrain les mieux adaptées à telle ou telle culture. (DB, 216)

Le succès que connaît le projet initié par Asta et son équipe prouve qu'il y a des opportunités et des possibilités de réussite au Sénégal. En misant sur le secteur agricole et la promotion des cultures locales, l'auteur veut transmettre au lecteur le message plusieurs fois énuméré dans le texte selon lequel «le paradis n'est pas forcément ailleurs.»(DB, 201) Aminata Sow Fall envisage à travers ce message d'éveiller les

---

[301] Aas-Rouxparis, Nicole: Op.Cit., p.213.
[302] Cf. Mortimer, Mildred, Op.Cit., p.78.

consciences et de mettre un terme à l'idée selon laquelle seule l'émigration peut garantir le succès social. Dans l'extrait de texte cité ci-dessus, on note également, l'emploi des termes comme *guewê* et *bissap* qui ne sont pas des mots français mais des termes de la langue wolof que l'auteur introduit dans le texte non seulement pour enrichir le style mais aussi pour traduire l'authenticité de sa pensée qui pourrait se perdre dans la traduction. Qu'il s'agisse des interjections ou des proverbes qui sont traduits en note de bas de page, le style du roman se caractérise par cette mixité linguistique qui contribue à *sénégaliser*[303] le français employé dans le récit. *Douceurs du bercail* étant comme le relève Catherine Mazauric un roman de facture classique écrit à la troisième personne,[304] le texte se caractérise par ailleurs par l'alternance entre les scènes rapportées avec notamment la présence des flash-back qui à chaque fois viennent interrompre le déroulement du récit. A titre d'exemple, on peut citer le chapitre huit du roman qui rompt avec la continuité du récit et propulse le lecteur quelques années en arrière en relatant de façon rétrospective l'amitié entre Asta et Anne. Cependant notons également la présence de différents préambules qui précèdent chaque chapitre du texte et qui décrivent non seulement la pensée de l'auteur mais résument également la description faite par la voix narrative du texte des événements du récit à l'exemple de la réussite liée au projet agricole d'Asta et de son équipe. Celle-ci est décrite dans le texte comme étant «[...] la plus belle expression pour ceux d'entre eux qui avaient vécu les jours affreux du dépôt et l'infamie du charter, de leur dignité retrouvée. Le rêve enfin! Et le temps de se dire, en se référant à la sagesse populaire, que le bonheur, au fond, c'est comme le savoir: il n'est pas loin, il faut savoir le trouver» (DB, 217) Au dépôt de l'aéroport en France associé à *l'ignominie,* l'auteur oppose la dignité retrouvée au Sénégal et le bonheur est associé au savoir et à la terre natale et comme le dit le texte, « rentrer au bercail avant la nuit est un acte de sagesse.»(DB, 103)

Au terme de cette analyse, nous avons de bonnes raisons de réfuter les propos d'Aminata Sow Fall qui précise à propos de *Douceurs du bercail* que: «Beaucoup de gens ont pensé que c'était un roman sur les problèmes de l'émigration et la situa-

---

[303] A travers l'emploi du verbe *sénégaliser,* nous voulons exprimer la volonté d'Aminata Sow Fall d'adapter le français au parler courant du Sénégal afin de traduire dans le texte français, la réalité sénégalaise qu'elle décrit dans son roman.

[304] Cf. Mazauric, Catherine: Op.Cit., p.239.

tion des sans-abri. Non, non. Ce roman précède de loin le problème des sans-abri.»[305] L'écrivaine sénégalaise ne peut nier qu'il s'agit dans ce roman des problèmes liés à l'émigration vers l'Occident et particulièrement la France. Même si d'autres thèmes sont présents dans le roman comme par exemple l'amitié entre Anne et Asta, le thème de l'émi/immigration ne peut pas être relégué au second plan car il constitue la thématique principale du récit comme nous avons tenté de le montrer dans ce travail.

6.2 La relation de l'immigré(e) avec son pays natal dans *Les derniers rois mages* et *Desirada*

Les personnages immigrés des romans de Maryse Condé entretiennent des relations différentes avec le pays natal. Dans *Desirada*(Condé: 1997), Reynalda, une fois installée en France rompt tous les liens avec la Guadeloupe qui finit par lui devenir étrangère. Déjà dès son arrivée en Métropole, Reynalda met une croix sur sa terre natale et sa réussite sociale confirme cet éloignement de son pays quand le narrateur précise à la fin du roman, «la Guadeloupe, Dieu merci, c'était fini. Elle [Reynalda] n'y remettrait jamais plus les pieds.» (D, 271). Dans le cas de ce personnage, la terre natale est associée à une série d'événements qui ont négativement affecté sa vie. Ceux-ci sont sans doute liés à la naissance de sa fille Marie-Noëlle (probablement issue d'un viol[306]) et son émigration en France est la fuite d'une vie de tourmente passée au pays. On comprend à la fin du récit que le traumatisme qu'a connu Reynalda en Guadeloupe est le lien qu'elle entretient avec sa terre d'origine.

Chez Marie-Noëlle, c'est l'incertitude qui la rattache à son pays natal. Apres le décès de Ranélise, elle se rend en Guadeloupe pour assister aux obsèques de sa nourrice et là, la jeune femme constate qu'après plusieurs années passés hors de son pays, celui-ci n'a plus rien du paradis qu'elle s'imaginait. «Dans son souvenir, la maison où elle avait grandi était celle d'un conte de fées. Elle lui paraissait aujourd'hui une bicoque risible» (D,139). Même le créole, la langue de son enfance devient «la langue oubliée»(D, 148) et Marie-Noëlle réalise qu'elle s'est éloignée de sa culture guadelou-

---

[305] Aas-Rouxparis, Nicole: Op.Cit., p.206

[306] Nous employons le mot *probablement* ici pour signaler que le viol dont Reynalda se réclame être une victime n'est pas confirmé comme une réalité dans le texte d'autant plus que ses dires sont contredits par ceux de Nina qui nie les propos de sa fille. Cf. le point 5.1 de ce travail sur la question de l'identité dans l'œuvre de Maryse Condé.

péenne qui a pourtant marquée son enfance. La même inquiétude habite Spéro dans *Les derniers rois mages* (Condé: 1992), puisque dans son exil américain, il pense à la Guadeloupe et se dit: «Qu'est-ce qu'il n'aurait pas donné pour rentrer chez lui! Débarquer à la Noël dans l'odeur des daubes de cochon et des pois d'Angole qui mijotent!»(DRM, 173). Cependant les informations que Spéro reçoit de son frère l'amènent à réaliser que « la Guadeloupe de son souvenir était morte et enterrée. »(DRM, 174). Alors il se demande si «après tant d'années d'exil, est-ce qu'une terre est encore natale? Et est-ce qu'on est toujours natif? On arrive dans le pays et on ne connaît plus ni sa parole ni sa musique. » (DRM, 173) Ces questions rhétoriques que se pose Spéro définissent non seulement l'incertitude qui le lie à sa terre d'origine mais elles présentent aussi l'aliénation culturelle qui caractérise ce personnage. Bien qu'ayant la ferme volonté de rentrer en Guadeloupe, le regard d'autrui constitue un frein à la décision de Spéro car:

> […] peut-on revenir au pays les deux mains vides et les poches pleines de trous? Peut-on revenir quand on n'a gagné que de la mousse blanche aux cheveux et des crises d'arthrose cervicale? […]Mais, vrai de vrai! Fait-on jamais fortune en Amérique? Menteries de menteurs! Balivernes! *Pawol an bouch pa chaj* ! [Les paroles ne comptent pas][307] Publicité mensongère! Pour un qui sauve son corps, quatre-vingt-dix-neuf y perdent leur âme. L'esprit se perd à dénombrer la foule de ceux qui sont venus frapper à la porte des rêves, dorment dans des cauchemars. (DRM, 48-49)

Maryse Condé présente dans un premier plan la relation qui lie Spéro à la Guadeloupe, le protagoniste est tourmenté par les attentes de sa société d'origine envers lui. Son voyage pour les Etats-Unis est associé à la richesse et la réussite sociale de l'immigré. Dans un deuxième temps, la romancière entreprend de contredire les affirmations qui analysent l'immigration aux Etats-Unis comme signe de succès. Elle fait ressortir le caractère illusoire de ces déclarations et précise que pour l'étranger qui s'aventure en Amérique, aucune prospérité n'est garantie car même si certains atteignent les objectifs fixés, pour la plupart des immigrés, l'aventure se solde par un fiasco. A l'illusion répandue dans la société guadeloupéenne sur l'immigration aux États-Unis, Condé oppose la dure réalité de la vie des immigrés qui n'est pas toujours rose en Amérique. Pour faire passer son message, l'écrivaine utilise un langage familier et emploi un français prosaïque auquel elle associe des éléments créoles. La mixité linguistique tient à créer une complicité avec le lecteur tout comme le style

---

[307] Cette traduction entre guillemets est tirée du texte de Maryse Condé.

familier élargit le lectorat en y incluant le lecteur non intellectuel afin de rendre le message véhiculé dans le texte accessible à tous.

6.3 La thématique du pays natal dans les textes de Gisèle Pineau
6.3.1 La perception du retour aux Antilles dans *L'exil selon Julia*

Dans le récit, l'option du retour au pays natal est présentée comme la délivrance des douleurs de l'exil pour les personnages immigrés. En France, quand elle parle de la nostalgie de Man Ya, la narratrice présente l'exil de sa grand-mère comme une douleur.[308] « La tâche est rude, indéfinie. Et la France, pour Julia, c'est avant tout Tribulations et Emmerdations Associées.»(ESJ, 55) Cependant le retour vers la Guadeloupe est associé au bonheur, à la joie retrouvée. « A l'idée du voyage, ses yeux, jusque-là ternis [...] voient de nouveau couler la vie, comme yeux d'aveugle miraculé.»(ESJ, 135) D'ailleurs le chapitre qui relate le départ de Man Ya vers la Guadeloupe est intitulé 'Délivrance' et le départ de la grand-mère est décrit d'une part comme un soulagement que Julia ressent et d'autre part comme l'exaucement des prières de cette dernière.

> Quand Man Ya nous quitte, je pense ne plus la revoir...
> Un cousin de passage en France la ramène en Guadeloupe. Son départ annoncé se fait dans un genre de précipitation contenue. Elle retient sa joie comme pour conjurer les démons qui crochètent les plans tirés sur l'espérance. Elle ne veut pas se réjouir en plein, sait-on jamais...Elle serre les dents, remercie Christ, nous disant que-si Dieu veut!- La délivrance est pour bientôt. Délivrance, le mot a trouvé sa place légitime. Libération du Monde Ancien. Dernier rond au blafard purgatoire. « Merci Seigneur Ô L'Éternel! Dans Ta grandeur, Tu as exaucé mes prières! Gloire à toi, Vierge Marie, Manman du doux Agneau!» répète-t-elle dans ses prières du soir. En ces jours, sa figure resplendit. (ESJ, 135)

Tandis que la première « Délivrance » énoncée au deuxième chapitre du récit et qui se réfère au départ de Julia de la Guadeloupe vers la France correspond certes à la libération de celle-ci de la violence de son époux mais ne s'accompagne en aucun moment de la joie de Man Ya, la deuxième « Délivrance» qui est décrite dans le passage ci-dessus laisse clairement apparaître l'enthousiasme de Julia. Le retour de la grand-mère vers la Guadeloupe est assimilé à un soulagement que celle-ci attend de-

---
[308] Cf. le point 4.6 du chapitre quatre consacré à la question de la nostalgie de Julia et son problème de mal du pays.

puis longtemps. Dans son analyse, Renée Larrier fait également une différence entre les deux formes de délivrance mentionnées dans le récit.[309] Seulement elle omet de relever l'absence de joie qui accompagne la délivrance ayant trait au départ de Julia vers la Métropole ce qui donne à son interprétation une allure inachevée.

Chez la narratrice également, le voyage pour la Guadeloupe est associé à une libération, libération du racisme et des préjugés dont elle est victime en France. A l'approche de son départ pour les Antilles, elle note dans le texte « là où l'on va, les Noirs sont chez eux. Jamais plus je ne laisserai quelqu'un m'appeler Bamboula…Jamais. Jamais plus je n'irai cacher la noirceur de ma peau sous un bureau… » (ESJ, 167) Gisèle se réjouit de pouvoir vivre dans une société où les Noirs «[…]ont le droit de parler haut, d'apparaître à la télévision, d'être en colère aussi, et fiers comme les Blancs sont fiers d'eux-mêmes… »(ESJ, 167) Que ce soit pour Julia ou pour Gisèle, la Guadeloupe est le pays rêvé et comme le relève Françoise Mugnier, le retour à la Guadeloupe permet l'épanouissement des personnages du récit et leur offre également l'équilibre personnel.[310]

A son arrivée en Guadeloupe, Man Ya retrouve la santé et la joie de vivre. Lorsque ses petits-enfants lui rendent visite quatre ans après son départ de la France, elle est décrite dans le texte comme une femme épanouie et fière et c'est avec engouement qu'elle leur présente son habitation et les initie à la connaissance des plantes des Antilles.

> Man Ya nous montrait tous ses bois, les alentours, la cour, l'amour de son jardin. […] Ses yeux disaient : Vous m'avez présenté la figure de la France, à présent regardez mon pays, […] Il y a sûrement des terres plus belles, moins ingrates, sans cyclone ni tremblement, ni raz de marée.[…] Mais personne ne peut m'empêcher de vouloir vivre et puis mourir ici[…](ESJ, 216-217)

La joie totale qui habite Julia en Guadeloupe s'oppose à la joie partielle que connaît sa petite-fille Gisèle au moment de se rendre aux Antilles car malgré l'enthousiasme qui anime la narratrice à l'idée de partir en Guadeloupe, cette dernière est habitée par des inquiétudes car étant née en Métropole, elle appréhende le retour de sa famille dans l'île d'origine. A travers des monologues, Gisèle s'interroge dans le texte: « est-ce qu'on ne sera pas des étrangers au Pays? Ce Pays qui bat et saute comme un cœur, là-bas. Est-ce qu'il nous reconnaîtra comme ses enfants?»(ESJ, 169-170) Les inquié-

---

[309] Cf. Larrier, Renée: Op.Cit., p.90.
[310] Cf. Mugnier: Op.cit., p70.

tudes de la narratrice sont justifiées lorsqu'elle remarque à son arrivée aux Antilles qu'elle reste différente des autres. Certes cette différence n'est plus basée sur la couleur de la peau et les problèmes de racisme comme cela a été le cas en Métropole, mais en Martinique où la famille s'installe premièrement et plus tard en Guadeloupe, Gisèle doit affronter un autre obstacle notamment la barrière linguistique car elle a un accent différent de celui des habitants de l'île. Aux Antilles, la narratrice se fait remarquer par son accent parisien. Malgré les efforts qu'elle déploie pour apprendre le créole, Gisèle relève que dans l'école qu'elle fréquente en Martinique, «elles [ses camarades] rient de mon créole grené de RRR, de tous les mots français qui comblent les trous de la méconnaissance.»(ESJ,188)

Ici le récit aborde les problèmes d'intégration de la narratrice dans son pays d'origine car celle-ci est une immigrée de la deuxième génération. Pour Gisèle le retour au pays d'origine n'est pas analysé comme une réintégration comme c'est le cas pour ses parents, immigrés de la première génération. Etant donné que pour la narratrice le pays d'origine diffère du pays natal, le voyage vers les Antilles apparaît plutôt comme la découverte de l'ailleurs, cet ailleurs qui est sienne de part l'appartenance liée à ses racines mais reste pourtant lointain à cause de la méconnaissance de l'environnement socioculturel.

6.3.2 Représentation et signification du retour de l'immigré(e) au pays natal dans *L'âme prêtée aux oiseaux*, *Chair Piment* et *Fleur de Barbarie*

Dans *L'âme prêtée aux oiseaux* (Pineau : 1998), la relation entre la figure de l'immigré et le pays d'origine se manifeste chez le personnage de Marcello qui est un immigré de la deuxième génération. Tout comme la narratrice de *L'exil selon Julia* (Pineau: 1996), Marcello développe un engouement pour la Guadeloupe et celui-ci est motivé par la forte volonté de nouer des liens avec ses origines paternelles. « Il n'avait que le mot «Guadeloupe» en bouche. Il ne voyait que cet horizon-là sur lequel trônait son père [...]» (APO, 107). Né en France et ne connaissant pas la Guadeloupe, Marcello a très peu d'informations sur son lieu d'origine car sa mère Sybille ne veut pas lui parler des Antilles qu'elle peint négativement au regard de l'enfant. Cependant la curiosité de Marcello le pousse à ne pas donner du crédit aux paroles de Sybille qui veut l'empêcher d'effectuer ce voyage tant désiré vers la terre d'origine. Dès qu'il apprend l'existence de son père, Marcello ne rêve plus que de partir en Guadeloupe, le passage ci-dessus nous apprend que la volonté de voir son père pousse le garçon à développer une fascination pour le pays de ses origines qui devient un lieu à visiter absolument. Indifférent à la réticence de sa mère, Marcello n'arrête de manifester sa volonté de partir quand il s'exclame dans le texte : « 'Je vois la Guadeloupe! Je vois mon père!Toi tu penses que je suis là dans cette cage! Mais je suis là-bas. Je suis libre comme un oiseau. Je vole avec mon père!'»(APO, 109) Ici, Marcello s'adresse à sa mère et il exprime à cette dernière sa profonde volonté de partir en Guadeloupe retrouver son père. Sa présence en France, le jeune homme l'associe à une prison puisqu'il qualifie l'appartement familial de cage et son départ pour la Guadeloupe est présenté comme une libération. La situation de Marcello rappelle à un moindre égard celle de Man Ya dans *L'exil selon Julia* dont le séjour en France est associé à une maladie et le retour vers la Guadeloupe à une délivrance.[311]

Lorsqu'il se rend finalement en Guadeloupe, le texte nous fait savoir que Marcello ne peut contenir la joie qu'il manifeste étant au pays de ses racines. « Marcello avait téléphoné le lendemain. Sa voix manifestait une exaltation qu'il s'efforçait de contrôler, Il parlait avec précipitation.[…] Oh! Il était tellement content d'être en Guadeloupe. […] Il adorait le pays. […]Oh! Il savourait la Guadeloupe!!!» (APO, 112) Dans *L'âme prêtée aux oiseaux,* Marcello, immigré de la deuxième génération n'a pas de difficultés d'intégration dans son pays d'origine comme c'est le cas de la narratrice de *L'exil selon Julia*. Dans le cas de Marcello, le voyage en Guadeloupe représente la découverte des racines culturelles, la renaissance identitaire ainsi que la joie de vivre et le commencement d'une nouvelle vie.

Cependant dans *Chair Piment* (Pineau : 2002), le voyage au pays natal est présenté différemment chez les différents personnages immigrés du récit. Chez l'héroïne du roman Mina, il tient lieu de renouement avec le passé. Après avoir séjourné pendant vingt et un ans en Métropole, celle-ci se décide à repartir dans sa terre natale. L'idée de revoir la Guadeloupe s'accompagne d'une joie que ressent Mina quand elle envisage d'entreprendre ce voyage. « Après la tarte, je téléphone à une agence de voyage. Je dois retourner à Piment. Cette perspective lui mit le cœur en joie. Elle se voyait déjà descendre de l'avion, rouler jusqu'à Piment dans la voiture du cousin Tibert. Rendre visite à Suzon.»(CP, 117) La joie que ressent Mina à l'idée de se rendre en Guadeloupe va céder place à une grande appréhension du pays natal au fur et à mesure que s'approche le départ pour les Antilles.

---

[311] Cf. l'analyse du récit *L'exil selon Julia* au chapitre quatre de ce travail.

> Mina avait rêvé le voyage. Et Voilà le jour était arrivé. C'était bien elle, Mina Montério, à l'aéroport, à Orly. Elle partait en vrai, pas en songe. Elle allait s'envoler vers la Guadeloupe. Et le cœur pincé, elle passait de la joie à la peur en un instant. Se laissant brutalement pourfendre et étriper par la peur avant de sombrer dans la soie de la joie. (CP, 227-228)

A l'instar de Gisèle dans *L'exil selon Julia* (Pineau : 1996), les sentiments de Mina dans *Chair Piment* (Pineau : 2002) sont partagés entre la joie et la peur. D'un côté, elle appréhende le voyage car elle ne sait pas ce que lui réserve le pays après plus de deux décennies d'absence et de l'autre côté elle aimerait revoir le lieu de ses origines ainsi que les personnes qu'elle a fréquentées dans son enfance et plus précisément Suzon Mignard. Pour ce fait, elle essaie de se consoler: « 'Ça va' »! Se répétait-elle afin d'exorciser sa peur du pays qui allait et venait tel un effluve malodorant, entrait et sortait de son cœur aussi douloureuse qu'une aiguille érodée, cognait et lancinait dans sa tête, comme chanson à trois mots.»(CP, 228)

A son arrivée à Piment, Mina retrouve sa sérénité lorsqu'elle revoit sa vieille connaissance Suzon et le lieu où elle a passé son enfance. « Mina et Suzon tombèrent dans les bras l'une de l'autre. Après les embrassades et les effusions d'usage, elles restèrent un instant silencieuses, face à face,[…] Mina se sentit plus à l'aise, demanda pardon pour le silence et merci pour l'accueil.»(CP, 234) Cependant le séjour de l'héroïne en Guadeloupe reste loin d'être présenté comme des vacances reposantes puisque Mina apprend tout sur son passé qui la hantait en France durant son séjour parisien. En découvrant la parenté qui la lie à Suzon, cette vieille guadeloupéenne jusque-là considérée comme une amie de la famille et qui se révèle être la tante de Mina, c'est toute la vie de la protagoniste qui est clarifiée. « Je [Mina] savais déjà que Suzon avait follement aimé mon père, mais j'aurais jamais deviné qu'elle était ma tante… » (CP, 357 En Guadeloupe, Mina fait connaissance de sa véritable histoire et cela lui permet de mieux comprendre son existence et de redéfinir sa vraie identité. Le dénouement de l'histoire familiale de Mina permet à l'héroïne de *Chair Piment* de tisser un lien entre les événements survenus dans sa vie et à comprendre le destin tragique des siens.[312]

---

[312] A la page 361 du roman, la narratrice énumère de manière successive les événements négatifs qui se sont passés dans sa famille au fil des ans. Cette énumération se présente comme un poème et permet de définir l'existence de Mina.

Hormis le cas de Mina, le roman *Chair Piment* thématise aussi la signification du voyage pour le pays natal chez les autres immigrés antillais en France. L'exemple de Lysia qui est une amie et collègue de l'héroïne montre que dans le cas de ce personnage, le déplacement pour les Antilles s'accompagne de prestige et de la volonté de l'immigrée d'être admirée dans sa terre d'origine:

> Lysia devait passer chez Tati, boulevard Barbès. Elle s'y rendait tout au long de l'année pour ne pas être prise de court la veille de son départ vers la Guadeloupe. Des cadeaux à ramener à sa manman et à de vieilles tantes : chemises de nuit en Nylon, culottes 100% coton taille 56, combinaisons et pantoufles made in Taiwan. T-shirts et shorts à dix francs pour les neveux. Draps en Polyester et robes en strech à vingt-cinq francs pour ses deux sœurs [...](CP, 114)

Les présents que Lysia achète pour les membres de sa famille restés en Guadeloupe lui permettent d'afficher sa soi-disant réussite sociale en Métropole. Ils masquent la réalité de sa véritable condition d'immigrée en France. Si elle effectue chaque année le voyage pour son île natale, ce n'est pas uniquement pour rendre visite aux siens mais comme le précise le texte c'est surtout pour « montrer sa réussite en Métropole, Metwopol, [...], prouver qu'elle avait su faire le bon choix en décidant de ne pas croupir en Guadeloupe.»(CP, 116) Lysia veut ainsi éveiller auprès de sa famille guadeloupéenne le sentiment d'être différente voire supérieure des autres du fait qu'elle réside en France. A travers les cadeaux qu'elle fait à sa famille, ce personnage cultive l'idée erronée selon laquelle la Métropole est synonyme de paradis. Pour se faire envier de tous, Lysia présente sa vie en France uniquement de façon positive alors qu'en réalité, elle travaille dans la cantine d'un lycée de la banlieue parisienne et habite une cité insalubre. « Lysia, la bonne amie de Mina, avait quitté la Guadeloupe et sa commune de Sainte-Anne en 1987.[...] elle s'était retrouvée à la cité avec trois bouches à nourrir. Elle avait été embauchée à la cantine peu de temps après Mina.»(CP, 88) Pour joindre les deux bouts du moins, elle fait des sous-locations des pièces de son appartement et fait partie des moins aisés de la société en France:

> Elle [Lysia] riait fort et souvent, parlait beaucoup, était toujours en train d'inventer des projets pour améliorer son ordinaire, trouver des idées pour faire entrer de l'argent ou en économiser. C'est ainsi qu'un jour, après avoir calculé et recalculé, elle avait pris le chemin de l'université pour y laisser des annonces. Proposait une chambre à une étudiante parlant anglais. [...]Lysia n'en revenait pas de sa débrouillardise et se disait gagnante sur tous les fronts. La nourriture ne lui coûtait rien puisqu'elle en ramenait toujours des quantités de la cantine.[...]Elle épargnait mille

francs chaque mois, ce qui lui permettait de rassembler douze mille francs chaque
année, de quoi payer les billets d'avion pour les vacances. Bien sûr, elle ne déclarait
pas le moindre sou aux impôts. Le soir, elle ne courait pas au supermarché du coin
mais ouvrait ses boîtes ramenées de la cantine, en jetait le contenu dans ses casse-
roles et laissait réchauffer doucement tandis qu'elle lâchait son corps sur le clic-clac,
devant la télé et ses émissions préférées. (CP, 88-89)

Cet aspect minable de sa vie en France, Lysia le cache à sa famille en Guadeloupe et alimente le clivage entre illusion et réalité en ce qui concerne l'immigration parce qu'elle ne veut pas s'avouer l'échec de son immigration dans l'hexagone.

Dans *Fleur de Barbarie* (Pineau: 2005), Josette, la narratrice et héroïne du roman fait deux voyages en Guadeloupe après avoir séjourné en France. La première fois, elle se rend en Guadeloupe à l'âge de neuf ans pour aller vivre au près de sa grand-mère Théodora. Josette quitte ainsi la Sarthe où elle a passé cinq ans et décrit son arrivée en Guadeloupe comme un déracinement quand elle note:

> Le bateau se nommait le *Major des Îles*. Je voguais en direction du bagne de Marie-
> Galante et le soleil me piquait le visage. Il faisait très chaud mais j'avais froid. Un
> froid qui venait de l'intérieur. Je me disais que c'était normal: j'étais une sorte
> d'arbuste déraciné qui avait trop longtemps voyagé. (FB, 37)

Malgré la chaleur qui règne à son arrivée en Guadeloupe, Josette ressent un froid intérieur qui est certainement imputable au fait qu'elle se trouve sans repères dans cette île. L'opposition ici relevée entre la chaleur et le froid met en exergue le trouble que le départ de la France vers les Antilles provoque chez la jeune fille. Le fait que l'héroïne elle-même se compare à un «arbuste déraciné» montre sa difficulté à s'accommoder au mode de vie guadeloupéen.

Dans la suite du récit, Josette relate au lecteur les difficultés linguistiques qu'elle rencontre dans son pays d'origine après son séjour en Métropole. Elle remarque à son arrivée en Guadeloupe que le français qui y est parlé est différent de celui de France plus précisément de la Sarthe auquel elle est habituée. A propos de sa grand-mère elle note:

> Son français était différent de celui que j'avais entendu dans la Sarthe. Chaque mot
> me paraissait choisi avec délicatesse, saisi comme un bibelot de porcelaine rare sur
> une étagère, dépoussiéré et caressé avant que d'être énoncé. Enfin, la grande diffé-
> rence avec le français de France était surtout ce drôle d'accent qui enrobait chaque
> syllabe et polissait les arêtes des mots crépis de *r*. (FB, 39)

Contrairement à sa grand-mère et aux habitants de Marie-Galante, Josette parle un français trop métropolitain. Ici on note les difficultés d'intégration de Josette, immigrée de deuxième génération dans son pays d'origine. Néanmoins, Josette entreprend de s'adapter en Guadeloupe et dans cette optique, la narratrice s'évertue à changer son accent pour l'adapter à la manière de parler des habitants de son lieu de résidence et précise à cet effet: « J'essayais en quelque sorte, de rééduquer ma langue, de l'acclimater au pays de mes ancêtres, à la terre de mes racines. »(FB, 40) Dans la volonté de changer sa manière de parler, se lit également l'intention de Josette de s'intégrer dans la société guadeloupéenne et de bannir les différences linguistiques qui la diffèrent de ses concitoyens. Satisfaite, elle note la réussite de ses efforts d'accommodation et relate: «Je ne parlais pas encore parfaitement le créole, je continuais à refouler les *r* dans ma bouche, mais je commençais à ressembler aux fillettes que je croisais dans la rue, aux petites négrillonnes de ma classe. Je me fondais peu à peu dans le paysage.»(FB. 145) La connaissance de la langue créole permet à Josette de se fixer des racines en Guadeloupe et de s'identifier à cette terre.

Le deuxième voyage de l'héroïne en Guadeloupe après un séjour de dix ans en Métropole est tout à fait différent du premier. Après avoir publié son premier roman, Josette se rend en Guadeloupe dans l'optique de le présenter au public. C'est en grande pompe que celle-ci est reçue dans son ancien lycée par les responsables de l'établissement scolaire qui la présentent aux jeunes élèves comme un modèle à suivre. « Une grande banderole de bienvenue avait été accrochée sur les grilles. Surexcités, les lycéens rassemblés dans la cour criaient, applaudissaient, se bousculaient. Un discours dithyrambique, exhortant la jeunesse à suivre mon exemple, fut prononcé par le proviseur.»(FB, 274) Hormis l'aspect professionnel qui le caractérise, ce deuxième retour en Guadeloupe permet aussi à Josette d'aborder la question de son identité avec sa grand-mère Théodora. Malgré le fait que cette dernière n'arrive pas à lui donner assez d'informations sur sa naissance, Josette à travers ce voyage est plus édifiée sur l'histoire de sa famille lorsqu'elle retourne en France. Le deuxième séjour de Josette en Guadeloupe bien qu'étant plus court que le premier permet à l'héroïne de retrouver « 'ses racines et rejoindre le pays de ses ancêtres.'»(FB, 23) Tout comme pour les autres textes de Gisèle Pineau analysés dans ce travail(*L'exil selon Julia, L'âme prêtée aux oiseaux, Chair Piment*), dans *Fleur de Barbarie,* le voyage de Josette vers la Guadeloupe s'accompagne de la renaissance identitaire.

7. La question du féminisme dans les textes de Maryse Condé, Aminata Sow Fall, Fatou Diome, Calixthe Beyala et Gisèle Pineau

7.1 Le *womanism* dans les textes de Maryse Condé.

Etant donné que le *womanism* se réfère à l'universalisme et se refuse de séparer les combats entre les hommes et les femmes, l'œuvre de Maryse Condé peut être qualifiée de *womanist* dans la mesure où la romancière guadeloupéenne plaide aussi bien pour la cause des personnages masculins que féminins. A l'inverse des autres romancières dont les textes font l'objet de cette étude et dont les romans se focalisent uniquement sur les protagonistes féminins, dans les romans de Maryse Condé, les personnages principaux sont autant masculins que féminins comme c'est le cas avec le personnage masculin Spéro dans *Les derniers rois mages* ou encore Kassem dans *Les belles ténébreuses* et du personnage féminin Marie-Noëlle dans *Desirada*.

Dans *Les derniers rois mages* (Condé: 1992), les idées du *womanism* ne se limitent pas seulement à la plaidoirie de la cause du personnage masculin qu'est Spéro mais dans ce roman, Maryse Condé aborde aussi la question raciale si chère à l'idéologie *womanist* d'Alice Walter. C'est ainsi que dans *Les derniers rois mages*, les allusions faites à l'esclavage et la ségrégation raciale dont ont été victimes les Afro-américains sont légion dans le texte à l'instar de: «Le vieux marché aux esclaves était la figure d'un passé qu'aucun Noir ne devait oublier.» (DRM, 103) De sus, le texte fait également ressortir la différence entre Blancs et Noirs quand la voix narrative du roman fait allusion à l'infidélité de Spéro et à ses activités sexuelles à Charleston:

> Malgré tant d'années de vie à Charleston, Spéro n'avait pas pris la mesure de la mentalité de la ville et la fureur que déchaîna sa liaison avec Tamara le saisit par surprise. Debbie lui fit comprendre que c'était un crachat lancé à la face non seulement de la communauté noire de Charleston, mais de la race noire d'Amérique, continuellement bafouée dans sa lutte pour la dignité, et qu'il était un traître. (DRM, 48)

Au regard de sa femme Debbie, l'infidélité de Spéro ne constitue pas véritablement un tort pour leur couple mais c'est le fait pour son conjoint d'avoir une maîtresse blanche qui est décrié par l'épouse trompée. La relation extraconjugale de Spéro avec Tamara la femme blanche et la réaction de la femme noire que représente le personnage de Debbie met en exergue la question raciale dont parle Alice Walker dans son *womanism*. Ici l'épouse de Spéro ne considère pas Tamara, la maîtresse de son mari comme une rivale parmi tant d'autres mais plutôt comme l'ennemi blanc à qui est imputée la responsabilité du douloureux passé du peuple afro-américain. Dans cette optique le texte précise: « Pourquoi lui avait-elle pardonné Jeanne. Arthé. Ruby et tant d'autres? Toute blanche qu'elle était, Tamara n'était qu'une femme parmi les femmes.»(DRM, 303) La question rhétorique que pose la citation ci-dessus relève une fois de plus la différence que fait le personnage de Debbie entre la femme blanche et la femme noire et la deuxième phrase de la citation présente ironiquement cette différence au sein de la communauté afro-américaine de Charleston.

En ce qui concerne l'engagement du *womanism* pour le bien-être aussi bien des hommes que des femmes, toujours dans *Les derniers rois mages*, l'exemple de Spéro témoigne de l'engagement de la voix narrative du texte pour la cause de ce personnage masculin. Comme nous l'avons souligné au chapitre quatre de ce travail, Spéro est présenté dans le roman comme un personnage non intégré dans sa société d'accueil américaine et apparaît au lecteur comme une victime de l'immigration mal vécue:

> Bien vite cependant, il [Spéro] avait dû se déchanter. Sous prétexte que la petite était mal portante, Debbie l'avait accaparée entièrement. Elle la mettait à dormir dans son lit, ayant relégué Spéro dans une des chambres d'amis du deuxième étage, mal situé au nord. De sa solitude sous ses draps, il entendait les grands causers de la mère et de la fille, et il se sentait une fois de plus étranger, exilé!(DRM, 34)

Spéro est présenté ici comme une victime de l'isolement de sa femme et de sa fille. Il incite la pitié du lecteur qui a de la sympathie pour ce personnage malheureux qui est prisonnier de son exil. Bien qu'il soit un mari adultérin, le lecteur a du mal à le condamner puisque le texte justifie son adultère comme suit: « Depuis que leur Anita les avait quittés, Debbie et Spéro n'avaient plus rien pour souder les morceaux de leur vie. Quand ils étaient ensemble, ils ne disaient pas grand-chose. Ils ne partageaient plus guère les repas, Debbie s'asseyant pour manger, un livre à la main.»(DRM, 41) La solitude et la tristesse qui sont décrites dans cet extrait de texte expliquent l'infidélité conjugale de Spéro. La mésentente qui règne dans le couple de Spéro et Debbie rend la situation du personnage masculin déplorable pour le lecteur car il est un étranger solitaire en Amérique. Cependant, le lecteur ne déplore pas véritablement le personnage féminin qui malgré l'échec de son mariage garde ses repères dans cette Amérique dont elle est originaire. Dans *Les derniers rois mages*, Maryse Condé plaide pour la cause du personnage masculin Spéro qui vit dans une situation de dépendance, de tristesse et d'insatisfaction vis-à-vis de son épouse. L'écrivaine se range de ce fait au côté du *womanism* d'Alice Walker car la question raciale aux Etats-Unis et celle du combat pour le bien-être des hommes constituent l'essence de son roman *Les derniers rois mages*.

Par contre dans *Desirada*, Maryse Condé s'attarde sur la situation des femmes avec l'histoire de l'héroïne du roman Marie-Noëlle et de sa mère Reynalda. La dernière est présentée dans le texte comme une jeune fille noire victime de viol de la part de son employeur blanc:

> Il arrivait toujours à la même heure. [...] Je ne pouvais rien faire qu'attendre. Qu'attendre ce moment inexorable. Glacée de peur, tremblant dans mon lit, j'écoutais. Il montait l'escalier sans se presser. [...]Il grimaçait un sourire et puis, il entrait en me disant avec son fort accent italien: « Ça va, ma petite poulette ?» Ma maman entrait à son tour. Elle s'asseyait auprès de moi et regardait ce qui se passait. Des fois, elle tenait ma main ou mon pied. Quand je pleurais, elle me répétait: « Tu ne sais pas ce que tu aurais enduré si c'est un vié nèg qui t'avait fait la même chose. »(D, 207-208)

Ici on retrouve l'image de la jeune fille noire abusée sexuellement pas son employeur blanc et cette image est fréquente dans les textes littéraires qui relatent la période de l'esclavage. La violence sexuelle des maîtres esclavagistes blancs envers les esclaves noires se retrouve dans cette histoire qui relate le viol dont est victime Reynalda la petite fille noire de Guadeloupe et qui est causé par l'homme d'affaires italien Gian Carlo. Ce rapprochement fait entre le viol dont est victime Reynalda et les abus sexuels endurés par les esclaves est possible dans la mesure où tous comme les esclaves qui se trouvaient en position de servitude envers leurs patrons et ne pouvaient pas toujours riposter aux abus exercés envers eux, Reynalda en tant que la fille de l'employée de Don Carlo est en position de servitude et n'a aucune possibilité d'échapper aux abus de l'employeur de sa mère. Surtout que cette dernière est présentée comme complice de Don Carlo quand il s'agit d'abuser sexuellement de Reynalda. Nina, la mère de Reynalda porte l'étiquette de la mère pécheresse car elle transforme sa fille en objet sexuel pour assouvir la libido du patron blanc. Comme le prouve le texte, l'expression créole « vié nèg » qui est employée à la fin de la citation ci-dessus sert non seulement à faire ressortir la créolisation de la langue dans le roman *Desirada* de Maryse Condé mais aussi à montrer le complexe d'infériorité que ressent la femme noire que représente le personnage de Nina envers le personnage blanc qu'est Gian Carlo. A travers la scène de viol décrite dans la citation ci-dessus,

Maryse Condé dégage clairement la revendication *womanist* de la femme noire qui est victime de discrimination à cause de la couleur de sa peau et de sa condition servile envers l'homme blanc. La différence dont parle Alice Walker entre le féminisme occidental faisant référence à la situation de la femme blanche et son *womanism* qui par contre se rapporte à la situation particulière de la femme noire se retrouve dans *Desirada* de Maryse Condé car hormis la discrimination sexuelle, le personnage féminin se retrouve inférioré devant le personnage masculin à cause de la couleur de la peau et de son statut de servante.

7.2 Le *Stiwanism* et le *nego-feminsm* dans *Douceurs du bercail* et *Le ventre de l'Atlantique*

D'après la définition de Molara Ogundipe-Leslie, le mot *stiwanism* se réfère à la participation des femmes dans le processus de développement ou de transformation sur le plan social en Afrique.[313] Dans les romans d'Aminata Sow Fall et de Fatou Diome, on note cet apport des femmes dans la transformation de la société. Dans *Douceurs du bercail* (Sow Fall: 1997), Asta l'héroïne du roman est l'initiatrice du projet agricole qui concourt à la réintégration des immigrés dans leur pays natal. Dans le roman, Aminata Sow Fall dote son héroïne des attributs d'une femme dynamique et entreprenante. Pour la mise sur pied de son projet, Asta précise: « J'ai déposé à la banque et auprès de trois autres organismes qui financent des projets ruraux une demande de prêt - dix millions de francs - pour mettre en valeur deux hectares de terrain, dans cette partie où la terre est toute noire. Je compte y aller doucement, méthodiquement,[...] »(DB, 199) Asta peut être décrite comme une *stiwanist* dans la mesure où elle est la meneuse qu'un projet de développement au Sénégal. Sa bravoure est signalée par sa copine Anne quand elle s'adresse à elle en ces termes «Tu affrontes un nouveau combat.»(DB, 199) Asta connaît du succès dans son projet étant donné qu'elle réussit à transformer une terre comparée dans le texte aux « endroits [...] vierges comme le jour de la Création»(DB, 195) en *Naatangué*, mot qui d'après les explications apportées dans le roman signifie «couvre les notions de bonheur, abondance, paix.»(DB, 197). Deux idées opposées se laissent dégager ici. D'un côté nous avons la terre vierge qui symbolise le manque de changement et de transformation dans cette zone rurale qu'Asta et sa bande viennent explorer. De

---

[313] Cf. Ogundipe-Leslie, Molara: Op.Cit., 229.

l'autre côté, nous avons le mot wolof *Naatangué* introduit dans le récit pour matérialiser le métissage du style littéraire du roman et signaler le processus de transformation amorcé à Bakhna, cette terre « vierge » où Asta commence à cultiver. Le processus de transformation débute par le changement de nom du lieu signalé dans le texte: « […]nous fêterons notre première moisson, Inch-Allah, sur cette terre que tu as baptisée Naatangué. »(DB, 197) Avant de commencer à exploiter la terre, celle-ci est dotée d'un nouveau nom porteur de prospérité afin de rompre avec la stagnation qui la caractérise. Puis la transformation connaît son apogée dans le dernier chapitre du roman lorsque la voix narrative précise. « Naatangué est en effervescence, Depuis les premières heures de l'aurore, hommes, femmes et enfants viennent de partout en tenue de grand jour pour assister à la fête de la première vraie moisson dans le domaine des Waa Reewu Takh.[314] Le succès agricole ici célébré auquel s'ajoute la transformation de *Bakhna*, zone non exploitée en *Naatangué,* zone fertile et prospère est imputable à l'effort fourni par Asta et sa bande mais au-delà de cet exemple le roman fait l'éloge des femmes à travers la voix du griot qui précise: « […] la force est en la femme et [que] les hommes n'en ont jamais douté depuis le jour où Eve a fait manger la pomme à Adam. Ils ont rusé; ils ont inventé tous les subterfuges possibles en usant même de la magie, pour faire perdre à la femme la conscience de sa propre force.» (DB, 196) A travers ces propos de son personnage, l'auteur reconnaît le potentiel de la femme et accuse l'homme d'avoir fait douter cette dernière de ses capacités. Dans ce cas, peut-on lire l'exemple d'Asta comme une tentative de restitution à la femme de cette « force » qui lui a longtemps été volée? En donnant au personnage féminin africain Asta la faculté de participer au processus de transformation de *Bakhna*, cette zone rurale du Sénégal, l'auteur adhère au mouvement Stiwa[315] de Molara Ogundipe-Leslie faisant de l'héroïne de *Douceurs du bercail* une *Stiwanist*.

En outre, on note que l'idéologie du *nego-feminism*[316] développée par Obioma Nnaemeka est également présente dans le roman car dans *Douceurs du bercail* (Sow Fall:1998), c'est en collaboration avec les hommes qu'Asta met au point son projet de transformation de la localité rurale de Bakhna. Le texte fait à plusieurs reprises

---

[314] Dans le roman, on peut lire la traduction française de « Waa Reewu Takh: ceux des villes en béton. » Cf. *Douceurs du bercail.*, p.203.

[315] Cf. le point 2.2 du chapitre deux de notre travail.

[316] Cf. Nnaemeka, Obioma: Nego-feminism theorizimg, practizing, and pruning Africa's way:Op.Cit.

mention de l'expression « Asta et sa bande» pour signaler que l'héroïne du roman n'agit pas seule dans le projet initié à Bakhna, mais que celle-ci est entourée de plusieurs personnes majoritairement de sexe masculin. Après le cauchemar du dépôt de l'aéroport Charles de Gaule en France, Asta réussit à négocier un compromis avec ses compagnons de misère dès leur arrivée au Sénégal natal et leur propose une alternative à l'émigration et parlant de son projet, Asta précise: « Je compte y aller doucement, méthodiquement, avec Dianor et tous les autres et Séga aussi.»(DB, 199) Dans la suite du roman, le récit nous révèle que Yakham, l'autre codétenu d'Asta dans les caves de l'aéroport parisien ainsi que Paapi, le fils de l'héroïne du roman s'investissent à fond dans le projet de revalorisation de la localité rurale de Bakhna. « Yakham, Séga, Paapi étaient en effet en train d'aménager, en face du fleuve, le théâtre de verdure auquel Dianor avait rêvé et que, d'ailleurs, il avait mis en chantier.» (BD, 221) L'intérêt que portent les protagonistes masculins du roman, anciens immigrés et anciens candidats à l'émigration pour le projet initié pas Asta témoigne d'une part de la réussite de l'héroïne et narratrice du roman dans sa stratégie de valorisation de la terre natale et d'autre part du succès de son *nego-feminism*. Fort de ce constat, c'est à juste titre que Pierrette Herzberger-Fofana déclare que: «[…] l'on perçoit aujourd'hui dans le dernier roman de A. Sow Fall *Douceurs du bercail* une tendance plus intimiste, plus revendicatrice.»[317]

Pareillement dans *Le ventre de l'Atlantique* (Fatou Diome: 2003), la participation de la femme au processus de transformation en Afrique s'observe chez Salie, l'héroïne et narratrice du roman. Pour dissuader son frère Madické de se lancer dans l'aventure de l'émigration, celle-ci entrevoit de « L'aider à forger un projet, réalisable sur l'île […] »(VA, 211). Pour la réalisation de ce projet, la narratrice du roman lui donne les fonds nécessaires pour ouvrir une boutique à Niodior et se bâtir une existence au Sénégal. Ainsi Madické qui rêvait d'une carrière de footballeur en Europe[318] renonce à cette idée une fois que le projet mis sur pied par Salie est réalisé:

> Qui te parle de partir ? Peut-être que certains copains y pensent encore, mais moi, ça ne m'intéresse plus. J'ai beaucoup de travail à la boutique, il faut sans cesse renouveler le stock ; je crois que je vais l'agrandir, elle marche très bien. J'ai même pu

---

[317] Herzberger-Fofana. Pierrette: Op.Cit., p.349.
[318] Cf. chapitre 3 de ce travail.

louer une belle télé, si bien que nous avons tous suivi la Coupe du monde chez moi.(VA, 251)

Le projet initié par Salie se présente comme un succès. Celle-ci a réussi à transformer la vie de Madické à Niodior en lui donnant la possibilité d'ouvrir une boutique. Grâce à l'aide de sa sœur, Madické devient économiquement indépendant puisqu'il gère un petit commerce local. La femme qu'est le personnage de Salie étant l'initiatrice de ce projet, celle-ci peut être qualifiée de *stiwanist* car grâce aux moyens financiers qu'elle met à la disposition de son frère, ce dernier réussit à ouvrir une boutique qui transforme la situation sociale de sa famille à Niodior et même des autres habitants de l'île qui profitent de la télévision que Madické arrive à se procurer. En outre, l'idée de négociation et de compromis propre au *nego-feminism* d'Obioma Nnaemeka apparaît également dans *Le ventre de l'Atlantique* dans la mesure où Salie n'agit pas seule dans la réalisation du projet qu'elle initie avec son frère. La participation de ce dernier étant déterminante dans le projet, il ressort clairement que le texte nous livre un engagement du personnage féminin Salie en collaboration avec le personnage masculin Madické. Le fait que Madické renonce à la fin du roman à sa volonté d'émigrer prouve que Salie a réussi à trouver un compromis avec son frère en lui donnant de l'argent pour qu'il ouvre une boutique dans son île natale et puisse se construire une existence en dehors des mirages de l'ailleurs.

7.3 La *féminitude* dans les romans parisiens de Calixthe Beyala

Puisque la *féminitude* de Beyala se réfère au passage de la femme du statut de femme-objet (la femme opprimée par le patriarcat) à celui de femme-sujet (la femme indépendante et libérée de l'emprise du patriarcat), dans les romans parisiens de Calixthe Beyala cette *féminitude* se manifeste à travers les différentes formes de libération que connaissent les personnages féminins. Dans *Le petit prince de Belleville* (Beyala: 1992) et *Maman a un amant* (Beyala: 1993), M'ammaryam connaît une triple libération de sa situation de femme-objet ou femme opprimée.

Premièrement, en fabricant des bracelets qu'elle vend à une clientèle française, M'ammaryam exerce une activité financièrement rentable, elle gagne de ce fait une autonomie financière et se libère ainsi de son rôle de femme soumise c'est-à-dire de femme-objet vouée au service de son époux.

Deuxièmement, l'aventure extraconjugale de M'ammaryam avec Monsieur Tichit permet à celle-ci de se libérer de son rôle de femme soumise dans la mesure où elle quitte son époux pour s'installer chez son amant. Même si elle finit par regagner son foyer, M'ammaryam devient une femme-sujet, une femme indépendante, maîtresse de son destin quand elle se défait de l'autorité de son mari en quittant le domicile conjugal. D'après Suzanne Gehrmann, l'affaire sexuelle de M'am lui permet de « retrouver le plaisir de la sexualité perdu dans un mariage au schème patriarcal.»[319] A travers sa relation avec Monsieur Tichit, celle-ci se re-approprie son corps et «devient capable de se réconcilier avec son mari, tout en insistant sur une nouvelle définition des rôles dans le couple»[320] poursuit Gehrmann. Ce qui nous permet de conclure que cette aventure extraconjugale permet à M'ammaryam de passer du statut de femme-objet à celui de femme-sujet. De ce fait, la sexualité contribue à la libération de la femme et lui permet d'exprimer sa *féminitude*.

Enfin la troisième libération que connaît M'ammaryam est celle liée à sa décision d'apprendre à lire et à écrire. Lorsqu'elle annonce à sa famille: « Dès lundi, je vais aller aux cours d'alphabétisation »,(MAM, 144) M'ammaryam prend la décision de se libérer de l'emprise de son époux. Elle entrevoit de ce fait de gagner plus d'autonomie car comme elle le souligne dans le roman: « J'veux juste lire mes lettres moi-même. J'en ai marre de pas savoir c'qui est marqué sur le papier.»(MAM, 145). A travers l'indépendance que recherche M'ammaryam dans *Maman a un amant* de Calixthe Beyala, ce personnage manifeste sa volonté de se défaire de l'emprise familiale dans laquelle elle se trouve en tant qu'immigrée africaine dans la société française. Cette approche nous amène à approuver la position d'Alain-Philippe Durand selon qui dans la famille Traoré, M'ammaryam rencontre plus de succès dans la négociation de l'espace migratoire car elle réussit à se séparer de la domination masculine.[321]

Dans *Assèze l'Africaine* (Beyala: 1994), *la féminitude* se manifeste dans le roman à travers la valorisation du personnage féminin en tant qu'être humain et non en tant que mère uniquement. Dans le roman, les femmes sont présentées indépendamment du rôle d'épouse que ce soit au Cameroun ou en France. Dans la première partie du récit qui se déroule exclusivement en Afrique, l'héroïne du roman Assèze vit aux

---

[319] Gehrmann, Suzanne: De la binarité à la duplicité. Les doubles de Calixthe Beyala, Op.Cit.,p.207.
[320] Ibid.
[321] Cf. Durand, Alain-Philippe: Op.Cit., p.63.

côtés de sa mère et sa grand-mère. « Je suis fille unique, je n'ai pas de père [...] je vous parlerai de Grand-mère [....] de maman [...] »(AA,19) Quand, elle se présente au lectorat, le narratrice et héroïne du roman introduit un univers exempt de figure masculine. Dans la citation ci-dessus, l'univers familial d'Assèze se limite à sa mère et à sa grand-mère. La femme est présentée dans cette première partie du roman en dehors de la vie conjugale. Bien que la maternité du personnage féminin ne soit pas mise à l'écart, la femme-mère en occurrence Andela la mère de l'héroïne est libérée de l'emprise masculine, elle n'est pas une femme-objet mais plutôt une femme-sujet c'est-à-dire une femme seule et indépendante.

La même caractéristique convient au personnage de la Comtesse qui est décrite dans le récit comme une figure féminine qui tient à son autonomie. Lorsqu'elle est présentée à Assèze comme l'épouse d'Awono, la Comtesse riposte immédiatement manifestant son envie de ne pas être englobée dans le statut de femme mariée:

> - Assèze, voilà la Comtesse, la nouvelle épouse de papa
> - Holà ! ma chère ! Arrête ton char ! Je suis sa djomba et moi, ça me suffit, O.K.?
> (AA, 75)

La Comtesse fait clairement une distinction ici entre le statut de femme mariée dans lequel on veut la ranger et celui de femme libre dans lequel elle se trouve et qu'elle préfère. A travers cette riposte, la Comtesse clame sa *féminitude* en refusant le mariage comme institution qui permet de définir la femme. Etant donné qu'elle refuse d'être engloutie dans le système patriarcal et tient farouchement à garder son autonomie vis à vis de la gent masculine, la Comtesse entrevoit la sexualité comme un commerce dont la femme peut tirer profit car comme le précise le texte: « sans l'argent, l'amour est impossible dit la Comtesse en ricanant et en reprenant à son compte le couplet d'une chanson très populaire à l'époque.»(AA, 75) On revoit ici la figure de la prostituée qui apparaît dans plusieurs romans de Calixthe Beyala et qui tient à présenter la sexualité féminine en dehors de la vie conjugale.

Dans la deuxième partie du roman *Assèze l'Africaine* (Beyala: 1994), l'action se déroule dans l'espace parisien et ici *la féminitude* des personnages féminins se matérialise à travers la négation de la maternité. Contrairement aux personnages féminins de la première partie du roman qui évoluent dans l'espace camerounais et se caractérisent par l'absence d'une vie conjugale, les femmes décrites dans la deuxième partie du roman (Assèze et Sorraya) vivent maritalement mais ne connaissent pas la maternité dans leur union. Etant donné que la *féminitude* de Calixthe Beyala refuse de définir la femme uniquement par rapport à sa maternité et sa capacité à procréer, c'est à ce titre que l'héroïne du roman *Assèze l'Africaine* (Beyala: 1993) affirme: « je crois que j'aurais été une bonne mère mais cette idée me donne des cauchemars : Si je pouvais, j'adopterais des enfants. Je suis convaincue que la maternité est dangereuse: vous aurez tort.» (AA, 20) Le rejet de la maternité dont fait part Assèze témoigne de sa *féminitude* et de son refus d'être définie comme femme-mère. Ce refus de la maternité est réitéré par Assèze dans un entretien qu'elle a avec Alexandre, le mari de Sorraya:

> - Il faut qu'on te trouve vraiment un mari, ma chère. [Alexandre]
> Il est temps que tu aies des enfants
> - Pas question, dis-je. [Assèze]
> - Pourquoi?
> - J'ai le temps. Je crois que je ne serai jamais une bonne reproductrice.
> - Tu veux vivre seule toute ta vie? Un homme ne te manquera pas, même pour…
> - Je n'ai pas les moyens d'envisager l'avenir. Pour l'instant, je me contenterai d'élever tes enfants et ceux de Sorraya, dis-je en riant.
> - Ca ne saurait tarder, dit-il. Après son spectacle, si elle n'est plus malade de la tête, c'est envisageable. Sinon elle me suffit.
> - Même sans enfant? Demandai-je.
> - Et alors? Je l'aime !
> - Chez moi, quand une femme est stérile, son mari la quitte ou épouse une autre.
> (AA, 328-329)

A travers cet entretien qui a lieu entre deux personnages du roman, on voit très bien comment l'auteur Calixthe Beyala reproduit l'essence de son idéologie sur la *féminitude*. La critique de la maternité est exprimée à travers la comparaison qu'établit Assèze entre le fait d'avoir des enfants et le mot reproductrice employé ici. Si la maternité est réduite à la reproduction c'est pour critiquer la tendance du système phallocratique à définir la femme par rapport au nombre d'enfants qu'elle possède. Cette critique va plus loin lorsqu' Assèze évoque le sujet de la stérilité féminine en Afrique. Les misères de la femme stérile sont décriées et critiquées. Le sort de la femme stérile africaine qui se réduit à la polygamie ou la perte du foyer conjugal est remis en cause par Beyala à travers les affirmations d'Assèze et par la prise de position d'Alexandre, la romancière propose l'amour inconditionné des conjoints dans un foyer indépendamment de la possibilité de l'épouse à fournir une progéniture à son mari ou non.

Dans *Amours sauvages* (Beyala:1999), le nom d'Ève-Marie que Beyala donne à sa protagoniste est analysé par Gehrmann comme « le binarisme classique de la femme pécheresse, séductrice et de la femme sainte et maternelle du discours chrétien. »[322] En donnant un nom composé à l'héroïne du texte, Beyala oppose simultanément « Ève » la première femme de l'humanité chassé du jardin d'Eden pour trahison et désobéissance envers Dieu à « Marie », le mère du Christ, la femme exemple de souplesse et de soumission. L'auteur crée de ce fait une double identité de femme qui se reflète dans le texte à travers les rôles de prostituée et de femme mariée qu'occupe son héroïne dans le récit. Ici nous avons l'opposition entre femme-sujet et femme-objet dont Calixthe Beyala parle dans la définition de son concept de *féminitude*.[323] La femme-objet est Marie, la mère soumise qui vit sous l'emprise masculine alors qu'Ève, la prostituée représente la femme-sujet libérée de toute domination phallocratique et consciente de son statut.

Dans *Amours sauvages*, la *féminitude* se manifeste aussi par la sexualité féminine comme moyen de libération du personnage féminin. Dans ce roman, Calixthe Beyala thématise la sexualité féminine sous l'aspect de la prostitution. Au début du roman, la narratrice et héroïne du récit confie: « Je vendais mon immense derrière de négresse à prix modérés et on m'appela « Mademoiselle Bonne Surprise » ». (AS, 13) En se prostituant, Ève-Marie trouve un moyen de compenser la désillusion qu'elle connaît en France et de se créer une activité rentable pour assurer sa survie en terre d'accueil. Puisque la prostitution est une activité financièrement profitable, Ève-Marie décide d'initier d'autres filles dans ce domaine:

> Parce que les choses avaient tourné rond avec Maya, je décidai de rabattre les filles pour M. Trente pour Cent et d'en tirer profit.[…] Je n'avais pas l'impression d'être une mère maquerelle, seulement une mère. Je conseillais les filles sur la manière de harponner un client, de lui extirper le maximum d'argent et de faire l'amour avec un homme sans s'épuiser. J'étais certaine de les sauver de mille morts atroces.(AS, 47)

A travers la prostitution, le personnage féminin dans *Amours sauvages* (Beyala : 1999) connaît une libération sexuelle et financière. La femme prostituée est une femme non soumise, celle-ci est indépendante et vit librement sa sexualité; elle est le reflet de la femme-sujet que prône Calixthe Beyala à travers son concept de *fémini-*

---

[322] Gehrmann, Suzanne: De la binarité à la duplicité. Les doubles de Calixthe Beyala, in: Op.cit., p. 209.
[323] Cf. le point 2.2 du deuxième chapitre de notre travail.

tude. En plus elle gagne une autonomie financière car la prostitution est un travail qui permet au personnage féminin de s'affirmer économiquement dans la société.

Contrairement au roman *Amours sauvages*, la féminitude se caractérise dans *Les honneurs perdus* (Beyala:1996) par l'image contradictoire du personnage féminin qu'offre le couple Saïda-Ngaremba. Dans le roman, l'opposition entre ces deux images de femmes se manifeste par le fait que Saïda reflète l'image de la femme-objet de part sa soumission au système patriarcal alors que Ngaremba correspond à l'image de la femme-sujet car elle mène une vie libre et est dépourvue de toute domination.

Dans *Les honneurs perdus*, Saïda est définie comme une femme soumise enfermée dans les chaînes du système patriarcal.

> A quatorze ans, je savais cuisiner : Je cassais le bois pour le feu que j'attisais jusqu'à ce que les flammes bondissent. « pas mieux que Saida pour attiser le feu », disaient les femmes, lorsqu'elles me voyaient à quatre pattes, soufflant de tous mes poumons sur les braises.[…]Je me plongeais tout entière dans les problèmes domestiques. Je surveillais la soupe au feu. Je la tournais avec une grande cuillère en bois pour qu'elle n'attache pas. Maman aussi était fière de mon travail: « Tu es une vraie femme», me disait-elle. J'en étais heureuse […](HP, 79)

La description faite de Saïda montre que dès l'adolescence, celle-ci remplit les tâches que lui attribue la société. Dans cet extrait de texte, la mention « vraie femme » porte une connotation ironique dans la mesure où elle présente ironiquement la conception de la femme dans la société patriarcale. La femme décrite à travers le personnage de Saïda dans *Les honneurs perdus* est réduite aux taches ménagères et se définie uniquement dans le cadre domestique. Cette image se propage dans le roman quand la narratrice aborde la question de sa sexualité et plus précisément celle de sa virginité. « Je veux dire que Saida est vierge.»(HP ;115) En proclamant publiquement la virginité de Saïda, cette dernière est ouvertement transformée en femme-objet dans le quartier de Couscous dans lequel elle vit. De ce fait Saïda n'est pas uniquement réduite aux tâches ménagères, elle est également prisonnière du système patriarcal car sa vie sexuelle est surveillée par son père qui veut la garder vierge jusqu'au mariage.

Si l'emprisonnement de Saïda dans les valeurs patriarcales est incontestablement présenté dans le roman, l'héroïne du roman *Les honneurs perdus* de Calixthe Beyala expérimente sa *féminitude* et passe du statut de femme-objet à celui de femme-sujet lors de son séjour en France. Saïda réussit à se libérer des chaînes du patriarcat quand elle entretient une relation amoureuse avec Marcel Pignon Marcel et devient sexuellement active. En tant que narratrice du roman, elle le précise elle-même dans le texte quand elle révèle:

> [...] je défis les boutons de sa chemise. Sa ceinture tomba sur le sol dans un bruit de métal. Et tandis que dehors un vent se levait, que des pas frappaient le macadam, que les crissements de pneus disparaissaient là-bas au tournant, je découvrais le corps de Marcel Pignon Marcel, les plis des poignets, l'intérieur du coude, les creux entre les clavicules, les poils de sa barbe naissante ainsi que ceux dissimulés habituellement sous ses vêtements. (HP. 395)

La description de cette scène érotique marque le début de la vie sexuelle de Saïda. En se livrant ainsi à son amant, l'héroïne de Calixthe Beyala met une croix sur son passé de femme-objet, sur sa réputation de « vieille fille entre les vieilles, Éternelle Vierge des vierges » (HP, 96) pour devenir Saïda, la femme amoureuse, la femme jouissant de sa sexualité et de sa *féminitude*. Saïda est d'autant plus fière de son nouveau statut qu'elle précise dans le roman: « [...] j'étais amoureuse. J'avais traversé la vie rien que pour rencontrer Marcel. [...] Je me sentais partout à la fois. C'était nouveau. Et je regardais la nouvelle moi. La triste Saïda s'en allait.»(HP, 396 Alors que cette facette de sa féminité est une nouveauté pour Saïda, Ngaremba, l'autre figure féminine du roman *Les honneurs perdus*(Beyala : 1996) est assimilée à l'image de la femme-sujet pendant tout le récit. Grâce à sa profession d'écrivain public à Belleville, Ngaremba est une femme financièrement indépendante et comme le précise le roman, « Son métier d'écrivain public lui permettait de gagner sa vie [...]»(HP, 204) La *féminitude* de Ngaremba se manifeste aussi par la nature de sa situation matrimoniale. Divorcée et mère d'une petite fille, Ngaremba élève sa fille toute seule et n'a pas encore réussi à se fixer durablement avec un partenaire. Dans le texte, quand elle énonce la liste de ses amants à son interlocutrice Saïda, il apparaît clairement que Ngaremba correspond à l'image de la femme-sujet dont parle Beyala dans sa *féminitude* car celle-ci réussit à concilier maternité, vie professionnelle et vie affective.

7.4 L'écriture de Gisèle Pineau: une écriture féministe

L'analyse faite dans ce travail de recherche des textes de Gisèle Pineau nous permet de constater que ses romans accordent une place importance à la relation entre les sexes. Cette relation se définie à plusieurs reprises par la domination du sexe masculin sur le sexe féminin. Dans *L'exil selon Julia* (Pineau: 1996), cette domination est marquée par la violence d'Asdrubal envers son épouse Julia : « Son époux Asdrubal - dit le Bourreau - la [Julia] rossait à grands coups de pied et puis usait son fouet sur son dos.»(ESJ, 16). Dans cette phrase, le récit nous donne l'image d'un homme violent qui n'hésite pas à abuser de sa femme. La comparaison d'Asdrubal à un bourreau montre qu'il est assimilé ici à un tortionnaire, à quelqu'un qui martyrise son épouse et par conséquent cette dernière apparaît comme une victime dans le texte et plus précisément, une victime de la maltraitance physique d'Asdrubal. C'est envers le personnage masculin que le lecteur éprouve de l'antipathie alors que Julia, l'épouse docile inspire la pitié et la compassion car malgré le supplice que lui fait subir son mari, elle reste soucieuse de ce dernier:

> Le Bourreau la terbolise, mais elle [Julia] ne fomente aucune vengeance, ne songe pas à lui couler, un soir qu'il dormirait, une huile chaude dans le creux de l'oreille. Elle ne cherche pas une savante recette de poison et cuit tous les jours la viande ou le poisson, qu'il achète pour son ventre. Elle mange après qu'il a roté, s'il reste quelque os à sucer, un gras au fond du canari, de quoi saucer un morceau de pain. (ESJ, 32)

L'attitude de Julia envers Asdrubal est un exemple de soumission absolue de l'épouse envers son conjoint. Cette soumission a une motivation religieuse car Man Ya ne cesse de justifier sa passivité face à la violence de son époux par le fait que « Asdrubal est l'homme que le Seigneur lui a envoyé […] qu'elle s'est mariée à l'église. Le Bondieu ne sera pas content de voir ce sacrement défait de par sa faute.» (ESJ,36) Face au raisonnement religieux de Julia, l'auteur oppose la réflexion rationnelle de Maréchal, le fils de cette dernière qui pousse sa mère à mettre un terme à son calvaire.

> Maréchal l'emmène vivre en France, il a décidé. Elle ira vivre loin du Bourreau, loin des coups. Il n'y a rien à dire. Il est poussé par la conjonction du devoir filial, des bons sentiments et d'une procession de rêves prémonitoires. Il fait ça pour son bien à elle, parce que sur cette terre - en 1961- les gens n'ont plus le droit de vivre comme des animaux. C'est fini cette sauvagerie, toute cette misère. (ESJ, 36)

Comme nous l'avons vu au quatrième chapitre de notre travail,[324] le départ de Julia pour la France ne la libère pas de la volonté de soumission qu'elle a envers son mari car même dans son exil parisien, elle continue à penser à Asdrubal et veut retourner à ses côtés.[325] Cependant à son retour en Guadeloupe après son exil parisien, Julia présente un nouveau visage à son mari. «A son retour, Man Ya l'avait avisé qu'elle était revenue femme-folle et de plus la toucher. S'il se risquait à quelque outrage, elle ne répondrait pas de ce qui adviendrait.»
(ESJ, 215) La nouvelle image de Julia est celle d'un personnage indocile qui ne se laisse pas faire. De retour en Guadeloupe, Man Ya refuse de continuer à être la victime de la brutalité de son époux. Ici apparaît l'éveil de l'héroïne qui passe de femme soumise à «femme-folle» c'est-à-dire une femme active. En menaçant Asdrubal, Julia proclame la fin de la domination masculine sur le personnage féminin et le début de son émancipation. De ce fait, le récit *L'exil selon Julia* nous présente l'évolution des relations entre homme et femme à travers l'exemple de Julia et d'Asdrubal et ce rapport entre les sexes se solde par la prise de conscience féminine et la fin de la phallocratie dans le récit.

Néanmoins dans *Chair Piment*, nous avons une nouvelle définition des rapports entre les sexes du fait que dans le texte les hommes apparaissent comme des objets sexuels pour l'héroïne du roman:

> Rosalia s'adossait à l'armoire pour la regarder faire ce que les hommes appelaient l'Amour...Chevaucher Mina. La presser. La tourner et la retourner. Écarter ses cuisses. S'enfoncer en elle, durs. Suer...Un combat de corps auquel Mina se livrait sans peur. Elle s'ouvrait. Se cabrait. Se laissait tourner et retourner, pénétrer...En redemandait. Voulait les sentir, durs, en elle.
> Qui ? Des hommes de passage ramassés sur le parking de la cité, entre deux voitures, ou détournés de leur train-train dans une allée du centre commercial. Des célibataires. Des jeunes, des vieux. Des pères de famille. Des bons maris. Des Noirs, des Blancs, des Arabes...
> Ils entraient en elle, gratis, tâtaient sa chair, goûtaient sa peau. Fallait qu'elle soit prise. Possédée. Traversée, sans paroles, par des sexes d'hommes.
> Elle ne retenait pas leurs prénoms, non plus leurs visages...Ne voulait rien connaître de leur vie. (CP, 17)

Dans *Chair piment*, Gisèle Pineau inverse les rapports entre les sexes et ce sont les hommes qui sont utilisés à des fins sexuelles. Ceux-ci sont réduits à des objets libi-

---
[324] Cf. le point 4.6 de ce travail.
[325] Cf. le point 4.6 du chapitre quatre de ce travail.

dinaux dont le but est d'assouvir la libido de Mina. En triant les hommes dans la masse pour avoir avec eux des relations sexuelles, Mina n'accorde aucune importance à ces derniers et les limite à leur seule sexualité. Le comportement de Mina vis-à-vis des hommes la place en position hégémonique sur la gent masculine qu'elle manipule à sa guise. Etant à la merci de l'héroïne, les hommes sont inferiorisés devant celle-ci et deviennent en quelque sorte ses «victimes sexuelles ». Ce qui nous permet de conclure que dans *Chair piment*, la différence sur la construction des personnages masculins et féminins laisse déduire la tendance féministe de Gisèle Pineau dans la mesure où elle retire aux hommes tous les pouvoirs de domination sexuelle et lègue ceux-ci à Mina.

Au regard de l'image des personnages masculins et féminins dans *L'exil selon Julia* et *Chair Piment*, il ne plane aucun doute sur l'approche féministe des romans de Gisèle Pineau car tandis que l'homme est présenté tantôt comme un personnage violent (*L'exil selon Julia*), tantôt comme un personnage insignifiant ou objet sexuel (*Chair Piment)*, la femme devient le personnage dominant doté de pouvoirs.

En dehors de l'image négative du mariage que dégage l'union entre Julia et Asdrubal, le penchant féministe des œuvres de Gisèle Pineau se fait également ressortir par le fait que dans *Chair Piment*, *Fleur de Barbarie* et *L'âme prêtée aux oiseaux*, les héroïnes des romans ne se marient pas. Dans *L'âme prêtée aux oiseaux* (Pineau: 1998), que ce soit Lila ou Sybille, les deux femmes restent célibataires tout au long du récit. Sybille élève toute seule son fils Marcello après avoir été déçue par le père de ce dernier et Lila renonce au mariage avec son amant Henry ainsi qu'à la maternité en refusant d'élever l'enfant issu de son union avec son amant. A côté de l'image de la femme célibataire qui caractérise le personnage féminin dans *L'âme prêtée aux oiseaux*, le caractère féministe du roman se dégage à travers la représentation négative des hommes présentés comme des personnages infidèles qui ont du mal à maîtriser leur sexualité. C'est le cas de Robert, le père de Sybille, qui trouve la mort en plein adultère aux côtés de sa maîtresse Clothilde: « J'avais neuf ans, C'était en 1963, deux années après qu'on eut retrouvé les deux corps dans cette chambre, non loin du port de Basse-Terre... Mon père Robert et la fille Clothilde, nus, enlacés, morts.»(APO, 55) Alors que Robert est décrit dans le texte comme un adultérin, son épouse est présentée comme une victime qui souffre des dérapages sexuels de son époux: «Oh! Mon Dieu ! Oh ! Mon Seigneur ! gémissait Coraline. Pauvre enfant ! Son papa est décédé. Son petit frère est mort-né. Et sa maman va finir à l'asile.... »(APO, 55) En faisant le rapprochement entre la décès du mari et l'état psychologique de la mère, la narratrice veut faire porter à Robert la responsabilité pour le mauvais état dans lequel se trouve sa famille. Le personnage masculin acquiert ainsi les attributs d'un personnage antipathique alors que le personnage féminin reste sympathique en tant que victime de l'acte immoral posé par son conjoint. De même la description du personnage de Gino laisse percevoir les atouts négatifs dont l'entoure la narratrice du texte:

> Gino était brancardier à l'hôpital général de Pointe-à-Pître où elle [Sybille] suivait sa formation d'infirmière. À trente-deux ans. Le bellâtre célibataire était un connaisseur en femmes. Il se faisait parfois passer pour un jeune médecin frais diplômé de Toulouse ou de Bordeaux et appâtait vitement les oiselles en blouses blanches qui, sans marquer le pas, entraient avec lui dans ce jeu où prendre et donner se confondaient toujours. (APO, 170)

Gino est présenté dans le texte comme un coureur de jupons et un imposteur qui raconte des balivernes aux femmes pour les attirer vers lui. Ici également, il ressort l'image du personnage masculin malhonnête à laquelle s'oppose l'image de la femme victime de la malhonnêteté de l'homme. De plus, le texte mentionne également les allégations mensongères de Gino quand il dévoile son amour à Sybille et lui promet le mariage alors que simultanément il entretient des relations douteuses avec d'autres partenaires. « Gino et Marie étaient sortis sur le tard, l'un derrière l'autre, pareils à deux voleurs. Le lendemain, comme si de rien n'était, Gino avait de nouveau déclaré son amour à Sybille.»(APO, 171) Cette image négative du personnage masculin dans *L'âme prêtée aux oiseaux* de Gisèle Pineau témoigne du caractère féministe du roman.

Cette empreinte féministe des textes de Gisèle Pineau est aussi présente dans *Fleur de Barbarie* (Pineau: 2005) à travers le rôle secondaire ou inexistant des personnages masculins dans le roman. A la Sarthe où Josette, la narratrice et héroïne du roman est placée en famille d'accueil, c'est Tata Michelle, un personnage féminin qui tient les reines de la famille à côté de ses parents Pépé Marcel et Mémé Georgette beaucoup trop vieux pour endosser la responsabilité familiale. Même Hubert, le frère de Tata Michelle est une figure masculine effacée car comme le souligne le texte, « […] Hubert avait cette maladie de la tête qui l'obligeait à demeurer enfermé à l'asile psychiatrique.»(APO, 35)

En Guadeloupe non plus, le texte ne relève pas la présence d'une figure masculine présente dans l'entourage de Josette. Sa grand-mère Théodora est veuve et sa tante

Margareth est une femme célibataire. Devenue adulte, Josette elle non plus ne se lance pas dans la voie du mariage, ce qui nous permet de conclure que l'image dominante de la femme dans le roman *Fleur de Barbarie* est celle de la femme célibataire qui arrive toute seule à prendre le contrôle de sa vie. De ce fait, Pineau opte pour le rejet de la phallocratie dans son œuvre, œuvre qui peut sans équivoque être taxée de féministe compte tenu de l'image négative des hommes dans *L'exil selon Julia* et *L'âme prêtée aux oiseaux*, la proclamation de l'autonomie de la femme sur le plan sexuel (*Chair Piment*) et sur le plan conjugal avec la prédominance des femmes célibataires dans *Fleur de Barbarie* et *L'âme prêtée aux oiseaux*.

8. Autobiographie et autofiction
8.1 *L'exil selon Julia*: autobiographie ou autofiction?

D'après la définition de Philippe Lejeune, l'autobiographie est «le récit rétrospectif en prose qu'une personne réelle fait de sa propre existence lorsqu'elle met l'accent sur sa vie individuelle, en particulier sur l'histoire de sa personnalité.»[326] Cette définition mentionne deux points essentiels qui caractérisent l'autobiographie à savoir la véracité du récit et le fait que l'auteur et le protagoniste sont identiques. Dans *L'exil selon Julia*, ces deux caractéristiques ne sont pas vérifiées car même si Gisèle Pineau note dans un entretien avec Nadège Veldwachter que: « in *L'exil selon Julia*, I wanted to come back to the story of my family»[327] et relève dans une interview avec Chantal Anglade à propos du même texte «c'est un récit d'enfance, fait de mes souvenirs, de ceux de mes frères et sœurs»,[328] on note uniquement que dans le texte, la narration des faits vécus par l'auteur et sa famille correspond à la réalité, néanmoins il n'y a pas identification entre le personnage principal et Gisèle Pineau. Dans le texte, l'auteur est identique à la narratrice Gisèle mais en revanche celles-ci diffèrent du personnage principal qui est la grand-mère Julia dit Man Ya. Ayant constaté ce manquement à l'appartenance au genre autobiographique, l'on pourrait comme le fait Beverley Ormerod Noakes qualifier *L'exil selon Julia* de «semi-autobiographical narrative»[329]

Dans la même lancée, Françoise Mugnier parle d'une œuvre «partiellement autobiographique»[330] Le récit de Gisèle Pineau est de ce fait situé entre l'autobiographie et le roman et nous permet de le rapprocher du concept d'autofiction développé par Serge Doubrovsky en ces termes:

> Un curieux tourniquet s'instaure alors: fausse fiction, qui est histoire d'une vraie vie, le texte, de par le mouvement de son écriture, se déloge instantanément du registre patenté du réel. Ni autobiographique ni roman, donc, au sens strict, il fonc-

---

[326] Lejeune, Philippe (1975):Le pacte autobiographique. Paris: Editions du Seuil., p.14.

[327] Veldwachter, Nadège (2004): An interview with Gisèle Pineau, in: Research in African literatures: official journal of the African Literature. Bloomington: Indiana University Press. Bd.35(1), p.181.

[328] Anglade, Chantal: Les femmes des Antilles chuchotent beaucoup dans les cuisines. Entretien avec Gisèle Pineau, in: http://remue.net/cont/Pineau01_entretien.html.

[329] Noakes, Berverley Ormerod (2003): Op. Cit., p.140.

[330] Mugnier, Françoise: Op.Cit, p.61.

tionne dans l'entre-deux, en un renvoi incessant, en un lieu impossible et insaisissable ailleurs que dans l'opération du texte.[331]

En référence à cette définition, le lecteur n'aura aucune difficulté à confirmer que *L'exil selon Julia* correspond aux caractéristiques de l'autofiction. N'étant pas entièrement autobiographique, le récit est plutôt comme le note Arlette M. Smith composé d'éléments du roman de formation, de l'autobiographie, du journal et de la tradition orale.[332] Nous avons à faire ici à un amalgame de genres littéraires et c'est la raison pour laquelle Smith parle de multiplicité contextuelle et utilise l'expression «tissage de genre» pour qualifier *L'exil selon Julia*.[333]

8.2 La question de l'autobiographie chez Fatou Diome
8.2.1 *La préférence nationale*: œuvre autobiographique?

Dans un entretien avec Hervé Mbouguen, Fatou Diome déclare: «Mais on peut dire sans complexe que *La préférence nationale* est autobiographique.»[334] Si on revient sur la définition de l'autobiographie donnée par Philippe Lejeune,[335] on conclut que les propos de Fatou Diome peuvent être confirmés car dans les différentes nouvelles, nous avons à faire à un récit personnel.[336] Dans *La préférence nationale*, les caractéristiques du récit correspondent à ceux d'une narration autodiégétique. D'après la définition de Philippe Lejeune, cette dernière se caractérise par une autobiographie à la première personne et on note que le narrateur équivaut au personnage principal qui à son tour équivaut au «Je».[337] Le « Je » dont parle Lejeune ici se retrouve dans le recueil de nouvelles de Fatou Diome où le lecteur peut sans équivoque remarquer que dans les six nouvelles rapportées, la narratrice s'identifie à l'auteur et correspond au personnage principal du texte. A la lecture du texte il apparaît clairement que

---

[331] Doubrovsky, Serge (1998): Autobiographie, vérité, psychanalyse, in: Autobiographie de Corneille à Sartre. Paris: Presses Universitaires de France., pp.69-70.
[332] Cf. Smith, Arlette M. : Op.cit., p.369.
[333] Ibid.
[334] Mbouguen, Hervé: Interview avec Fatou Diome, auteur de « Le ventre de l'Atlantique », in : www.grioo.com/info1151.html. 25/11/2003.
[335] Cf. le point 8.1 au chapitre 8 de ce travail.
[336] Cf.Lejeune Philipe: Op.Cit., p. 18.
[337] Ibid.

c'est la vie de l'auteur qui est relatée et les différentes nouvelles apparaissent comme des épisodes de la vie de la narratrice. Episodes qui commencent par son parcours scolaire dans son pays natal, se poursuivent par son mariage avec un Français et s'achèvent en France lorsque la narratrice parle des difficultés qu'elle rencontre dans sa vie d'immigrée en terre d'accueil. Ce parcours de la narratrice de *La Préférence nationale* correspond à la biographie de Fatou Diome qui comme son héroïne a fait une partie de ses études au Sénégal avant de se rendre à Strasbourg après son mariage avec un Alsacien. Pour confirmer la similitude trop apparente dans le texte entre la vie de l'auteur et celle de la narratrice, Fatou Diome affirme dans un entretien avec Renée Mendy-Ongoundou à propos de *La préférence nationale*:

> Mon livre est à quatre vingt dix pour cent autobiographique. Toutes les histoires que je raconte parlent effectivement de mon expérience personnelle. Les dix autres pour cent viennent de ce qu'on peut appeler le délire de l'auteur et son imagination qui complètent la réflexion.[338]

Tandis que les deux premières phrases de cette citation mettent l'accent sur l'aspect autobiographique de *La préférence nationale*, la dernière vient plutôt semer le doute en ce qui concerne la nature de l'œuvre et la situe dans le genre de l'autofiction étant donné que dans *La préférence nationale*, le récit de la vie de l'auteur/ narratrice est complétée par «de l'imagination, de la créativité, une situation complexe sur laquelle on va greffer des choses, approfondir la réflexion.»[339] En reconnaissant la présence d'éléments fictionnels dans le récit au côté d'éléments autobiographiques, l'auteur situe son œuvre dans l'autofiction telle que celle-ci est définie par Serge Doubrovsky.[340]

8.2.2 *Le ventre de l'Atlantique*: œuvre autofictionnelle?

A propos du roman *Le ventre de l'Atlantique,* on ne peut pas de prime abord parler de l'autobiographie car à la lecture du texte on note que l'auteur ne correspond pas au personnage principal. Cette technique d'écriture employée par Fatou Diome et qui consiste à taire la similitude pourtant apparente entre le personnage principal et

---

[338] Mendy-Ongoundou, Renée: La préférence nationale par Fatou Diome. Interview de Fatou Diome, in: Amina 379. Nov 2001., p.46.
[339] Mbouguen, Hervé: Op.Cit.
[340] Cf. Doubrovsky, Serge: Op.Cit.

l'auteur se rapproche de ce que Philippe Lejeune appelle roman autobiographique et qui se rapporte aux « textes de fiction dans lesquels le lecteur peut avoir des raisons de soupçonner, à partir des ressemblances qu'il croit deviner, qu'il y a identité de l'auteur et du *personnage,*[341] alors que l'auteur lui a choisi de nier cette identité ou du moins de ne pas l'affirmer.»[342] Effectivement à la lecture du roman, cette identité entre Salie et Fatou Diome apparaît au lecteur et celle-ci se confirme quand l'auteur affirme dans un entretien avec Taina Tervonen,: « C'est absolument vrai. Salie c'est moi. Il n'y a pas de mystère là-dessus. Ce personnage s'est forgé à travers mon chemin à moi.»[343] Ainsi dans *Le ventre de l'Atlantique*, on observe ce mélange des éléments autobiographiques (récit de la vie de l'auteur) et autofictionnels (différence entre l'auteur et le personnage principal) que souligne Serge Doubrovsky.[344] Comme pour *La préférence nationale*, Fatou Diome a ajouté des éléments imaginaires au récit de sa vie pour faire du roman *Le ventre l'Atlantique* une œuvre à moitié autobiographique et à moitié fictionnelle et par conséquent de l'autofiction.

---

[341] Ce mot est également écrit en italiques dans le texte original.
[342] Lejeune Philippe: Op.Cit., p.25.
[343] Tervonen, Taina: partir pour vivre avec Fatou Diome, in : Africulture 57.2004 http://www.africultures.com/index.asp?menu=affiche=article&no=3227.
[344] Cf. Doubrovsky, Serge: Op.Cit.

9. Le rêve de l'ailleurs: féminisme et immigration dans les œuvres de Maryse Condé, Aminata Sow Fall, Gisèle Pineau, Calixthe Beyala et Fatou Diome

Dans ce chapitre de notre travail, nous allons procéder à une étude comparée des textes que nous avons analysés tout au long des chapitres précédents. Cette comparaison sera axée sur deux critères à savoir l'appartenance géographique des écrivaines (opposition entre les romancières antillaises et les romancières africaines) et l'appartenance générationnelle des écrivaines (génération coloniale et génération postcoloniale). Comme nous l'avons déjà souligné en introduction, la différence de générations que nous faisons entre les écrivaines tient lieu de la date de naissance et de la fin de la colonisation des anciens territoires coloniaux français. Ainsi Maryse Condé née en 1937, Aminata Sow Fall née en 1941 tout comme Gisèle Pineau née en 1956 appartiennent à la génération coloniale en raison du fait que ces trois écrivaines sont nées pendant la période coloniale. Cependant, Calixthe Beyala née en 1961 et Fatou Diome née en 1968 appartiennent à la génération postcoloniale, ce que Abdourahman Waberi appelle *Les enfants de la postcolonie*[345] car elles sont toutes les deux nées après les indépendances c'est-à-dire pendant la période postcoloniale.

9.1 Ecrivaines antillaises et écrivaines africaines: disparités et analogies

9.1.1 Disparités entre les écrivaines antillaises et les écrivaines africaines

La principale différence qui ressort entre les écrivaines antillaises et les écrivaines africaines se situe autour de la question de l'identité car tandis que ce thème est un leitmotiv dans les textes des romancières antillaises (Condé, Pineau) celui-ci est brièvement problématisé (Beyala) ou inexistant chez les romancières africaines (Sow Fall, Diome).

Dans les textes de Maryse Condé et Gisèle Pineau, la question de l'immigration est liée à la question de l'identité comme c'est le cas avec Spéro dans *Les derniers rois mages* (Condé : 1992), Marie-Noëlle dans *Desirada*(Condé :1997), Kassem dans *Les Belles ténébreuses*(Condé : 2008) ou encore Julia dans *L'exil selon Julia*(Pineau : 1996) et Josette dans *Fleur de Barbarie*(Pineau 2005).

---

[345] Cf. Waberi Abdourahman : Op.Cit.

Chez les écrivaines africaines par contre seule Calixthe Beyala aborde la question de l'identité dans ses romans, tandis que Fatou Diome et Aminata Sow Fall ne l'évoquent pas. Cette disparité entre les écrivaines antillaises et les écrivaines africaines provient sans doute du passé historique des peuples antillais et africains quand on sait qu'à cause du déracinement culturel et géographique qu'ont connu les Antillais lors de la traite des Nègres, ceux-ci ont eu une déchirure identitaire qui justifie la quête identitaire et la tentative de redéfinition de l'identité antillaise.

9.1.2 Analogies entre les écrivaines antillaises et les écrivaines africaines

L'un des points communs entre les écrivaines antillaises et africaines est la relation qu'établissent les écrivaines entre l'immigration et le féminisme. Ainsi dans les textes des écrivaines africaines et antillaises, seuls les personnages féminins réussissent à atteindre une ascension sociale dans le pays d'accueil alors que les personnages masculins se caractérisent pas l'échec de leur expérience migratoire.

Par conséquent dans le roman *Assèze l'Africaine* de l'écrivaine franco-camerounaise Calixthe Beyala, Sorraya et Assèze connaissent une vie aisée en France. Au moyen du mariage avec un français, elles réussissent à se libérer de la précarité et de la marginalisation qui caractérisent les immigrés en terre d'exil et connaissent l'aisance et le bien-être dans leur société d'accueil. Cependant, on n'observe pas de réussite sociale chez les personnages masculins. Océan, avec qui Assèze entretient une relation en France ne connaît pas la gloire avec sa carrière d'artiste puisqu'il est décrit dans le texte comme un mendiant et un chanteur ambulant à Paris.

De même dans *Desirada* de la Guadeloupéenne Maryse Condé, seuls les personnages féminins Reynalda et Marie-Noëlle connaissent une ascension sociale en terre d'accueil tandis que les personnages masculins Ludovic, l'époux de Reynalda et Stanley le conjoint de Marie-Noëlle connaissent une expérience négative avec l'immigration. La même expérience négative est faite par Spéro dans *Les derniers rois mages* de Maryse Condé et Kassem dans *Les belles ténébreuses* (Condé). En outre le roman *Le ventre de l'Atlantique* de la sénégalaise Fatou Diome présente la réussite sociale de l'immigrée en terre d'accueil à travers le personnage féminin Salie par opposition à l'échec du personnage masculin en terre d'exil avec l'exemple de Moussa et l'homme de Barbès.

Chez les écrivaines antillaises tout comme chez les écrivaines africaines, le lien entre immigration et féminisme réside dans la connotation négative qui accompagne la situation de l'immigré en terre d'accueil par opposition à la meilleure condition de l'immigrée dans son exil.

Un autre point commun entre les écrivaines antillaises et africaines est la portée de l'autobiographie et de l'autofiction dans les textes. Chez la guadeloupéenne Gisèle Pineau et chez la Sénégalaise Fatou Diome, les éléments autobiographiques constituent une grande partie dans le processus de créativité comme nous l'avons montré au chapitre huit de ce travail. De ce fait, il ressort clairement que le vécu personnel de l'auteur est une source d'inspiration aussi bien chez l'écrivaine antillaise que chez sa consœur africaine.

9.2 Similitudes et antagonismes entre les écrivaines de la génération coloniale et *Les enfants de la postcolonie*

9.2.1 Similitudes entre les écrivaines de la génération coloniale et les romancières de la génération postcoloniale

Après lecture et analyse des textes de Maryse Condé, Aminata Sow Fall et Gisèle Pineau (génération coloniale), nous constatons que ceux-ci présentent plusieurs analogies avec les textes de Calixthe Beyala et Fatou Diome (génération postcoloniale) en ce qui concerne les thèmes de l'immigration et du féminisme.

Sur le plan thématique, les mêmes sujets sont abordés aussi bien par les écrivaines de la génération coloniale que par celles de la génération postcoloniale. Concernant les facteurs de l'émigration, nous constatons que le facteur du *Push-Pull-Modell* occupe une place importante aussi bien dans les textes de Maryse Condé et Aminata Sow Fall que dans ceux de Calixthe Beyala et Fatou Diome. Comme nous l'avons montré au chapitre trois de ce travail, l'aversion que ressent le candidat au départ envers sa terre natale et l'attractivité que développe celui-ci envers le lieu d'immigration s'observent de manière semblable chez les protagonistes de *Desirada*(Condé : 1997), *Les belles ténébreuses*(Condé : 2008) et *Douceurs du bercail*(Sow Fall : 1997) tout comme dans *Le petit prince de Belleville*(Beyala:1992) et *Le ventre de l'Atlantique*(Diome: 2003). Ce constat nous pousse sans équivoque à déduire que dans les romans des auteurs des deux générations les facteurs de l'émigration sont problématisés de manière similaire.

L'autre analogie entre les écrivaines de la génération coloniale et *Les enfants de la postcolonie* est le misérabilisme employé dans les romans pour décrire la situation de l'immigré(e) africain(e) et antillais (e) en terre d'exil. Que ce soit dans les textes de Condé, Sow Fall et Pineau ou dans ceux de Beyala et Diome, le personnage immigré se caractérise par la ghettoïsation et le communautarisme. Si Jacques Chevrier attribue la tendance à décrire la situation minable des immigrés aux seules écrivaines de la migritude,[346] nous pouvons ajouter que cette tendance ne s'applique pas uniquement aux écrivaines nées après la colonisation mais est également imputable aux romancières nées pendant la période coloniale comme nous le montrent les romans *Desirada* et *Les belles ténébreuses* de Maryse Condé, *Douceurs du bercail* d'Aminata Sow Fall ainsi que *Chair Piment* et *Fleur de Barbarie* de Gisèle Pineau. Si toutefois, nous relevons l'évocation des personnages immigrés ayant atteint une ascension sociale, ceux-ci restent une exception aussi bien dans les textes des écrivaines de la génération coloniale (Condé: *Desirada*) que dans ceux des écrivaines de la génération postcoloniale (Beyala: *Assèze l'Africaine*).

De plus la question du racisme envers le personnage immigré est problématisée au même degré par les écrivaines de la génération coloniale et *Les enfants de la postcolonie*. Ainsi dans *L'exil selon Julia* de Gisèle Pineau et *La préférence nationale* de Fatou Diome le thème du racisme est un leitmotiv et dans les textes des autres romancières *Desirada* (Condé), *Douceurs du bercail* (Sow Fall), *Le petit prince de Belleville*, *Maman a un amant*, *Amours sauvages* (Calixthe Beyala), il est aussi un des thèmes fondamentaux.

En ce qui concerne la question du féminisme, les écrivaines de la génération coloniale et *Les enfants de la postcolonie* ont en commun le fait qu'elles refusent de s'allier au mouvement du féminisme occidental (à l'exception de Gisèle Pineau, dont les œuvres abordent la question du féminisme avec une empreinte de neutralité). Les écrivaines des deux générations clament toutes leur distanciation par rapport au féminisme classique et entreprennent soit de s'identifier à d'autres concepts alternatifs du féminisme occidental comme le *womanism* et le *stiwanism* ou alors de créer elles-mêmes d'autres concepts différents du féminisme occidental comme c'est le cas avec la *féminitude* de Calixthe Beyala. Dans l'analyse de textes, le rapprochement entre Aminata Sow Fall, écrivaine de la génération coloniale et Fatou Diome, romancière de la génération postcoloniale se situe dans le fait que les romans *Dou-*

---

[346] Cf. Chevrier, Jacques: Afrique(s)-sur- Seine : Op.Cit.

ceurs du Bercail de la première et *Le ventre de l'Atlantique* de la deuxième présentent tous deux des exemples de personnages féminins qui peuvent être définis comme *stiwanist* et *nego-feminist*. Asta, l'héroïne de *Douceurs du bercail* (Sow Fall: 1997) et Salie le personnage principal dans *Le ventre de l'Atlantique* (Diome: 2003) ont en commun le fait qu'elles initient des projets de développement dans leurs régions d'origine et participent de ce fait au mouvement de transformation social en Afrique d'après la définition du mot STIWA donnée par Molara Ogundipe-Leslie.[347]
Cette similitude qui ressort dans les textes d'Aminata Sow Fall et de Fatou Diome de manière particulière et dans les romans des écrivaines de la génération coloniale et ceux des *enfants de la postcolonie* de manière générale nous amène à conclure que bien que faisant partie de deux générations différentes, les romans de Condé, Sow Fall et Pineau (génération coloniale) d'un côté et ceux de Beyala et Diome (génération postcoloniale) de l'autre côté présentent plusieurs similitudes sur le plan thématique car les écrivaines des deux générations décrivent le phénomène migratoire de façon similaire.

En ce qui concerne le style employé par les écrivaines des deux générations, nous relevons que les mêmes techniques d'écritures se retrouvent aussi bien chez Maryse Condé, Aminata Sow Fall et Gisèle Pineau que chez Calixthe Beyala et Fatou Diome. Ainsi l'alternance des voix narratives que le lecteur relève dans le roman *Desirada* de Condé est également présente dans *Le petit prince de Belleville* et *Maman a un amant* de Calixthe Beyala. Chez la romancière antillaise, le récit raconté par un narrateur omniscient est interrompu par les récits des personnages du roman qui prennent tour à tour la parole et à la fin de l'œuvre, la voix narrative neutre disparaît complètement pour céder place à Marie-Noëlle, le personnage principal qui devient la voix narrative du texte. Par contre dans les romans bellevillois de Calixthe Beyala, l'alternance des voix s'observe entre le héro Loukoum et ses parents Abdou Traoré et Maryam qui racontent tour à tour le récit.

En outre, le style des romans de Maryse Condé, Aminata Sow Fall, Gisèle Pineau et Calixthe Beyala se caractérise par la particularité linguistique des écrivaines de la génération coloniale et de la génération postcoloniale qui n'hésitent pas à faire recours aux particularités régionales du français dans les romans et à créer des métissages linguistiques. Chez Condé et Pineau, on a la créolisation du français et chez Sow Fall et Beyala, le français devient une langue anglicisée grâce à l'emploi des

---

[347] Cf. Ogundipe-Leslie, Molara: Op. Cit.

mots anglais dans le récit. En outre ces dernières introduisent aussi des mots issus des langues africaines dans le récit à l'instar du Wolof chez Aminata Sow Fall et les africanismes chez Calixthe Beyala.

Toutefois, à côté des points communs relevés dans les romans des auteurs des deux générations, on note aussi des points divergents qui permettent de soulever leurs différences.

9.2.2 Antagonismes entre les écrivaines de la génération coloniale et les romancières de la génération postcoloniale

La différence principale qui ressort de l'analyse des œuvres de Maryse Condé, Aminata Sow Fall et Gisèle Pineau d'une part et celles de Calixthe Beyala et Fatou Diome d'autre part se situe au niveau de la problématique relative au thème du retour de l'immigré(e) dans son pays natal. Tandis que cette question occupe une grande importance chez les écrivaines de la génération coloniale, celle-ci n'est même pas problématisée dans les textes des *enfants de la postcolonie*. Dans *Douceurs du bercail* (Sow Fall : 1997), la valorisation du pays natal est présentée au personnage immigré et au candidat à l'émigration comme alternative à une vie minable en terre d'accueil. Dans *Les derniers rois mages* et *Desirada* de Maryse Condé, même si les personnages immigrés n'entreprennent pas le voyage retour vers la terre natale, la question du retour au pays natal est thématisée dans les romans et la possibilité du voyage retour est envisagée par les immigrés qui ne trouvent pas une existence aisée en terre d'accueil. De même dans les textes de Gisèle Pineau, le retour de l'immigré(e) au pays natal est amplement thématisé. Dans *L'exil selon Julia*, le retour de Julia au pays natal est le terme d'une expérience migratoire douloureuse et dans *L'âme prêtée aux oiseaux*, *Chair Piment* et *Fleur de Barbarie*, le retour des immigrés en terre d'origine leur permet de se construire des repères identitaires comme nous le montrent respectivement les cas de Marcello, Mina et Josette dans les différents romans.

Cependant dans les romans de Calixthe Beyala, les personnages confrontés à l'échec de l'immigration préfèrent vivre leur manque d'intégration en terre d'exil au lieu de penser à un éventuel retour en terre d'origine. Dans *Assèze l'Africaine* (Beyala: 1994) et *Les honneurs perdus*(Beyala: 1996), le manque d'insertion dans le pays d'accueil se termine par la mort de Sorraya et de Ngaremba qui toutes deux se suicident. Dans *Le ventre de L'Atlantique* de Fatou Diome, le personnage de Moussa n'envisage pas rentrer dans son pays natal malgré les multiples désillusions qu'il rencontre en tant qu'immigré en France. Sa ferme volonté de rester en Europe conduit à son rapatriement au Sénégal et sa mort par suicide car incapable de négocier son retour involontaire dans son île natale de Niodior. En ce qui concerne l'homme de Barbès, si ce personnage reste le seul dans l'œuvre de Fatou Diome ici analysée qui rentre au pays natal après une expérience migratoire (dans *La préférence nationale*, le retour au pays natal n'est pas thématisé), celui-ci reste un mauvais exemple pour ses jeunes compatriotes qui sont candidats à l'exil car il entoure la France de mirages et cultive l'illusion dans la population ignorante de Niodior. Par conséquent on retient de ce constat que pour les écrivaines de la génération coloniale (Condé, Sow Fall, Pineau), l'échec de l'immigration se solde ou peut se solder par le retour du migrant au pays natal alors que pour les romancières de la génération postcoloniale (Beyala, Diome), une aventure migratoire ratée s'achève par le suicide. A ce niveau nous donnons raisons à Jacques Chevrier quand il affirme que les écrivains de la migritude excluent la possibilité d'un retour en Afrique dans leurs textes.[348] Le résumé ici présenté évoque des points communs et divergents entre les écrivaines africaines et antillaises d'une part et les écrivaines de la génération coloniale et celles de la génération postcoloniale d'autre part; ce qui nous amène à nous interroger sur la fonction de l'écriture pour les écrivaines Maryse Condé, Aminata Sow Fall, Gisèle Pineau, Calixthe Beyala et Fatou Diome.

9.3 La représentation du rêve de l'ailleurs par la voix féminine: la portée de l'écriture

Au terme de notre étude, l'analyse théorique et littéraire effectuées tout au long de ce travail de recherche nous amène à nous interroger sur le rôle de l'écriture dans les textes de Maryse Condé, Aminata Sow Fall, Gisèle Pineau, Calixthe Beyala et Fatou Diome. Dans les différents textes analysés, l'écriture des romancières africaines et antillaises poursuit plusieurs objectifs.
Premièrement, nous notons que les romans présentent tous un caractère informatif. A travers les techniques d'écriture employées et la manière de traiter le thème de l'immigration dans les différents romans, les écrivaines veulent avant tout informer le lecteur sur les véritables facteurs qui sont liés à l'émigration, les véritables condi-

---

[348] Chevrier, Jacques: Afrique-Sur-Seine: Op.Cit.

tions de vie des immigré(e)s en terre d'accueil et le rôle du pays natal dans la vie du personnage immigré. Si nous employons plusieurs fois le mot « véritable », c'est pour faire la différence entre la réalité, le vécu de l'immigré(e) et les mirages développés autour de l'immigration par les populations des anciens territoires français d'Afrique et des Antilles. Pour les écrivaines que sont Calixthe Beyala, Maryse Condé, Fatou Diome, Aminata Sow Fall et Gisèle Pineau, l'écriture sert avant tout à instruire et à informer les populations ignorantes de leurs sociétés d'origines sur les réalités de l'immigration et à mettre un terme à l'illusion propagée sur l'image exclusivement positive de l'Occident dans les sociétés qu'elles décrivent dans leurs textes.

Deuxièmement, l'écriture des romancières antillaises et africaines a une fonction moralisatrice. Après avoir informé les populations désireuses de l'ailleurs sur les dangers de l'aventure migratoire, les romans ont pour objectif de mettre le lecteur en garde contre les risques associées à une immigration hasardeuse. Dans *Douceurs du bercail* d'Aminata Sow Fall et dans *Le ventre de l'Atlantique* de Fatou Diome, cette fonction moralisatrice ressort particulièrement car ces deux romans mettent l'accent sur le clivage entre illusion et réalité en ce qui concerne l'immigration. Pour les deux écrivaines sénégalaises, la fonction de l'écriture est de dissuader leurs compatriotes de tenter une expérience migratoire incertaine. En présentant des exemples de personnages immigrés ayant connu l'échec en terre d'accueil, Diome et Sow Fall veulent faire passer un message commun à savoir que le bonheur n'est pas forcément ailleurs mais qu'on peut également le trouver dans son pays natal.

Troisièmement, le rôle de l'écriture dans les textes analysés dans ce travail est de redonner une valeur au pays natal souvent dénigré par les immigrés et les candidats à l'émigration. En prouvant que le bonheur peut être obtenu en terre d'origine, les écrivaines transforment le pays natal en pays rêvé et le pays d'accueil devient le pays de désolation.[349] Ainsi dans *L'exil selon Julia* de Gisèle Pineau, c'est aux Antilles que Julia retrouve le bonheur après l'exil. Dans *Douceurs du bercail*, c'est au Sénégal que Yakham et les autres immigrés clandestins du dépôt de l'aéroport Charles de Gaule retrouvent le bonheur et la joie de vivre perdus en terre d'exil.

Quatrième point, les romancières affirment leur féminité au moyen de l'écriture et l'analyse ici effectuée ne laisse planer aucun doute sur le penchant féministe, *womanist* ou *stiwanist* des auteurs. A travers la description négative des personnages masculins dans les textes, Beyala, Sow Fall, Condé, Pineau et Diome créent délibérément

---

[349] Cf. Pineau, Gisèle: L'exil selon Julia: Op.Cit., p.55.

une sympathie entre le lecteur et les personnages féminins et dotent ces dernières des atouts d'héroïne alors que les hommes restent des personnages antipathiques et sans ambitions.

Cinquième et dernière fonction, l'écriture des romancières analysées renoue avec le genre autofictionnel et crée un parallèle entre auteur et personnage. Pour les cas de Fatou Diome et Gisèle Pineau où ce genre littéraire s'observe, nous pouvons déduire que c'est à travers l'écriture que ces femmes se libèrent. En s'inspirant de leur vie pour créer leur personnage, les auteurs prouvent au lecteur qu'elles ont un message réel qu'elles veulent faire passer. Elles transposent de ce fait le vécu sur écrit et se libèrent de leurs angoisses, de leurs troubles et de leurs inquiétudes qu'elles partagent avec le lecteur.

Puisque l'écriture est un moyen de libération de la femme opprimée et victime de discrimination, on peut affirmer qu'elle permet à cette dernière de se recréer et de redéfinir sa personnalité et son identité.

Bibliographie
Romans

Beyala, Calixthe (1992): Le petit prince de Belleville. Editions Albin Michel/Collection j'ai lu.
Beyala, Calixthe (1993): Maman a un amant. Paris. Editions Albin Michel/ Collection j'ai Lu.
Beyala, Calixthe (1994): Assèze l'Africaine. Paris. Albin Michel.
Beyala, Calixthe (1996): Les honneurs perdus. Paris: Albin Michel.
Beyala, Calixthe (1999): Amours sauvages. Paris. Albin Michel.
Condé, Maryse (1992) : Les derniers rois mages. Paris. Mercure de France.
Condé, Maryse (1997): Desirada. Paris. Robert Laffont.
Condé, Maryse (2008): Les belles ténébreuses. Paris. Mercure de France.
Diome, Fatou (2001) : La préférence nationale. Paris. Editions présence Africaine.
Diome, Fatou (2003): Le ventre de l'Atlantique. Paris. Editions Anne Carrière.
Pineau, Gisèle (1996): L'exil selon Julia. Paris. Stock.
Pineau, Gisèle (1998): L'âme prêtée aux oiseaux. Paris: Stock.
Pineau, Gisèle (2002) : Chair Piment. Paris. Mercure de France.
Pineau, Gisèle (2005) : Fleur de Barbarie. Paris. Mercure de France.
Sow Fall, Aminata (1998): Douceurs du bercail. Abidjan. Nouvelles éditions ivoiriennes.

Ouvrages critiques

Aas-Rouxparis, Nicole (2000): « Ecrire, c'est un banquet où tout le monde apporte ». Entrevue avec Aminata Sow Fall, in: Women in French studies. Bd.8, The Plains, OH. pp. 203-213.
Adesanmi, Pius (2005): Redefining Paris. Trans-modernity and Francophone African migritude fiction, in: Modern Fiction Studies. Bd 51.4.
Aedín Ní Loingsigh (2001): L'exil dans les littératures africaines d'expression française: esquisses d'un thème, in: www.arts.uwa.edu.au/MotsPluriels/MP1701anl.html.
Albert, Christiane (2005): L'immigration dans le roman francophone contemporain. Paris. Editions Karthala.
Anagnostopoulou-Hielscher, Maria: Parcours identitaires de la femme antillaise: un entretien avec Maryse Condé, in: Etudes francophones 1999. Bd.14 (2).

Anglade, Chantal: Les femmes des Antilles chuchotent beaucoup dans les cuisines. Entretien avec Gisèle Pineau, in: http://remue.net/cont/Pineau01_entretien.html.

Arndt, Susan (2000): Feminismus im Wiederstreit: Afrikanischer Feminismus in Gesellschaft und Literatur. Münster. UNRAST-Verlag.

Augé, Marc (1992): Non-Lieux. Introduction à une anthropologie de la surmodernité. Paris. Seuil.

Bernabé, Jean/ Chamoiseau, Patrick/ Confiant, Raphaël (1990): Eloge de la créolité/ In praise of creolness. Paris. Gallimard.

Berrouët-Oriol, Robert: (1986/87): L'effet exil, in: Vice versa. No. 17., pp. 20-21.

Bessis, Sophie (2001): L'Occident et les autres. Histoire d'une suprématie. Paris. La Découverte.

Beyala, Calixthe (2000): Lettre d'une Afro-française à ses compatriotes. Editions Mango.

Bhabha, Homi K.(1994): The location of culture. London. Routlege.

Bhabha, Homi (1990): « The third space ». Interview with Homi Bhabha, in: Rutherford, Jonathan(ed): Identity. Community-culture-Difference. London: Lawrence &Wishart.

Bouraoui, Hédi: Ecriture interstitielle in: www.hedibouraoui.com/lhomme.php.

Cazenave, Odile (1996): Femmes rebelles. Naissance d'un nouveau roman africain au féminin. Paris. L'Harmattan.

Cazenave, Odile (1996): Calixthe Beyala and the politics of sexuality. The example of Assèze l'Africaine 1994, in: Présence Africaine. 154.

Cazenave, Odile (2003): Afrique sur seine. Une nouvelle génération de romanciers africains à Paris. Paris. L'Harmattan.

Césaire, Aimé (1983): Cahier d'un retour au pays natal. Paris. Présence Africaine 1983.

Charles, Jean-Claude: L'enracinnerance, in: Boutures. Vol1.No.4.Mars-Août2001., pp.37-41.

Chevrier, Jacques: Calixthe Beyala (2001): Quand la littérature féminine africaine devient féministe, in: Notre Librairie. Revue des littératures du Sud. No 146. Nouvelle génération Octobre- Décembre.

Chevrier, Jacques (2004): Afrique(s)-sur-Seine: autour de la notion de migritude", in: Notre Librairie. Revue des littératures du Sud. Nr. 155-156 Juillet-Décembre.

Clerc, Jeanne-Marie (2006): Flammes de l'immigration dans les banlieues françaises ou l'impossible dialogue des cultures francophones, in:www.lianes.org/Flammes-de-l-immigration-dans-les-banlieues-francaises-ou-l-impossible-dialogue-des-cultures-francophones_a111.html.

Coly, Ayo Abiétou (2002): Neither Here nor There: Calixthe Belaya's Collapsing Homes, in: Research in African literatures: official Journal of the African Literature. Bd 33(2) Bloomington : Indiana University Press.

Debra L. Anderson (1995): Decolonizing the text. Glissatian readings in the Carribeans and African-American literatures. New York. Peter Lang.

Doubrovsky, Serge (1998): Autobiographie, vérité, psychanalyse, in: Autobiographie de Corneille à Sartre. Paris: Presses Universitaires de France.

Durand, Alain Philippe (1999): Le côté de Belleville. Négociation de l'espace migratoire, in: Etudes francophones. Bd.14 (2).

Ette, Ottmar (2005): ZwischenWeltenSchreiben: Literaturen ohne festen Wohnsitz. (Überlebenswissen II). Berlin. Kulturverlag Kodmos.

Eurozine-Qu'est-ce que la pensée post-coloniale? Entretien avec Achille Mbembe. Propos recueillis par Olivier Mongin, Nathalie Lempereur et Jean-Louis Schlegel, in : www.eurozine.com/articles/2008.01-mbembe-fr.html.

Fanon, Frantz (1952): Peau noire Masques blancs. Paris. Editions du Seuil.

Febel, Gisela (2009): *Non-lieux* und Heterotopien im französischen Gegenwartsroman und –film, in : Müller/ Stemmler (Hrsg): Raum-Bewegung-Passage. Narr Verlag. Tübingen., pp. 183-194.

Febel, Gisela/ Struve, Karen/ Ueckmann, Natascha (2007): Écritures transculturelles-Écritures de troubles, in : Febel, Gisela/Struve, Karen/ Ueckmann, Natascha (Hrg): Ecritures transculturelles. Kulturelle Differenz und Geschlechterdifferenz im französischsprachigen Gegenwartsroman. Tübingen. Günter Narr.

Foucault, Michel (2005) : Die Heterotopien. Der utopische Körper. Frankfurt a.M.Suhrkamp.

Fulton, Dawn (2005): A clear-sighted Witness: Trauma and memory in Maryse Condé's *Desirada*, in: Studies in twentieth and twenty-first century literature. Bd.29. Heft1.

Garnier, Xavier (2004): L'exil lettré de Fatou Diome, in: Notre Librairie. Revue des littératures du Sud. No155-156. Juillet-Décembre 2004.

Gehrmann, Susanne: Bodies in exile : Performativity in Ken Bugul's and Calixthe Beyala's migrant text, in : Arndt, Susan/ Brunski, Marek Spitczak

(Hg) 2006 : Africa and Diaspora in African Literatures. Bayreuth: Bayreuth University. Bayreuth African Studies Series.

Gehrmann, Susanne (2007): De la binarité à la duplicité. Les doubles de Calixthe Beyala, in: Moser, Ursula/Mertz-Baumgartner, Birgit (eds): La littérature 'française' contemporaine. Contact de cultures et créativité. Tübingen. Günter Narr Verlag.

Gehrmann, Suzanne: Le Violence du Quotidien dans Mosane de Safi Faye et Le ventre de l'Atlantique de Fatou Diome, in : Bazié, Isaac/ Lüsebrink, Hans-Jürgen (2009): Violences postcoloniales. Représentations littéraires et perceptions médiatiques.

Granger, Alice: A propos de La préférence Nationale de Fatou Diome, in: http://www.e-litterature.net/general/generalimprim1.php?titre=Diome&num=160.

Guèye, Médoune: Aminata Sow Fall: Oralité et société dans l'œuvre romanesque. Paris. L'Harmattan.

Herzberger-Fofana, Pierrette (2000): Littérature féminine francophone d'Afrique noire. Suivi d'un dictionnaire des romancières. Paris. L'Harmattan.

Hitchcott, Nicki (2000): Women writers in francophone Africa. Oxford. Berg.

Hitchcott, Nicki (2001): Migrating Genders in Calixthe Beyala's Fiction, in: Ireland, Susan/ Proulx, Patrice J.(eds): Immigrants Narratives in contemporary France. Westport Ct GP.

Hudson-Weems (1995): Africana Womanism. Troy. Bedford Publishers.

Ikas, Karin/Wagner, Gerhard (Eds) 2009: Communicating in the Third Space. New York. Routledge 2009.

Kaufmann, Jean-Claude (2004): L'invention de soi. Une théorie de l'identité. Paris. Armand Colins Sejer.

Koffi-Tessio, Marie Hélène (2006): Mixités françaises ou un autre visage pour l'identité, in: www.lianes.org/mixites-francaises-ou-un-autre-visage-pour-l-identite-francaise_a76.html.

Kristeva, Julia (1998): Etrangers à nous-même. Paris. Fayard.

Lamiot, Christophe (1995) : Maryse Condé, la république des corps, in: Condé, Maryse/ Cottenet-Hage, Madeleine (Eds): Penser la créolité. Paris : Khartala.

Laronde, Michel (1996): L'Ecriture décentrée. La langue de l'autre dans le roman contemporain. Paris. L'Harmattan.

Laroui, Fouad (1999): Polémique. La croisade de Calixthe Beyala, in: Jeune Afrique No 1999-du 4 au 10 Mai.

Larrier, Renée:(2000) Autofiction and advocacy in the francophone carribbean. Gainesville : University Press of Florida.

Lee, Everett S. (1966): A theory of migration, in: Demography, Vol.3, No 1.

Lejeune, Philippe (1975): Le pacte autobiographique. Paris: Editions du Seuil.

Loichot, Valérie (2002): Reconstruire dans l'exil: la nourriture créatrice chez Gisèle Pineau, in: Etudes francophones.Bd.17.2.

Marie, Claude-Valentin (1999): Les Antillais de l'hexagone, in: Dewitte, Philippe (Ed): Immigration et intégration. L'état des savoirs. Paris. La découverte.

Mataillet, Dominique (2005): Calixthe Beyala.-„Ce n'est pas parce qu'on est noir qu'on peut faire n'importe quoi", in: Jeune Afrique L'intelligent. No. 2327-2328-Du 14 au 27 Août., p.114-115.

Matateyu, Emmanuel: Calixthe Beyala: entre le terroir et l'exil, in: the French review. Bd.69.4. 1996., p.605-615.

Mazauric, Catherine (2006): Fictions de soi dans la maison de l'autre (Aminata Sow Fall, Ken Bugul, Fatou Diome), in: Dalhousie French studies. Bd. 74-75, Halifax.

Mbouguen, Hervé: Interview avec Fatou Diome, auteur de « Le ventre de l'Atlantique », in : www.grioo.com/info1151.html. 25/11/2003.

Mc Cormick Jr., Robert H (2000): Desirada : a new conception of identity with Maryse Condé, in: world literature today. Bd.74.3.

Mehta, Brinda J.(2005) : Culinary diasporas: identity and the language of food in Gisèle Pineau's *Un papillon dans la cité* and *L'exil selon Julia*, in: International Journal of Francophone Studies. Exeter. Bd.8.1.

Memmi, Albert (1968): L'homme dominé: le noir-le colonisé-le prolétaire-le juif-la femme-le domestique. Paris. Gallimard.

Mendy-Ongoundou, Renée: La préférence nationale par Fatou Diome. Interview de Fatou Diome, in: Amina 379. Nov 2001.

Mertz-Baumgartner, Birgit : « L'écriture est mon vrai lieu de liberté […] » : Originalité et créativité littéraires chez Fatou Diome, in: Mathis-Moser, Ursula/ Mertz-Baumgartner, Birgit (eds) 2007 La littérature « française » contemporaine. Contact de cultures et créativité. Tübingen. Günter Narr Verlag.

Mortimer, Mildred (2007): Domestic matters. Representations of home in the writings of Mariama Bâ, Calixthe Beyala and Aminata Sow Fall, in: International journal of francophone studies. Bd.10, Heft 1. Exeter.

Moudileno, Lydie: Le rire de la grand-mère: insolence et sérénité dans *Desirada* de Maryse Condé, in: The french review, 76.2, Nr.6.

Mpoyi-Buatu, Thomas (1996): Gisèle Pineau: L'exil selon Julia, in présence africaine 154.

Mugnier, Françoise (2000): La France dans l'œuvre de Gisèle Pineau, in: Etudes francophones. Bd. 15.1. Lafayette, La.

Murdoch, Adlai H.(2001): Negotiating the Métropole: patterns of exile and cultural survival in Gisèle Pineau and Suzanne Dracius-Pinalie, in: Ireland, Susan/Proulx, Patrice Jr.(Eds): Immigrants narratives in contemporary France. Westport: Connecticut Greenwood Press.

Nnaemeka, Obioma (1995): Feminism, Rebellious Women, and cultural boundaries. Reading Flora Nwapa and her compatriots, in: Research in African Literatures 26.2.pp.80-113.

Nnaemeka, Obioma: Nego-Feminism : theorizing, practicing, and pruning Africa's way, in: Signs: Journal of Women in culture and Society. Vol 29.2. Winter 2004.pp.357-386.

Nnaemeka, Obioma: «Autres» féministes: Quand la femme africaine repousse les limites de la pensée et de l'action féministes, in : Africulture : Féminisme(s) en Afrique et dans la Diaspora. No 74-75. Paris. L'Harmattan 2009.

Noakes, Berverley Ormerod (2003): The parent-child relationship in Gisèle Pineau's work, in: Aub-Buschner, Gertrud/Noakes, Beverley Ormerod (Eds): The francophone caribbean today: literature, language, culture. Kingston: The university of West Indies Press.

Ogundipe-Leslie, Molara (1994): Re-creating ourselves: African Women and critical Transformations. Trenton New Jersey. Africa World Press Inc.

Ogunyemi, Chikwenye Okonjo (1996): Africa Wo/Man Palava. The Nigerian Novel by women. Chicago. London. The university of Chicago Press.

Ollivier, Emile: «Et me voilà otage et protagoniste », in : Boutures. Vol1, No 2. Février 2000. pp. 22-26.

Rengifo Munoz, Alejandra (2000): Une conversation avec Maryse Condé, in: Romance quaterly.Bd.47.Heft3. Washington DC. Heldref Publ.

Saïd, Edward : Reflections on exile (1990), in: Fergusson, Russel/ Gever, Martha/ Trinh T. Minh-ha/ West, Cornel (eds): Out there. Marginalization and contemporary cultures. New York/ London.

Schwerdtner, Karin (2005): Wandering, women and writing: Maryse Condé's Desirada, in: Dalhousie French studies. Bd. 73. Halifax.

Smith, Arlette M. (1998) : Review creative works-*L'exil selon Julia*-, in: the french review. Bd 72.1.

Suarez, Lucia M. (2000): Essays, Gisèle Pineau: the dimension of migration, in : World literature today. Bd.75.3-4.

Teko-Agbo, Ambroise (1997): Werewere Liking et Calixthe Beyala. Le discours féministe, in: Cahiers d'études africaines. Bd.37, 145.

Tervonen, Taina: partir pour vivre avec Fatou Diome, in : Africulture 57.2004 http://www.africultures.com/index.asp?menu=affiche=article&no=3227.

Thiam, Awa (1978): La parole aux négresses. Paris. Editions Denoel/Gonthier.

Treibel, Annette (2003): Migration in modernen Gesellschaften. Soziale Folgen von Einwanderung, Gastarbeit und Flucht. München: Juventa Verlag Weinheim. 3. Auflage.

Veldwachter, Nadège (2004): An interview with Gisèle Pineau, in: Research in African literatures: official journal of the African Literature. Bd.35(1). Bloomington: Indiana University Press.

Waberi, Abdourahman A. (1998): Les enfants de la postcolonie: Esquisse d'une nouvelle génération d'écrivains francophones d'Afrique noire, in: Notre Librairie. Revue des littératures du Sud, Nr.135. Septembre-Décembre.

Walker, Alice (1984): In search of our mothers' Gardens: womanist Prose. London. Women's Press.

ibidem-Verlag
Melchiorstr. 15
D-70439 Stuttgart
info@ibidem-verlag.de

www.ibidem-verlag.de
www.ibidem.eu
www.edition-noema.de
www.autorenbetreuung.de

www.ingramcontent.com/pod-product-compliance
Lightning Source LLC
Chambersburg PA
CBHW051810230426
43672CB00012B/2679